# Reines éphémères,
# mères perpétuelles

# Anka Muhlstein

# Reines éphémères, mères perpétuelles

*Catherine de Médicis*
*Marie de Médicis*
*Anne d'Autriche*

**Albin Michel**

© Editions Albin Michel S.A., 2001
22, rue Huyghens, 75014 Paris

www.albin-michel.fr

ISBN 2-226-12756-9

*Pour Paulina, pour Amey*

# Introduction

L'amour maternel est le sentiment le mieux partagé : a-t-on jamais vu une mère avouer qu'elle ne le ressentait guère ? Certes, les formes de cet attachement varient selon les époques, mais certaines constantes se détachent comme la volonté de protéger l'enfant et le désir de le rendre apte à illustrer sa famille. Autre constante, du moins apparente, un désintéressement plus absolu encore lorsque l'enfant est un garçon. La compétition entre mère et fille est évidente – l'exemple le plus simple étant que la mère mesure son déclin à l'aune de la séduction de sa fille – tandis que les rapports entre mère et fils, pour compliqués qu'ils puissent être, sont rarement empreints de rivalité. Dans la plupart des cas, leurs domaines sont distincts, il se produit donc peu de frictions entre l'ambition de la mère et celle de son fils. Le reflet de la gloire de l'un rejaillit sur l'autre. Et pour s'en tenir à la tradition française, l'assurance de pouvoir se reposer sur la loyauté absolue de la mère a été telle que chaque fois qu'un enfant mineur s'est trouvé vulnérable par la mort de son père, sa tutelle a été confiée à sa mère.

La seule situation où un conflit d'intérêts existe est celle où la tutelle dépasse le cadre de l'éducation et de la gestion des biens de l'héritier. Plus l'enjeu est important, plus le risque est grand. L'amour maternel est-il toujours une garantie suffisante pour protéger les droits de l'enfant dans les cas les plus extrêmes ? Que se passe-t-il lorsque la tutelle implique la régence, c'est-à-dire le gouvernement du royaume ? Lorsque cette charge est la seule chance pour la mère d'accéder au pouvoir suprême ? Lorsque la formation de son fils lui donne la possibilité soit de le détourner de l'exemple d'un mari décevant, soit au contraire de le confronter à un idéal inaccessible ? Lorsque enfin c'est à elle, et à elle seule, de choisir l'épouse – rivale potentielle – de son fils. Le veuvage implique une écrasante absence. Le fils sera-t-il considéré comme un appui, un remplaçant, « un petit mari », ou au contraire deviendra-t-il un objet de répulsion, rappelant par sa présence même la mort du cher disparu.

Les occasions de discorde larvée, latente ou manifeste ne manquent donc pas entre les reines régentes et leurs fils. Les mères souveraines ne s'efforcent pas nécessairement de paver une route triomphale pour leur héritier ou plutôt il leur arrive de refuser de s'en écarter... et toujours sous les prétextes les plus respectables : le jeune homme n'est pas prêt à assumer ses fonctions, il serait prématuré et dangereux de le priver de l'avantage de l'expérience, de l'influence ou de la protection de sa mère. Les variations sur ce thème peuvent se multiplier à l'infini.


Sur le problème général de la relation entre mère et fils se greffe celui de l'éducation d'un roi. Comment impose-t-on une discipline à un enfant tout en lui donnant le sentiment de sa prépondérance absolue ? De quelle manière l'initie-t-on à son métier ? Comment règle-t-on les rapports entre lui et ses frères ? Et enfin comment se résout la délicate question de la transmission du pouvoir ? En l'absence de règle absolue, une régence s'ouvre toujours sur une période un peu confuse. À la reine de négocier ferme avec le conseil et les différents princes du sang si elle veut s'assurer le pouvoir. Plus curieux encore, le terme de cet interrègne est également flou. Seule la majorité effective du roi met fin à la régence. Mais comment définit-on la majorité ?

Paradoxalement, l'âge ne fait rien à l'affaire. En France, la majorité des rois a été fixée par Charles V à quatorze ans. Et la reine mère, moins que quiconque, n'a intérêt à repousser cette date parce que sa puissance émane du roi, quel que soit son âge, et qu'elle a besoin de la caution de son fils, caution d'autant plus forte que le roi sera majeur et, mieux encore, sacré. Mais personne ne s'attend à ce qu'un adolescent assume l'entière responsabilité du royaume. Et les fils, déclarés majeurs si jeunes, ont toujours, à l'occasion d'un lit de justice, redonné pleine autorité à leur mère. Concrètement, la régence ne prend fin que lorsque la reine décide que son fils a acquis la capacité de régner. Dans la meilleure des hypothèses, la passation se fait graduellement ; dans la pire, le roi arrache le pouvoir à sa mère. Pour illustrer la complexité et la diversité des rapports entre rois mineurs et reines régentes, j'ai choisi de considérer trois reines de France restées veuves avec de jeunes enfants : Catherine de Médicis qui eut deux partenaires, Charles IX et Henri III, Marie de Médicis et Louis XIII, enfin Anne d'Autriche et Louis XIV.

J'ai exclu Blanche de Castille, mère de Saint Louis, bien que le succès de sa régence ait fait beaucoup pour mettre en valeur l'incomparable autorité potentielle de la mère du roi et ancrer dans la mémoire collective la supériorité indiscutable d'une régence féminine. Mais Blanche est une reine du Moyen Âge et une mère de saint. Son histoire est brouillée par la distance et voilée par la vertu. On sait peu de choses d'elle. L'analyse de personnages aussi éloignés dans le temps n'est pas aisée, peut-être même pas recommandée. Rien ne nous guide dans cette entreprise. Au manque de documents, de correspondances privées, de mémoires et de souvenirs – la relation du quotidien de Saint Louis dépend du seul Joinville –, s'ajoute l'infranchissable distance psychologique. Pour notre propos, il suffit de savoir que de 1226 à 1560 il n'y eut aucun cas d'accession de roi enfant – il n'y eut que des cas où, en l'absence d'un héritier mâle, un oncle ou un cousin monta sur le trône –, puis, par trois fois, le roi mourut en laissant un successeur en bas âge : en 1560 donc, Charles IX devenait roi à dix ans, en 1610 Louis XIII à neuf, et en 1643, Louis XIV, un enfant de cinq ans, ceignait la couronne – et par trois fois, la reine mère gouverna à la place de son fils. Et chaque fois, la souveraine invoquera le souvenir de la reine Blanche pour légitimer son autorité, chaque fois dans des circonstances très différentes.

En 1560, Catherine de Médicis fait face à une situation si difficile qu'elle aurait pu décourager plus d'un postulant au pouvoir suprême. L'année précédente, son époux Henri II a été tué d'un coup de lance accidentel. Leur fils, François II, meurt à seize ans après un règne d'un an et demi sans avoir pris la moindre disposition pour protéger la minorité de son jeune frère, Charles IX. Aucune mission, aucune responsabilité n'a donc été confiée à la reine mère ni à quiconque. La France, qui va être déchirée par les guerres de Religion pendant près de cinquante ans, souffre déjà des signes d'une division mortelle. Massacres et représailles ensanglantent le pays, de l'Île-de-France au Midi. Les factions se disputent le royaume. Catherine n'a ni l'autorité, ni le mandat, ni l'expérience nécessaires pour s'imposer. Mais elle est mère, donc, presque par définition ni menaçante ni agressive. Comment se méfier d'une figure si débonnaire, avançant sous le pavillon de l'emblématique Blanche de Castille ? Témoignant d'une ruse, d'une énergie que la doulce Blanche n'eût pas désavouées, Catherine circonvint le conseil du roi, joua les princes du sang et s'installa solidement sur le trône.

Cinquante ans plus tard, en 1610, nouvelle crise : le roi Henri IV est assassiné et son fils n'a que neuf ans. Une régence s'impose de nouveau. Mais la partie est beaucoup plus facile pour Marie de Médicis, la reine mère. La France, fatiguée de la violence des guerres de Religion, aspire à la tranquillité, le Trésor est rempli, un grand ministre, Sully, est aux affaires et le roi n'a jamais vacillé dans son intention de confier le pouvoir provisoire à sa veuve si les circonstances l'exigeaient. Marie de Médicis peut se permettre d'invoquer du bout des lèvres Blanche, la grande aïeule, et la reine Catherine : personne ne dispute sa place.

Le précédent est dorénavant si établi qu'à l'article de la mort, en 1643, Louis XIII doit se résoudre, bien malgré lui, à confier la régence à Anne d'Autriche, cette épouse qu'il n'aime pas, en qui il n'a pas confiance, qu'il a toujours tenue éloignée de la vie politique. Certes la France est encore en guerre contre l'Espagne, certes les grands sont irrités de la puissance accrue du pouvoir royal et pourraient profiter de la faiblesse d'une femme pour s'affirmer, mais sont-ce là des raisons suffisantes pour aller contre une tradition reconnue, favoriser les princes du sang, oublier l'admirable exemple de Blanche de Castille et de Saint Louis ? Louis XIII ne s'y risque pas. Il se contente d'imposer des limites très étroites au pouvoir de la reine. Mais Anne d'Autriche, devenue régente, forte de son bon droit, retrouvera sans difficulté toutes ses prérogatives en faisant casser le testament de son époux. Se méfier de la reine mère, c'est faire insulte au roi, son fils.

*Catherine de Médicis*

# Un patient apprentissage

## 1533-1559

Des trois reines, Catherine est la plus opaque, la plus difficile à saisir et à juger et celle dont la régence a été la plus longue et la plus compliquée pour la simple raison qu'elle a exercé la fonction à deux reprises avec deux rois différents : la première fois à l'avènement de son fils Charles IX, en 1560, et la seconde, près de quinze plus tard, à la mort de celui-ci. Charles IX mourait sans laisser de fils, et désigna sa mère comme régente en attendant le retour de Pologne de son frère et successeur, Henri III. Cette seconde prise de pouvoir aurait dû être extrêmement brève, mais en fait elle se prolongea indéfiniment. Et Catherine, qui avait maintenu son autorité politique tout au long du règne de son fils, Charles IX, ne fut écartée qu'en 1588, juste avant sa dernière maladie, par le second, Henri III, qui ne lui survécut que six mois.

Comment expliquer cette longévité ? Par le manque d'intérêt pour la chose publique des deux rois ou par une singulière aptitude de la part de la reine mère à s'accrocher ? Était-elle arrivée à les convaincre de leur incapacité à se passer d'elle ou sut-elle toujours créer l'incident incontournable au moment où ils s'apprêtaient à enfin secouer le joug ? Ajoutons que les deux derniers Valois étaient à la fois cruels et d'une sensibilité maladive, agressifs et prompts au découragement, caractéristiques peu propres à faire de grands rois, alors que leur mère, dotée d'un indéniable sens politique, énergique et infatigable, aimait le métier.

Catherine est née le 13 avril 1519 de l'union de Laurent de Médicis, chef du gouvernement de la république de Florence et de Madeleine de La Tour d'Auvergne, union célébrée avec éclat à Amboise devant François I$^{er}$. La mariée, fille de Jeanne de Bourbon, descendante d'un fils cadet de Saint Louis, cousinait donc avec le roi de France, et celui-ci se réjouissait de resserrer ainsi les liens entre son royaume et une des grandes puissances italiennes. Les fêtes ne marquèrent cependant pas la naissance de Catherine : la jeune mère mourut en couches et le père succomba quatre jours plus tard. L'orpheline fut élevée par deux papes successifs, d'abord son grand-oncle, Léon X, puis son oncle Clément VII.

Dans la partie où s'affrontaient la France, l'Angleterre, Rome, Venise et Florence unies contre Charles Quint, empereur germanique et roi d'Espagne, la main de la jeune Catherine détenait assez d'atouts pour tenter nombre de princes italiens, le roi d'Écosse, futur père de Marie Stuart, et des cadets de haut lignage. Clément VII se décida finalement pour Henri, le deuxième fils de François I$^{er}$, et la fiancée de quatorze ans s'embarqua, le 1$^{er}$ septembre 1533, pour Marseille avec ses cassettes de bijoux et d'objets précieux, ses caisses de somptueux vêtements, ses sacs d'écus d'or pour épouser un garçon de son âge, timide, sombre et silencieux.

On aime à croire que le pape, son oncle, avait préparé l'adolescente en lui disant quelques mots des arrangements en vigueur autour du roi François I$^{er}$. Le roi, veuf depuis 1524 de la reine Claude, la mère de ses cinq enfants, était remarié à Éléonore, la sœur de Charles Quint, sorte de cadeau que le roi d'Espagne avait fait à son royal cousin lors de la libération de ses fils. Rappelons que François I$^{er}$ avait été fait prisonnier après la défaite de Pavie en 1525 et qu'il demeura captif à Madrid jusqu'à ce que Charles

Quint consentît à un échange avec ses deux fils aînés. Les deux enfants âgés de dix et huit ans vinrent prendre sa place en 1526 et furent littéralement enfermés pendant quatre ans en attendant le versement des deux millions d'écus d'or, l'immense rançon exigée. Voilà pourquoi Éléonore, malgré sa beauté et sa douceur, n'évoquait ni de bons souvenirs ni de grands sentiments chez son époux qui lui préférait ouvertement la belle duchesse d'Étampes, Anne de Pisseleu. La sœur du roi, Marguerite, le « Soleil » du poète du Bellay, très liée à son frère, spirituelle, talentueuse, auteur de l'*Heptaméron,* ensemble de nouvelles lestes et de contes plus sérieux, comptait pour beaucoup dans le cercle de famille qui comprenait les cinq princes, trois garçons et deux filles : l'aîné, le dauphin, revenu de Madrid, « sombre et bizarre », impatient, ne supportant auprès de lui que « ceux qu'il entend », le puîné, Henri d'Orléans, le fiancé, et le cadet, Charles d'Angoulême qui devait peut-être à son enfance normale – lui seul échappa à la captivité – son naturel gai et spontané. Des deux princesses, l'aînée, Madeleine, mourut peu de temps après son mariage avec le roi d'Écosse, et la cadette Marguerite, future duchesse de Savoie, cultivée et réfléchie, devint la meilleure amie de Catherine à la Cour.

Un an après les noces de Catherine, son oncle, le pape, mourut, et tout l'échafaudage monté par François I$^{er}$ s'écroula. « J'ai eu la fille toute nue », déclara-t-il, dépité. La fille, avec ses yeux globuleux et le manque d'élégance de sa taille, n'était pas assez belle pour faire passer la pilule gaiement, d'autant que le jeune mari n'avait de regards que pour la superbe Diane de Poitiers, de vingt ans son aînée. Mais l'astucieuse Catherine réussit, malgré des circonstances si contraires, à gagner l'affection du roi, son beau-père. Elle en eut besoin parce qu'elle ne trouva aucun soutien dans la personne de son époux. Henri avait quatorze ans, comme elle. Il avait été verrouillé dans les prisons espagnoles dès l'âge de huit ans, élevé dans une solitude et un abandon tels qu'il en avait perdu l'usage de la parole à sa libération. Morose, ignorant, s'adonnant

## Ascendance maternelle de Catherine de Médicis montrant la parenté avec Diane de Poitiers

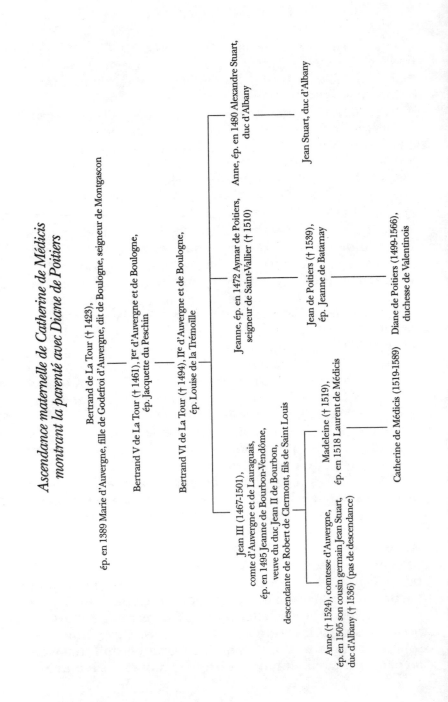

Bertrand de La Tour († 1423),
ép. en 1389 Marie d'Auvergne, fille de Godefroi d'Auvergne, dit de Boulogne, seigneur de Montgascon

Bertrand V de La Tour († 1461), Iᵉʳ d'Auvergne et de Boulogne,
ép. Jacquette du Peschin

Bertrand VI de La Tour († 1494), IIᵉ d'Auvergne et de Boulogne,
ép. Louise de la Trémoïlle

Jean III (1467-1501),
comte d'Auvergne et de Lauraguais,
ép. en 1495 Jeanne de Bourbon-Vendôme,
veuve du duc Jean II de Bourbon,
descendante de Robert de Clermont, fils de Saint Louis

Madeleine († 1519),
ép. en 1518 Laurent de Médicis

Anne († 1524), comtesse d'Auvergne,
ép. en 1505 son cousin germain Jean Stuart,
duc d'Albany († 1536) (pas de descendance)

Catherine de Médicis (1519-1589)

Jeanne, ép. en 1472 Aymar de Poitiers,
seigneur de Saint-Vallier († 1510)

Jean de Poitiers († 1539),
ép. Jeanne de Batarnay

Diane de Poitiers (1499-1566),
duchesse de Valentinois

Anne, ép. en 1480 Alexandre Stuart,
duc d'Albany

Jean Stuart, duc d'Albany

avec une ardeur forcenée à la chasse, aux joutes et au saut – il franchissait, disait-on, en un bond une longueur de vingt-quatre pieds, soit huit mètres –, il avait voué un amour platonique à Diane de Poitiers, d'ailleurs proche cousine de Catherine, amour de tête qui allait se transformer en amour de cœur et de corps malgré leur différence d'âge. S'il fit ce que l'on attendait de lui lors de sa nuit de noces, il ne se rapprocha pas pour autant de sa petite épouse, qui, fort intelligemment, se concentra alors sur François I$^{er}$. Il lui fallait un appui, autant obtenir celui du roi.

Elle avait précisément les qualités qu'il appréciait. D'abord, elle montait à cheval en cavalière intrépide. Refusant la *sambue*, un petit fauteuil sur lequel les dames s'asseyaient de côté, les pieds sur une planchette, et qui bien évidemment ne permettait pas de galoper, elle introduisit l'usage de monter en amazone et put ainsi suivre les hommes à la chasse. Or la chasse comptait beaucoup pour le roi. Il prit l'habitude d'admettre sa bru, devenue dauphine en 1536, après la mort de son fils aîné, dans le cercle d'intimes qui le suivaient dans les forêts à la poursuite des ours, des sangliers, des cerfs et des loups. Catherine y gagna une familiarité rare et facile avec lui ainsi qu'une connaissance des problèmes et des projets politiques que lui enviait sa rivale Diane. Ensuite, elle admirait et partageait son goût pour l'architecture et la décoration. Là, ses origines italiennes la servaient. Rosso, le grand maître des travaux à Fontainebleau, était florentin. Il avait confié la composition des fresques, les peintures, les décors sculptés à des artistes italiens. Catherine connaissait bien le style à la mode, familière comme elle l'était des collections du Vatican, et pouvait en parler avec intérêt et discernement. Enfin, sa conversation ne se limitait pas à l'art.

Catherine était cultivée et instruite. Elle n'eut de cesse d'obtenir la très riche « librairie » du maréchal Strozzi, tué à la guerre, et l'arracha à son fils en lui promettant « de la lui payer un jour », et cela non par simple goût de collectionneuse. Un livre se trouvait toujours à portée de sa main ; dans son cabinet, le nombre de cartes témoignait de son intérêt pour la géographie et de sa curiosité des terres inconnues. Sa croyance en l'influence des astres sur la destinée l'avait amenée à étudier l'astrologie. Elle écoutait les devins mais non pas en aveugle et se plaisait à contrôler leurs connaissances. Le latin lui avait été enseigné et elle se mit au grec pour plaire à François I<sup>er</sup>. Enfin, elle avait projeté d'écrire des contes sur le modèle de l'*Heptaméron* avec sa belle-sœur Marguerite. Bref, toujours de bonne humeur, enjouée, pleine d'entrain, elle savait amuser et intéresser François I<sup>er</sup>. Elle se sentit assez en confiance avec lui pour se jeter à ses pieds lorsque sa stérilité eut provoqué des bruits de répudiation. Il la releva et lui assura affectueusement que jamais il ne l'éloignerait de sa cour.

Elle était vulnérable, et le savait. Peu de temps après son mariage, la mort du fils aîné de François I<sup>er</sup> avait donné à Henri le rang de dauphin ; or les années passaient, et elle n'avait toujours pas assuré l'avenir de la dynastie. Une reine sans enfants était une reine en sursis, d'où son tourment. Paradoxalement, elle fut protégée par la favorite. Diane avait tout intérêt à ne pas voir une génitrice jeune et triomphante remplacer l'épouse complaisante, assouplie par des humiliations quotidiennes. Aussi était-il de notoriété publique que « Diane exhortait [le prince] à aller dormir avec la reine[1] ». Enfin, après dix ans de mariage, ô prodige, la dauphine se trouva enceinte. Il semble qu'un changement de position, préconisé par un vieux médecin, fit merveille. La dauphine accoucha et accoucha d'un garçon. Dix autres enfants vinrent au monde en succession rapide. En 1547, François I<sup>er</sup> mourut. Henri II et Catherine – ainsi que Diane de Poitiers, du pied gauche – montèrent sur le trône.

La nouvelle reine savait maintenant que sa place, malgré les brimades constantes, était inexpugnable, mais paradoxalement son accession au trône au lieu de renforcer sa position l'affaiblit. C'est qu'elle avait perdu l'appui de François I<sup>er</sup>, et surtout que rien désormais ne s'opposait à l'envolée de Diane. Jalouse, car elle semble avoir été véritablement attirée par son mari, soumise par nécessité à la morgue de la favorite, elle vécut dans la crainte perpétuelle d'irriter l'un ou l'autre. On ne peut même pas dire qu'elle attendait son heure puisqu'elle avait le même âge que son mari et que la diabolique Diane semblait miraculeusement épargnée par le temps.

Henri laissa éclater sa passion pour celle à qui il donna le titre de duchesse de Valentinois. Les joyaux de la Couronne, le château de Chenonceaux, le somptueux aménagement du château d'Anet, les droits financiers les plus considérables, seuls propres à satisfaire le sens aigu des affaires de la favorite, accompagnaient le titre, mais plus douloureux peut-être pour Catherine, les marques extérieures de l'amour du roi se multipliaient. Partout les H et les D entrelacés rappelaient publiquement la place subalterne qu'occupait Catherine dans son ménage. Même à la tête des armées, dans son armure noire et blanche ornée de croissants de lune et de flèches symbolisant la déesse Diane, Henri II portait les couleurs de sa maîtresse.

Catherine se résigna. Avait-elle le choix ? Beaucoup plus tard, elle écrivit à sa fille aînée, à propos de son mari : « Je l'aimais tant que j'avais toujours peur[2]. » Peur de quoi ? N'était-elle pas reine et reine sacrée, reine à part entière, inamovible ? Dans une autre lettre, à l'intention de sa fille cadette, Margot, qui connaissait elle aussi des difficultés conjugales, elle précisa : « Je faisais toujours bonne chère à Mme de Valentinois. C'était le roi et encore je lui faisais toujours connaître que c'était à mon grand regret ; car jamais femme qui aima son mari n'aima sa putain ; car on ne la peut appeler autrement, encore que le mot soit vilain à dire à nous autres[3]. » Elle avait peur de détériorer davantage ses rapports avec un mari qu'elle respectait et admirait. Mis à part les quelques éclats qu'elle se permit, quoique jamais en sa présence, elle fit preuve d'une remarquable égalité d'humeur. Henri II lui témoignait assez de considération pour qu'elle pût influer sur l'éducation de ses enfants et obtenir, petit à petit, la faculté d'agir en reine régente durant ses absences à l'armée. Elle tira le

# Parenté des derniers Valois et des Bourbons

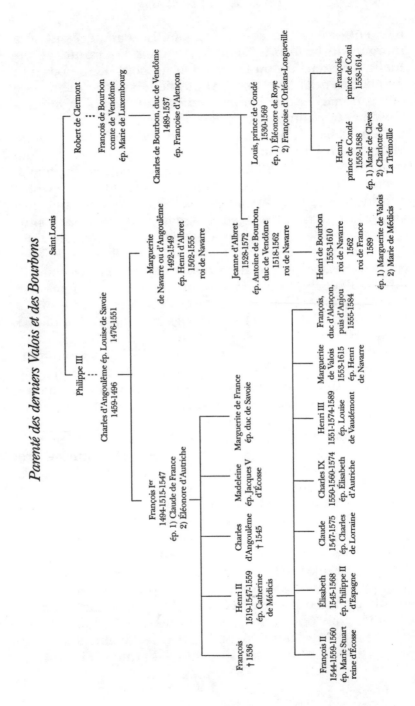

meilleur parti possible de la situation et réussit à ne pas se laisser complètement éclipser.

De 1547 à 1559, soit pendant les douze ans du règne d'Henri II, elle exerça une activité indéniable dans les domaines qu'elle parvint à se réserver avec une modestie et une discrétion qui se révélèrent efficaces. Bien entendu, sa préoccupation majeure se concentrait sur la santé et le bien-être de ses enfants. Les petits princes étaient élevés à Blois, lieu considéré plus sain que Fontainebleau, séjour habituel de la cour. Le gouverneur, M. d'Humières, et sa femme Françoise, quoique parents de Diane et choisis par elle, n'en demeuraient pas moins en liaison étroite avec la reine qui leur écrivait sans cesse, demandant des nouvelles, réclamant des portraits, s'enquérant, toujours avec une grande politesse, de leur habillement ou de leur nourriture. À la mort de M. d'Humières, en 1551, sa femme, qui avait le titre de gouvernante des Enfants de France, fut remplacée par une intime de Catherine, preuve de l'autorité accrue de la reine. Le dauphin, âgé de sept ans, s'établit à Saint-Germain-en-Laye alors que les cadets s'installèrent à Amboise. Puis Catherine voulut avoir ses filles auprès d'elle. Finalement en 1558, tous les frères et sœurs se retrouvèrent à Paris. Les petits princes n'étaient pas élevés en solitaires. Ils avaient des compagnons de jeux – les enfants d'honneur –, et parmi eux Henri de Guise et la petite Marie Stuart, la « reinette », le plus bel enfant du monde d'après Henri II, venue vivre auprès de son fiancé, le dauphin François, dès l'âge de cinq ans. Henri de Navarre, l'exact contemporain de la cadette, Marguerite, fut envoyé tout jeune à la cour pour être élevé parmi ses cousins. Enfin, un autre Henri, Henri d'Angoulême, le fils que Henri II avait eu de la gouvernante de Marie Stuart, lady Fleming, partageait la vie des jeunes princes. Le roi, dans un rare mouvement d'indépendance, avait profité de l'absence de Diane de Poitiers, qui se remettait d'une fracture de la jambe dans son château d'Anet, pour se laisser séduire par la blonde Écossaise. La dame fut renvoyée en Écosse par les soins conjugués de Diane et de Catherine, mais l'enfant resta à la cour et eut toujours d'excellents rapports avec ses demi-frères.

Tout à l'honneur d'Henri II et de Catherine, nous avons plus de détails sur l'éducation intellectuelle des jeunes princes, qui semblent avoir eu les meilleurs maîtres dont Ronsard et Amyot, futur évêque d'Auxerre, célèbre pour sa traduction de *Daphnis et Chloé* de Longus et des œuvres de Plutarque, que sur les problèmes de discipline qui allaient empoisonner l'enfance de Louis XIII. Le futur Charles IX, Henri de Navarre et Henri de Guise suivirent tous ensemble les cours du Collège de Navarre, le plus vaste et le plus illustre des établissements du Quartier latin. Fondé par Jeanne de Navarre, femme de Philippe le Bel, le collège avait toujours été le vivier des précepteurs des enfants de la famille royale et les avait souvent accueillis sur ses bancs. L'éducation des filles fut particulièrement soignée. On a conservé un recueil de thèmes et de versions, qui avait servi à toutes les princesses, y compris Marie Stuart. La benjamine, Margot, très assidue à ses leçons, fut la meilleure latiniste de la famille.

Catherine, devenue reine, continua à jouer un rôle artistique important favorisé par l'italianisation de la France, commencée sous François I$^{er}$ et qui allait en s'accentuant. Elle put donc mettre à profit l'éducation qu'elle avait reçue à Florence et surveilla avec efficacité les travaux d'aménagement du palais des Tournelles et ceux de la construction du château de Montceaux, près de Meaux. La mode était décidément à l'Italie comme le prouve l'influence des nombreux Romains, Florentins ou Napolitains présents à la cour, dans les domaines les plus variés. L'enseignement de l'escrime, de l'équitation ou de la danse relevait toujours du talent des maîtres transalpins. Le précepteur du dauphin était d'origine napolitaine. Et naturellement, les princes, comme d'ailleurs leur père, parlaient tous couramment l'italien. À la cour, sur soixante-quatorze étrangers pensionnés par le roi, soixante-treize venaient de la péninsule. On trouvait une majorité d'Italiens parmi les secrétaires, domestiques, courriers, astrologues, aumôniers qui s'agitaient autour de la reine. Toute cette atmosphère, qui, rappelons-le, n'était pas due à Catherine, la servit cependant : elle ne connut pas le sort des souveraines étrangères, comme Blanche de Castille ou Anne d'Autriche, privées de leur entourage familier et fortement encouragées à oublier leur langue maternelle. L'Italie n'était pas seulement la patrie des arts ; elle demeurait un enjeu politique d'importance, et, là aussi, les circonstances servirent Catherine en lui ouvrant un troisième champ d'action.

Toute jeune princesse, dans l'entourage de François Ier, elle s'intéressait déjà à la politique étrangère. La situation internationale, dès cette époque, était dominée par la rivalité entre l'Espagne et la France. L'Espagne représentait beaucoup plus que l'Espagne au XVIe siècle. Charles Quint cumulait en effet quatre vastes héritages. Par son père, Philippe le Beau, fils de Marie de Bourgogne et de Maximilien d'Autriche, qui avait été élu empereur du Saint Empire romain germanique, il avait reçu les Pays-Bas, la Franche-Comté, les états héréditaires des Habsbourg, des prétentions sur la Bourgogne et l'assurance, fondée sur la tradition, d'accéder au trône impérial. Sa lignée maternelle, qui remontait par sa mère Jeanne la Folle à Isabelle de Castille et à Ferdinand d'Aragon, lui avait donné la Castille, augmentée de ses possessions en Amérique, le royaume d'Aragon et celui de Naples. François Ier avait vainement tenté de se faire élire, lui, à la tête du Saint Empire, pour lutter contre cette hégémonie, mais il avait été battu par Charles Quint en 1519. La France se considérait encerclée et, au cours de six guerres de 1521 à 1559, tenta de récupérer des possessions en Italie et sur la frontière nord-est. Finalement en 1559, après bien des avances et des retraites, la France renonça au Milanais et à Naples, à la Corse, à la Savoie et au Piémont, mais garda quelques villes au sud dont Turin et Pignerol, et au nord, Metz, Toul, Verdun et Calais.

Catherine était impliquée à deux titres dans toutes ces

campagnes. D'abord, il s'agissait, dans certains cas, de soutenir sa famille et de récupérer ses biens privés, ensuite, en l'absence de son mari, elle présidait le conseil, puis elle obtint la régence. Elle se piqua néanmoins du fait que ses titres ne lui donnaient en réalité aucun pouvoir. Des courtisans observateurs – mais en existaient-ils autour de la reine ? – auraient remarqué qu'elle savait faire preuve d'énergie et de talent juridique, car elle refusa de laisser enregistrer une déclaration de régence ainsi amoindrie, mais elle s'efforça d'« apprendre l'état et charge de munitionnaire ». Elle s'absorba dans les tâches d'intendance sans pour cela négliger les opérations militaires, les problèmes administratifs et les négociations diplomatiques. Sa correspondance sur les conditions de l'armée, sur l'attitude du Parlement, sur la doctrine protestante en donne la preuve. Enfin et surtout, elle réussit à obtenir un secours financier des bourgeois de Paris. Elle travaillait dans le sérieux et commença alors, à juste titre, à prendre de l'assurance, n'hésitant pas lors de la signature du traité, qui mettait fin à toute prétention française sur l'Italie, à clamer son désaccord avec la décision du roi et à injurier Diane de Poitiers qu'elle jugeait responsable de cette paix déshonorante et porteuse de maux. Effectivement, si le roi d'Espagne, Philippe II, et Henri II étaient si désireux d'arrêter les combats, c'est qu'ils ne voulaient plus financer cette guerre conventionnelle, mais se tourner vers un autre combat, plus complexe et plus douloureux : le combat contre l'hérésie protestante. L'opposition de Catherine ne changea rien aux décisions d'Henri II. La paix fut signée le 2 avril 1559. Le roi n'avait plus que trois mois à vivre mais cela personne ne le savait.

L'année a commencé par deux projets de mariage : la sœur d'Henri II, Marguerite, épousera le duc de Savoie, et sa fille aînée, Élisabeth, pour sceller la paix, se fiance à Philippe II, le roi d'Espagne. En juin, Paris et la cour s'adonnent à de grandes fêtes pour célébrer la nouvelle alliance. L'après-midi du vendredi 30 juin, sur la terre battue de la rue Saint-Antoine où une carrière a été délimitée, un tournoi somptueux est organisé pour divertir toutes les dames de la cour, les ambassadeurs et les grands d'Espagne conduits par le duc d'Albe, qui doit épouser la fille du roi par procuration. Les dames, installées sur le balcon des maisons voisines, surplombent l'endroit précis où les cavaliers s'affrontent. Henri II participe à la joute avec enthousiasme. Il a déjà couru trois fois contre le duc de Savoie, le duc de Nemours et le duc de Guise. Excité par le combat, les acclamations, un triomphe qu'il sent proche, il refuse de s'arrêter et, enfourchant son destrier, la lance brandie en avant, la visière relevée pour mieux voir l'adversaire, les rubans aux couleurs de sa maîtresse flottant au vent, il se jette pour la quatrième fois sur la masse qui galope sur lui. Ce dernier concurrent, Gabriel de Montgomery, capitaine de sa garde écossaise, l'avait fait « branler sur sa selle » lors de leur dernier combat et le roi veut sa revanche. Les deux cavaliers se croisent et la lance de Montgomery se fracasse contre la cuirasse du roi. Un éclat passe à travers la grille d'or du casque et lui crève l'œil. Le roi s'évanouit sur l'encolure de son cheval qui parcourt encore quelques mètres avant que les écuyers ne parviennent à le saisir.

Diane comprend immédiatement la gravité de l'accident et s'éclipse. Elle ne reverra plus son amant. Catherine prend les décisions qui s'imposent avec un surprenant sang-froid. Elle fait porter le roi inconscient au plus près, dans le palais des Tournelles, tout pavoisé et décoré pour les fêtes nuptiales. Ambroise Paré, son chirurgien, accourt. Paré avait sauvé le duc de Guise en 1545 quand une pique s'était fichée dans son œil. Personne, parmi les témoins épouvantés, n'avait osé intervenir. C'est alors que Paré, armé de tenailles, posant, dit-on, le pied sur la tête de Guise, s'agrippa et extirpa le tronçon. Le blessé conserva la vue et gagna le sobriquet de Balafré[4]. Mais le chirurgien ne peut rien pour Henri II : la cervelle est touchée et le roi meurt onze jours plus tard dans ce beau bâtiment tout neuf, aménagé avec tant de soins par la reine, bâtiment qu'elle fera détruire en signe de deuil. Catherine, qui n'avait jamais connu la gloire ou les plaisirs de reine régnante, commença, le 10 juillet 1559, à quarante ans, son exceptionnelle carrière – une carrière qui se prolongera pendant trente ans – de reine veuve, de reine mère, de reine noire, secrète et puissante.

Son long et douloureux apprentissage de la patience, l'acceptation, bon gré mal gré, de la présence constante d'une rivale effrontée, se mêlant avec autant d'assurance de l'éducation des petits princes que de politique, une rivale qui ouvertement ordonnait sa vie conjugale, expliquent en partie les contradictions du caractère de la reine. Veuve, elle se fit craindre de ses enfants, ne retint plus son naturel autoritaire et même brutal, mais simultanément, de son passé de femme trompée et consentante, elle garda une tendance à faciliter les plaisirs de ses fils, allant jusqu'à présider des fêtes à la limite de l'orgie. En politique, confrontée à des problèmes difficiles, elle préféra toujours le flou et le double jeu à la rectitude. S'efforçant tout au long de son règne – avec une exception, l'exception irrémissible de la Saint-Barthélemy – de concilier, d'accommoder, de gommer et bien souvent de tromper. L'élément le plus faible d'un ménage à trois combat rarement à découvert. Il lui en resta toujours la prédilection de la ruse et de la *combinazione*.

# Prise de pouvoir

## 1560-1564

En bonne logique, le premier élément qui devrait permettre de prévoir le succès ou l'échec d'une régence est le rapport qu'entretenait la reine avec son époux. Mais la logique n'a rien à voir avec l'histoire. Si Blanche de Castille avait été associée affectueusement à la souveraineté de son mari, Louis VIII, Anne d'Autriche sera méchamment tenue à l'écart : pourtant toutes les deux ont été de grandes régentes. Catherine, elle, avait toujours été assez proche du pouvoir pour observer – et cela dès le règne de François I$^{er}$ – et au besoin agir, tout en souffrant de rapports doublement difficiles avec son époux, soumise à l'humiliation de se voir préférer une rivale plus âgée, impérieuse et méprisante, et condamnée pendant plus de dix ans à l'angoisse d'une reine stérile. Elle avait donc une connaissance assez précise des problèmes, la réputation d'être « politique avant tout[1] », capable des négociations les plus subtiles, mais l'autorité naturelle lui manquait.

La mort d'Henri II n'ouvrit pas une période de régence puisque le nouveau roi, François II, à quinze ans, n'était pas à proprement parler mineur, mais sa débilité physique et intellectuelle l'empêchait à l'évidence de régner. Catherine, dissimulée et réaliste, ne se mit pas en avant. Personne ne soulevait la question d'une régence et, d'ailleurs, elle n'était pas la seule femme aux côtés du nouveau roi. François II était marié depuis un an avec Marie Stuart, fille du roi d'Écosse et de Marie de Guise, et il adorait son épouse avec l'ardeur d'un déséquilibré. Or la jeune reine, intelligente et fort instruite, se montra assez sûre d'elle-même, soutenue comme elle l'était par la faction des Guises, pour ne pas s'effacer devant cette belle-mère, fille de marchands, qu'elle avait toujours vue dominée, sinon servile, dans le cercle de famille. Catherine cependant faisait ses classes. Son premier geste ne fut pas celui qu'on attendait. Elle ne se vengea pas de Diane. Les mœurs du temps lui auraient permis de la faire assassiner, ce que d'ailleurs l'ex-favorite craignait ouvertement. Nombre de courtisans brûlant du désir de plaire à la reine lui conseillaient « de faire couper le nez à la duchesse ». Catherine se contenta de lui faire rendre les bijoux de la couronne et Chenonceaux. Elle avait autre chose en tête : apprendre la navigation parmi les écueils qui menaçaient le pouvoir. La cour se divisait entre trois factions – les Bourbons, les Guises et les Montmorency – dont les rivalités sanglantes allaient s'exacerber tout au long des règnes des trois frères, François II, Charles IX et Henri III, qui marqueront la fin de la dynastie des Valois. Il s'agissait de savoir jouer l'une ou les unes contre l'autre.

Lors des règnes forts, les cadets et les princes du sang, c'est-à-dire les cousins du roi, se tiennent tranquilles ; lors des règnes faibles et des minorités, ils relèvent la tête : ne sont-ils pas une solution de rechange naturelle ? ne sont-ils pas destinés au trône en cas de vacance du pouvoir ? à tout le moins, n'est-ce pas à eux d'étayer un pouvoir royal insuffisant et de gouverner le temps d'une vacance du pouvoir ? Ils représentent donc à la fois une solution et une menace.

Sous les Valois finissants, les Bourbons, descendants eux aussi de Saint Louis et donc aptes à porter la couronne de France, jouèrent ce rôle : d'abord, Antoine de Bourbon, roi de Navarre par son mariage avec Jeanne d'Albret, et ses frères, le cardinal de Bourbon et Louis, prince de Condé ; ensuite, Henri de Navarre, fils d'Antoine et futur Henri IV. Le fait qu'ils prirent la tête du parti protestant les rendit plus inquiétants encore puisqu'ils représentaient une véritable opposition au pouvoir royal. À juste titre, Catherine se méfiait d'eux et s'efforça par tous les moyens de les tenir en respect.

La deuxième faction se regroupait autour des Guises. Les Guises ne jouissaient pas de l'indiscutable avantage dynastique des Bourbons mais ils étaient pourvus d'alliances éclatantes et dotés de talents et de caractères marqués par une énergie peu commune. Princes lorrains, ils cousinaient avec toutes les familles souveraines d'Europe. Claude de Guise, le père fondateur de la lignée qui nous intéresse, avait épousé une Bourbon. Son fils aîné François, général brillantissime, se mit au service d'Henri II et se maria avec Anne d'Este, petite-fille de Louis XII par sa mère Renée de Ferrare. Sa fille unique, Marie, s'unit au roi d'Écosse – celui qui dans le passé avait posé sa candidature à la main de Catherine – dont elle eut une fille, Marie Stuart. Claude d'Aumale, un fils cadet, choisit de s'allier à Diane de Poitiers, et devint son gendre. Enfin, le personnage principal de la maison était le cardinal, « doué d'un esprit merveilleux [...] d'une mémoire étonnante ». Très lettré, toujours d'après l'ambassadeur de Venise, il savait le grec, le latin, l'italien, était fort versé dans les sciences « mais d'une cupidité honteuse, d'une grande duplicité, vindicatif, envieux[2] ». Le talent militaire des Guises les rendait quasi indispensables, la cohésion du clan en faisait une puissance redoutable. Enfin, ils jouissaient d'appuis extérieurs car, ayant adopté une position ultracatholique, ils servaient le roi d'Espagne. Ils se trouvaient donc en opposition ouverte sur tous les plans avec les Bourbons, lesquels étaient en conflit perpétuel avec l'Espagne au sujet des frontières de la Navarre.

Enfin, les Montmorency constituaient le troisième bloc. Le connétable Anne de Montmorency, chef suprême de l'armée sous Henri II, moins belliqueux que les Guises, préférait souvent la négociation à la guerre. Sa subtilité se reflétait dans ses alliances : le mariage de son fils avec Diane de France, une fille qu'Henri II avait eue en 1539 de ses amours avec une Piémontaise, lors d'une campagne d'Italie, le rapprochait de la dynastie régnante alors que celui de sa petite-nièce avec le prince de Condé lui donnait une ouverture du côté des Bourbons et enfin l'union de sa sœur avec Gaspard de Coligny dont elle aura trois fils – un cardinal, un amiral de France (le Coligny qui jouera un rôle essentiel pendant la période), et un colonel général de l'armée – lui permettait de donner des gages aux protestants.

Le règne de François II fut d'une brièveté extrême : il ne dura qu'un an et demi, pendant lequel les Guises jouèrent un rôle prépondérant. Son frère et successeur, Charles IX, était un enfant de dix ans. Cette fois, à Catherine seule de jouer. La partie n'était pas gagnée d'avance. D'après Bréquigny, l'historien du XVIII^e siècle, grand spécialiste de la monarchie, « la reine, voyant le roi [François] à l'extrémité, songea à s'assurer du pouvoir : les précautions qu'elle prit pour y parvenir et les obstacles qu'elle eut à vaincre prouvent l'incertitude dans laquelle on était de ses prétentions [3] ».

Le seul précédent datait de 1226, date de la mort de Louis VIII. Mais la situation de Catherine n'était pas aussi claire que celle de Blanche de Castille. Contrairement à Louis VIII qui avait confié une mission officielle à la reine mère, le roi défunt n'avait rien déclaré en sa faveur. Catherine ne pouvait arguer que de la confiance qu'Henri II lui avait témoignée à deux reprises. Ce n'était pas suffisant, comme n'était pas suffisante la coutume qui pesait en faveur de la mère du roi (coutume imposée par François I^er qui avait toujours confié le royaume à sa mère, Louise de Savoie, lors de ses absences et de sa captivité), d'où la nécessité absolue de s'entendre avec les princes du sang, quitte à manœuvrer ensuite pour les exclure de toute décision réelle. Comme le fait remarquer Fanny Cosandey, dans son étude sur le rôle de la reine de France, « l'obtention de la régence revêt [...] davantage l'aspect d'une *prise de pouvoir* que d'une passation des pouvoirs, mélange de légitimité et de coup de force[4] ». Cela est particulièrement vrai de Catherine qui floua le Bourbon avec une telle habileté qu'elle parvint à s'emparer des fonctions d'administration et de tutelle sans qu'il eût le temps de réagir et de s'opposer à cette concentration de pouvoir.

Premier signe d'intelligence politique, la rapidité avec laquelle manœuvra la reine, convaincue que c'est à elle, et à elle seule d'agir, si elle veut occuper la place. Elle négocia avec d'autant plus d'efficacité que, consciente de la faiblesse congénitale de son fils aîné, sa mort ne la prit pas au dépourvu. Mettant à profit les incertitudes, les hésitations et l'éloignement du premier prince du sang, Antoine de Bourbon, elle assuma vigoureusement les pleins pouvoirs en obtenant le désistement de celui-ci. Le conseil privé lui accorda la prééminence « en considération des grandes vertus, prudence et sage conduite [...] et l'affection grande qu'elle a toujours démontrée[5] », se fondant donc sur sa réputation d'épouse modeste et irréprochable et de mère affectionnée.

Le personnage d'épouse docile, le rôle de princesse attentive, enjouée, ouverte aux conseils qu'elle avait assumé pendant de si longues années lui servirent. À la cour, on ne se méfiait pas de Catherine qui semblait incarner toutes les vertus féminines, et peu de contemporains auraient pu deviner l'âpreté, l'énergie et l'ambition qui se dissimulaient sous ses voiles noirs et ses sourires bon enfant. Nantie du titre de gouvernante de la France et aidée de son chancelier Michel de L'Hospital, elle comptait cependant exercer la puissance souveraine et le fit savoir sans détours : « Je veux que les plis soient adressés premièrement à moi », déclara-t-elle. Et ils le furent. « Dans le gouvernement, la reine mère est considérée comme celle dont la volonté est suprême en toutes choses ; c'est elle qui aura la main la plus haute aux négociations[6] », rapporta l'ambassadeur de Venise, se faisant le porte-parole du corps diplomatique. Quelques jours plus tard, elle spécifia qu'elle consentait à confier la lieutenance générale du royaume à Antoine de Bourbon mais qu'il commandait sous elle et qu'elle conservait la principale autorité.

Seconde marque d'intelligence, une modestie apparente dans la victoire. Une fois établie sa prééminence, la reine se fit toujours représenter de la même manière, vêtue tout de noir sauf pour une collerette blanche, « plus en ministre qu'en reine », fit remarquer Barbaro, l'envoyé vénitien[7]. Dans les tableaux familiaux, Catherine, jamais enjolivée, jamais triomphante, se tenait derrière son fils, avec le plus souvent un bras sur son épaule, soulignant par ce simple geste leur interdépendance. Elle se voulait perçue comme veuve et comme mère, précisément parce qu'elle savait trop bien que seuls ses vertus d'épouse et le respect accordé à l'amour maternel lui avaient permis d'accéder au pouvoir, d'où l'image simple, intelligible et cohérente qu'elle fit circuler à grands renforts de gravures en France et à l'étranger. Blanche de Castille, elle, avait fait preuve de plus d'assurance et une miniature de 1235 la dépeint sur le même plan que son fils, si ce n'est que seul le roi tient les insignes du pouvoir royal, un sceptre et un globe. Catherine juge plus opportun de masquer son empire.

Dans une lettre adressée quelques années plus tard à son fils Charles IX, Catherine dressa un tableau de ce que devrait être la journée d'un roi. Il ne la lut pas de façon bien attentive, semble-t-il, mais elle, en revanche, s'assujettit à la discipline qu'elle prônait, et son emploi du temps fut celui d'une travailleuse, d'une grande travailleuse, extrêmement organisée. Ainsi, son pouvoir fut-il absolu non seulement dans les termes mais dans les faits. Elle présidait effectivement les conseils, ouvrait la première les dépêches de France et de l'étranger, nommait aux charges, offices et bénéfices. Les communications officielles du petit roi s'accompagnaient toujours d'une lettre de sa mère. Elle gagna par la persistance de son labeur une réelle connaissance des dossiers, et elle fut servie lors de son avènement par sa familiarité avec le personnel politique. Les ministres et les conseillers d'État se succédaient de père en fils, d'oncle en neveu ou de beau-père en gendre depuis François I$^{er}$. Un de ses plus proches conseillers, un juriste remarquable, Jean du Tillet, avait été secrétaire de la mère, puis de la sœur et enfin de la seconde femme de François I$^{er}$, avant de la servir. La réorganisation du gouvernement fut bien accueillie : elle « est d'un bon ordre et d'une bonne règle [...]. À chacun ses fonctions, les affaires se régleront ainsi bien plus vite et sans confusion [...]. On ira tout droit à la reine, et si elle a besoin du Conseil, elle le réunira de sa propre autorité et donnera la réponse[8] ».

Son chancelier, c'est-à-dire son premier conseiller, la plus haute autorité en matière de justice, à la fois ministre d'État, chef de l'administration et juge suprême, Michel de L'Hospital, lui avait été recommandé par sa belle-sœur, Marguerite de Savoie. C'était un homme fin, tolérant, expérimenté, apparenté à un grand nombre de fonctionnaires royaux. Il fut remplacé en 1568 par un Milanais, René de Birague, remarqué d'abord par François I$^{er}$, et qui avait gagné depuis de longues années l'absolue confiance de Catherine. Comment s'imposa-t-elle à ces hommes chevronnés, ancrés dans le service du roi, éprouvés par toutes les vicissitudes des règnes passés, sinon par l'admiration gagnée par son intelligence, ses connaissances, son goût de la besogne bien faite qui facilitait leur travail – et sa science de la mise en scène ? La grosse petite dame, engoncée dans ses jupes noires, n'est pas sans annoncer la reine Victoria. Comme elle, elle incarne avec régularité la permanence monarchique. Au milieu d'une cour tumultueuse, souvent extravagante et grotesque, elle ne prête à aucune insinuation. Une allusion perfide à un écart de conduite – injures dont souffriront Blanche de Castille, Marie de Médicis et Anne d'Autriche – ridiculiserait l'accusateur. Elle est la reine et le demeurera jusqu'à sa mort. Mais elle n'existe que par son fils.

Et l'enfant n'était pas simple. Il se distinguait peu dans

la troupe des enfants royaux jusqu'à la mort de son père en 1559, qui fit de lui le dauphin. Malgré son jeune âge – il n'avait que neuf ans – c'est lui qui avait mené le cortège funèbre de Notre-Dame à Saint-Denis en l'absence du nouveau roi, son frère, qui selon la tradition ne pouvait pas être mêlé à l'enterrement. Mais si on écartait le roi du cérémonial de la mort, on ne l'avait pas soustrait, ni lui ni ses frères et sœurs, au spectacle d'affreuses violences. En mars 1560, alors que la cour se trouvait à Amboise, une conjuration menée par les protestants fut découverte. Le duc de Guise imposa une répression d'une brutalité extrême. Les suspects furent arrêtés, torturés, mis à mort. François II, Marie Stuart, tous les princes assistèrent à la pendaison des rebelles des fenêtres du château, ce château qui jusque-là n'avait été témoin que de leurs jeux d'enfants. Onze prisonniers furent exécutés et leurs cadavres accrochés aux créneaux de la terrasse, vingt autres, cousus dans des sacs, noyés dans la Loire, sous leurs yeux. Catherine avait observé, avec un certain mépris, Marie, sa petite bru, qui fermait les yeux et ne pouvait pas cacher sa répulsion. Charles avait regardé, sans ciller. Sa mère ne chercha pas à l'épargner. La faiblesse ne sied pas aux princes*. Il faut qu'il s'habitue au sang. Et il s'y habituera cet enfant violent, moins porté sur l'étude que sur les exercices physiques, et qui préférait la chasse à tout.

Son avènement en décembre 1560 ne changea rien à ses rapports avec sa mère. En fait, il avait déjà pu constater son autorité grandissante au sein du gouvernement, si tant est qu'il eût été intéressé par ces choses. Contrairement à son frère, il n'avait aucun appui en dehors d'elle et il n'en chercha qu'à la toute fin de son règne en se rapprochant de Coligny. Il fera des frères Gondi, fils de l'intendante de sa mère, ses conseillers les plus proches, gardant donc autour de lui une famille entièrement dévouée à Catheri-

---

* Ni aux poètes. Agrippa d'Aubigné avait huit ans quand son père lui montra ces mêmes cadavres huguenots et lui fit jurer de les venger.

ne[9]. Ajoutons que la reine ne laissait rien au hasard. Elle ne perdait jamais le roi de vue, rapportait l'observateur vénitien, interdisant à quiconque de coucher dans sa chambre. Les Guises auraient voulu qu'il épousât sa belle-sœur, Marie Stuart, mais Catherine, opposée au projet, renvoya la princesse en Écosse dès juillet 1561. Ce qui importait le plus à la reine, préoccupée avant tout de consolider sa situation, n'était pas une alliance matrimoniale, mais la déclaration anticipée de la majorité du roi. Sa place tant que le roi était mineur pouvait être ébranlée ; si le roi majeur confiait le gouvernement à sa mère – ce dont elle ne doutait pas – son pouvoir était assuré. Catherine se hâta donc de déclarer Charles IX majeur bien qu'il n'eût que treize ans, le 17 août 1563, moyen indiscutable d'asseoir sa propre autorité. Elle n'était plus régente, mais elle était la mère du roi, un roi qui lui réservait *la puissance de commander*.

Que Charles aimât sa mère ne fait aucun doute. Tous les observateurs s'accordent sur cet amour filial et sur l'obéissance qu'il lui témoignait. Et elle ? Peut-on juger des sentiments de Catherine au-delà des déclarations conventionnelles d'affection ? Extérieurement, elle fit tout pour l'associer au pouvoir, le mettre en valeur, le montrer. L'apogée de cette politique sera le tour de France sur lequel nous reviendrons. Mais soit qu'elle eût été déçue par ses capacités intellectuelles, soit qu'elle prévît qu'il serait trop tôt victime de la tuberculose qui semblait miner tous ses enfants – pressentiment nourri par les prédictions de Nostradamus, le célèbre médecin provençal, juif baptisé Michel de Notre-Dame, selon lesquelles elle verrait régner trois de ses fils –, soit enfin que les accès de névropathie proche de la démence dont Charles IX était souvent victime l'effrayassent, elle ne l'avantagea pas dans le cercle de famille, bien au contraire. Elle donnait la préférence au cadet, Henri.

Une régente doit d'abord s'affirmer, comme nous l'avons vu, devant les princes du sang et s'imposer aux différentes factions, faute de quoi elle n'aura aucun pouvoir.

Mais elle a une autre tâche, tout aussi urgente, qui est celle de soumettre les cadets à l'aîné des frères. À court terme, c'est le meilleur et, en quelque sorte, le seul moyen de donner à l'enfant roi le sens de son autorité. Un enfant n'a pas la faculté d'avoir un rôle politique ou d'influer sur le comportement des adultes qui l'entourent, mais un enfant, même très jeune, saisit fort bien quel est son rang dans la fratrie, et il est indispensable que le jeune roi sache que personne ne met en doute sa primauté. À long terme, c'est la méthode la plus simple pour éviter les agissements intempestifs des cadets qui ont empoisonné tant de règnes. Catherine ne sut pas ou ne voulut pas imposer une hiérarchie incontestable dans l'intimité de sa famille : Charles IX, Henri III et elle-même en souffriront.

Au moment de sa première régence, ses deux filles aînées étaient déjà mariées, la première au roi d'Espagne, la seconde au duc de Lorraine. Catherine leur écrivait sans arrêt; Claude, la duchesse, revenait parfois à la cour mais les sœurs ne faisaient plus, malgré la force des sentiments, partie du cercle intime de la famille. Restaient donc Charles IX, Henri, le duc d'Anjou*, Marguerite et François, le duc d'Alençon. Trois autres enfants étaient morts en bas-âge. Charles et Henri avaient un an de différence. Marguerite, passée à la postérité sous le nom de Margot, de trois ans plus jeune que le roi, était née en 1553 et le benjamin en 1555. Ils étaient donc très proches les uns des autres.

Henri était le préféré de sa mère. *Mes yeux*, disait-elle en parlant de lui. Plus beau, plus robuste que le roi, plus tourné vers les plaisirs de l'esprit, il témoignait aussi de plus de grâce et d'aisance dans son comportement. La

---

* Jusqu'en 1566, Henri était connu sous le nom de duc d'Orléans. À cette date, sa mère lui fit donner l'apanage de l'Anjou, du Bourbonnais et du Maine et lui octroya le titre de duc d'Anjou, titre que portait alors François, le fils cadet. En compensation, celui-ci fut nommé duc d'Alençon, titre qu'il conserva jusqu'au moment où Henri devint roi, date à laquelle François redevint duc d'Anjou. Pour la clarté de l'exposé, je désignerai Henri par son titre d'Anjou et François toujours par celui d'Alençon.

reine le mettait en avant à toutes les occasions, et cela dès le sacre de Charles IX quand elle exigea que le jeune Henri passât avant tous les pairs et posât la couronne sur la tête de son frère. Au cours des ans, entre les quatre enfants et leurs deux compagnons habituels – Henri de Navarre et Henri de Guise –, les alliances et les amours seront éphémères, les rancœurs indélébiles et la lutte finale menée jusqu'à la mort. Catherine les terrifiait tous. « J'ai été nourrie avec telle contrainte auprès de la reine ma mère que non seulement je ne lui osais parler mais quand elle me regardait je transissais de peur d'avoir fait quelque chose qui lui déplût », rappelait sa fille Margot[10]. Charles IX, entrepris en 1561 par Théodore de Bèze, un des huguenots les plus éminents du royaume, lui avoua qu'il avait l'intention de quitter les pratiques religieuses catholiques en le mettant cependant en garde : « Je vous prie de garder ces secrets pour vous et faire en sorte qu'ils ne reviennent jamais aux oreilles de ma mère[11]. » Le fait que la reine mère accordait sa faveur non par logique mais par bon plaisir accentuait les rivalités entre ses enfants. Ainsi, lorsque, quelques années plus tard, Henri partit pour l'armée, il demanda à sa petite sœur de se tenir le plus souvent possible auprès de sa mère, de l'entretenir de ses prouesses – « afin que le roi ne veuille m'ôter la charge de lieutenant des armées [...]. Il m'est nécessaire d'avoir quelques personnes très fidèles qui tiennent mon parti auprès de la reine ma mère ». Donc même le chouchou n'était pas absolument assuré de la reine. Cette insécurité ne fera qu'accentuer les tensions familiales. Un des grands échecs de Catherine a été les luttes fratricides des derniers Valois. Mais nous n'en sommes pas là.

Les cinq premières années de la régence n'avaient pas suffi à réaffirmer sans conteste l'autorité monarchique. Catherine avait tenté d'imposer la tolérance à ce pays divisé par les luttes religieuses. Elle avait convoqué à Poissy en septembre 1561 des représentants catholiques, protestants et même juifs pour essayer d'établir un compromis et de faire accepter la notion qu'on pouvait être citoyen sans être chrétien – « même l'excommunié ne laisse pas d'être citoyen [12] » – mais, d'une part, les esprits étaient trop électrisés pour accepter de laisser chacun prier à sa guise sans troubler l'ordre public, et, de l'autre, la reine n'avait pas assez de poids pour que les différents partis lui fissent confiance.

Une première guerre civile avait alors éclaté en 1562, conflit d'une violence extrême, qui se termina par une défaite protestante et la mort de deux grands personnages catholiques : Antoine de Bourbon, converti au catholicisme, tué devant Rouen, et le duc de Guise assassiné – à l'instigation de Coligny, passé lui à la Réforme – devant Orléans. Comme les combats n'avaient rien réglé, Catherine intensifia sa politique conciliatrice et fit entrer au conseil aux côtés de catholiques convaincus des protestants modérés afin d'épauler la pondération du chancelier Michel de L'Hospital qui jugeait que « ceux qui conseilleront au roi de se mettre tout d'un côté, font autant que s'ils lui disaient qu'il prît les armes pour faire combattre le membre pour le membre, à la ruine du corps [13] ». Cependant elle avait maintenant acquis la conviction que le pays était fondamentalement catholique. Les huguenots se distinguaient par leur qualité, leur ferveur, leur énergie, mais ils demeuraient une minorité. Les deux religions ne s'équilibraient pas. Jamais, la France n'accepterait un souverain qui ne fût pas catholique. Tirant les conséquences de cette réflexion, la reine, qui avait montré un penchant favorable envers la Réforme, laissant notamment ses enfants prier en français à la manière des protestants, se reprit et imposa à sa famille une observation plus stricte d'un catholicisme apostolique et romain.

Les années de troubles avaient ancré en elle une autre certitude : « pour vivre en repos avec les Français et qu'ils aimassent leur roi », il fallait les divertir. Elle avait le goût de la représentation, le talent d'attirer les meilleurs artistes au service de sa puissance politique et, enfin, elle avait vu combien François Ier avait mis à profit son voyage à travers son royaume, voyage qu'elle avait accompli en partie lors de sa remontée, toute jeune mariée, de Marseille à Paris. Elle s'efforça donc de faire de sa cour un lieu permanent de fêtes et de plaisirs, un lieu de séduction, peuplé des plus belles femmes – on y compta jusqu'à trois cents dames, choisies pour leur grâce et leur esprit. La reine, qui ne quittait jamais sa robe noire, exigeait que les magiciennes de son *escadron volant* fussent vêtues de soie et d'or, parées des plus beaux bijoux. Elle n'était pas opposée à ce qu'elles détournassent de leurs obsessions militaires certains chefs de parti – notamment Henri de Navarre et son oncle Louis de Condé –, mais elle tenait à ce « qu'elles eussent de la sagesse, de l'habileté et du savoir, pour en garder l'enflure du ventre ». Ses fils furent les premiers princes à être élevés ainsi entourés de femmes. Certes, François Ier avait grandi entre une mère et une sœur aînée à ses pieds et se plaisait à la compagnie des dames de la cour, mais celles-ci étaient soit de sa famille soit des amoureuses putatives, présentes ou passées, tandis qu'autour des derniers Valois papillonnait une volière de beautés soumises à l'autorité absolue de leur mère. Elles étaient là pour l'élégance, pour le spectacle, pour la parure dans une atmosphère bien différente de celle d'une cour menée par un homme attiré par le sexe. La reine tenait aussi à ce que les princes soient bien habillés, sachent se présenter en public, prononcer des allocutions avec aisance, tenir leur place lors des processions et des entrées officielles.

En 1564, soit cinq ans après la mort d'Henri II, elle jugea le roi et le duc d'Anjou assez mûrs pour parcourir le royaume afin de les montrer physiquement au peuple et rétablir le rapport quasi mystique entre le souverain et ses sujets. Profitant d'une accalmie, elle partit donc avec toute la cour présenter le roi à son pays. Par ce geste intelligent, elle allait se donner l'occasion d'offrir au pays entier le plus fabuleux des divertissements.

# Le grand voyage

## 1564-1566

Catherine va donc entreprendre le tour du royaume, voyage qui durera plus de deux ans, dont les grandes étapes seront Troyes, Bar-le-Duc, Lyon, Avignon, Toulouse, Bordeaux, Bayonne, Châteaubriant et Moulins, et qui, sans constituer son apothéose, puisqu'il ne fut suivi d'aucun succès durable, lui apportera néanmoins, durant une des rares périodes de son règne où elle se sentira maîtresse des événements, le sentiment d'un grand succès personnel. Cette formule de royauté itinérante était conforme à son idée de la monarchie car elle lui permettait de réunir les éléments indispensables, à ses yeux, au pouvoir. Avant tout, souligner le caractère symbolique de la royauté – et un roi enfant en est la représentation la plus pure – puis donner aux populations un spectacle sans pareil, ensuite permettre une forme de gouvernement qui pour être ambulant n'en était pas moins fort efficace dans un pays où subsistaient des différences locales si accentuées, enfin, faciliter la réconciliation des partis en prêchant l'exemple de la tolérance. De plus, pour quelqu'un comme Catherine, si peu dogmatique, souvent résignée à se laisser porter par les événements, si confiante dans les ressources d'un esprit fertile, une diplomatie face à face offrait des avantages qu'elle jugeait indéniables ; or le voyage allait faciliter des rencontres avec les souverains voisins. La tournée devait également offrir à toute la famille royale l'occasion de découvrir son domaine, et surtout donner la possibilité à Charles IX de parfaire son image de roi et de s'initier petit à petit à son métier. Si ce dernier objectif avait été atteint, le voyage aurait pu être considéré comme un triomphe de la régente, mais on verra que, bien au contraire, ce fut son fils Henri qui en tira le plus de profit.

Avant toute chose, il faut tenter d'imaginer non pas une cour en déplacement mais le progrès d'une véritable ville, une ville avec sa noblesse, ses bourgeois, ses domestiques, ses commerçants, ses artisans, ses fonctionnaires et son cheptel. Les contemporains, dénombrant plutôt les chevaux que les hommes pour évaluer un cortège, donnèrent des chiffres qui oscillaient entre quinze et dix-huit mille chevaux. On en déduit que dix à quinze mille personnes suivaient le roi – évaluation nécessairement approximative puisque peu de gens firent tout le voyage. Tout grand personnage s'accompagnait d'une *maison*. Que l'un d'entre eux se joignît à la troupe, et celle-ci grossissait immédiatement d'une centaine de personnes et inversement en cas de départ. De plus, il fallait compter avec l'afflux intermittent de visiteurs locaux qui se précipitaient à la rencontre du roi. Le nombre de voyageurs dépassa toujours la population d'une ville moyenne de l'époque, puisque vers 1550 seules vingt-cinq villes comptaient plus de dix mille habitants ; donc lorsque les témoignages parlent d'une cité entière en mouvement, ils n'exagèrent pas [1]. Mais il ne faut pas se représenter des milliers de personnes échelonnées sur une vingtaine de kilomètres. Cette fausse conception suppose l'existence de routes telles que nous les connaissons. Si la procession s'était déroulée comme un ruban, la tête aurait atteint l'étape avant le départ de la queue. Il est plus vraisemblable qu'à la manière d'une armée, les gens se subdivisaient en une multitude de colonnes et recouvraient la campagne « comme une nappe immense aussi large que longue [2] ». D'ailleurs les princes et leurs maisons devaient se trouver à trois ou quatre lieues les uns des autres pour obtenir des logements suffisants.

La majorité des participants, et non seulement les

domestiques ou les fantassins, se déplaçaient à pied. Seuls les grands personnages, dont le roi, étaient en selle. Les hommes, et même les jeunes femmes, préféraient de beaucoup le cheval au coche. Ils allaient deux fois plus vite que les marcheurs mais comme les étapes dépassaient rarement une quinzaine de kilomètres, tout le monde se retrouvait à la halte. Catherine et le vieux connétable Anne de Montmorency, affaibli par la maladie, voyageaient en litière. La litière, plus spacieuse et plus confortable qu'un coche parce qu'elle n'était pas tirée mais portée, comme un palanquin, par les chevaux et les mulets, évitait au voyageur d'endurer les insupportables cahots. La reine affichait vigoureusement ses quarante-six ans et, bien qu'elle fût de plus en plus lourde, se plaisait, elle aussi, à monter l'un ou l'autre des six chevaux toujours à sa disposition. Mais elle avait trop de travail pour ne pas utiliser un mode de transport qui lui permît de passer les longues heures de déplacement à lire, écrire et grignoter. Elle tenait en effet beaucoup à collationner fréquemment, et deux bêtes de somme, croulant sous les sacs de fruits et les jarres de confitures, suivaient toujours son équipage.

La reine avait certes réfléchi aux ravages que ces milliers de visiteurs menant « à l'oppression et foule du pauvre peuple [3] » allaient provoquer sur leurs lieux de passage, mais les circonstances ne se prêtaient pas à une diminution des effectifs des maisons royales. Impossible de ne pas renforcer l'escorte militaire à l'approche de territoires hostiles – soit huguenots, soit récemment réunis au royaume –, escorte qui comptait déjà plus de trois mille cavaliers et deux mille fantassins, par des compagnies provisoires d'hommes d'armes ou de gens de pied. Impossible de gouverner sans la chancellerie et son peuple de secrétaires. Les papiers et registres de France étaient transportés dans un chariot avec les habits du chancelier et une tapisserie fleurdelisée qui devait obligatoirement orner la salle où siégeait le conseil. Suivaient aussi les ambassadeurs et leur entourage. Éparpillés dans la troupe, poussant leurs brouettes débordant d'outils, de matériel et de provisions ou s'accrochant aux carrioles tirées par des mules, retenant les caisses qui menaçaient de s'écrouler, s'avançaient tous les merciers, tailleurs, cordonniers, selliers et carrossiers indispensables à l'entretien quotidien. Vétérinaires et médecins malgré leur nombre ne suffisaient pas à la tâche. Cinq médecins et leur entourage étaient affectés au seul service de Charles IX. Devant les officiels venaient les responsables du ravitaillement des hommes : les bouchers, poissonniers, fruitiers, marchands de vins, dotés de privilèges qui les autorisaient à suivre la cour. L'intendance veillait aussi à ce que les bêtes fussent pourvues en foin, avoine et paille. Les villes étaient prévenues non pas pour organiser des réquisitions mais pour encourager la constitution de réserves. On envoyait en avant-garde les corps de métiers nécessaires pour aménager les demeures royales, demeures toujours dépouillées en l'absence du roi et de sa famille puisqu'à l'époque on partait en emportant lits, sièges, tapisseries, ustensiles de ménage ou de cuisine. Il fallait donc en quelques jours et pour quelques jours meubler ces châteaux et les rendre habitables.

Machiavel, qui avait suivi les déplacements de la cour comme légat de Florence, avait été assez impressionné par la rigueur de l'organisation des voyages pour laisser une description détaillée de la corporation des fourriers. Les fourriers, au nombre de trente-deux, avaient la responsabilité des logements. Ils se partageaient en quatre bandes. « La première [...] demeure dans le lieu d'où la cour part, afin de faire raison et de payer les particuliers chez qui l'on a logé, la seconde bande marche avec le roi, la troisième prend les devants pour se trouver dans l'endroit où la cour doit arriver ; enfin la dernière se trouve au lieu où le roi doit coucher le lendemain, afin d'y préparer les logements pour cela. Leur ordre est admirable car, dès que l'on arrive, chacun trouve son logis tout prêt jusqu'aux moindres personnes de la cour[4]. » Les tapissiers, les vitriers, les menuisiers s'affairaient donc pour que le roi trouvât le nécessaire à l'étape. Même lorsque celui-ci ne s'arrêtait que pour une nuit dans une maison particulière, il fallait rendre son appartement indépendant ; ainsi les menuisiers construisaient-ils en quelques heures un escalier en bois, *un degré,* afin que le souverain n'eût pas à passer par l'escalier commun s'il devait se rendre à l'étage. Pour ne pas entraîner la ruine des villes-étapes, les voyageurs, y compris le roi quand il ne descendait pas dans un de ses châteaux, devaient payer un loyer fixé par l'usage : « Pour éviter toutes sortes de plaintes de la part des uns et des autres, il est ordonné qu'on donnera un sou par jour de chaque chambre où il y aura un lit garni, et où le maître fournira ce qu'il faut de drap et autres linges au moins une fois par semaine. Un homme qui va loger chez un autre doit lui donner deux deniers par jour pour nappes, serviettes, vinaigre, sel et verjus, et on doit lui changer le linge de table au moins deux fois la semaine, mais comme la France abonde en toiles, l'on vous y change de linge autant de fois que vous le voulez. Il faut, outre cela, que le maître de logis ait soin de faire entretenir les chambres nettes et de faire les lits[5]. »

Avant tout, la procession était un spectacle féerique et déconcertant. La reine avait exigé un mini-cortège réservé à ses folles, ses bouffons et ses nains toujours accompagnés de leurs lavandières, précepteurs, médecins et apothicaires. Enfin, le roi et la reine ne voulaient se séparer ni de leurs chiens et chevaux de chasse ni de leur ménagerie où coexistaient dogues, ours, léopards, lions et chameaux, guenons et perroquets. Les animaux suivront jusqu'à Blois. Ils ne furent pas les seuls à abandonner la cour à mi-chemin. Après Bayonne, c'est-à-dire au bout d'un an de pérégrinations, nombre de chevaliers courtisans ruinés, épuisés par de longs mois de voyage, se retirèrent chez eux.

Le roi allait-il tirer un triple bénéfice du déplacement de cet immense cirque ? La poursuite d'une éducation concrète, une participation plus étroite à la vie politique et enfin la prise de conscience de son pouvoir symbolique constituaient un ensemble d'avantages non négligeables. Impossible de ne pas imaginer que Catherine avait rêvé que la magie du voyage transformerait l'adolescent bizarre et renfermé en prince charismatique.

Charles IX, contrairement à son frère Henri et à sa sœur Marguerite, était peu attiré par l'étude abstraite. Dans les relations du voyage, le précepteur d'Henri est mentionné mais on ne dit jamais rien des leçons du petit roi. En revanche, il semble que son apprentissage guerrier et cérémoniel ait été accéléré. Aux haltes – et il faut garder à l'esprit qu'en moyenne, on ne voyageait qu'un jour sur quatre –, le roi, son frère et quelques gentilshommes s'exerçaient au combat à la pique et à l'épée. La reine ne laissait pas ses fils prendre part à de véritables tournois même si, d'après Brantôme, « Charles fut bon homme de cheval et voulut fort en être ». Le cauchemar de la mort d'Henri II la hantait encore. Elle n'accordait au roi que le droit de combattre à pied contre son maître d'armes ou de tenir sa place dans des simulacres de joutes. Les batailles de boules de neige, lors du long arrêt à Carcassonne, où la cour fut bloquée par la tempête pendant plusieurs semaines, furent l'occasion d'un semblant d'assaut qui passionna la cour entière. Le roi fit faire un bastion en neige dans la cour et, avec ses alliés, résista à une attaque qui dura plus de deux heures. Il assista aussi à de véritables manœuvres, au siège d'un fort et attaqua au canon à Dijon. On organisa une bataille de galères à Marseille ; on mit en scène l'attaque d'un navire marchand par un navire pirate à Brouage.

Il y eut là un effort réel pour éduquer le jeune garçon dans l'art militaire, encore qu'il faille remarquer qu'au même âge celui qui deviendrait Saint Louis non seulement assistait depuis longtemps au conseil, mais encore menait les campagnes nécessaires pour soumettre ses vassaux récalcitrants, convoquait ses barons et intervenait dans leurs querelles privées. Un partage effectif des tâches s'était établi entre Louis IX et sa mère Blanche de Castille. En revanche, Catherine, soit par une volonté excessive de protection, soit par manque de confiance en lui, empêchera toujours son fils de participer réellement à l'action. Quelques années plus tard, c'est Henri qu'elle enverra à la tête des armées malgré le dépit qu'en montra Charles. Ce dernier mesurait bien la nécessité pour un roi d'être perçu comme guerrier. Il compensait sa déception par une ardeur quasi désespérée à la chasse, galopant des heures durant, indifférent aux courses épuisantes, au danger et à la férocité de la poursuite.

En fait, en ce temps où les jeunes gens étaient précoces, Charles IX apparaissait bien enfant pour ses quatorze ans, dans la mesure où il ne semblait jamais réfléchir aux problèmes fondamentaux, religieux et politiques, qui pesaient sur ce royaume qu'il découvrait. Il se promenait en touriste, témoignant d'une réelle curiosité pour les coutumes régionales, courses de taureaux ou spectacles de chants et de danses folkloriques, cédant au charme du climat et de la végétation du Midi, par exemple. Les oranges, les palmiers, les poivriers « et autres arbres qui portent le coton qui sont [ici] comme forêts[6] » l'enchantèrent et il veillera à la création, à Hyères, de jardins botaniques. Une promenade en mer, cette mer si bleue et si différente de celle des côtes normandes qu'il connaissait, l'éblouit. Il prit conscience de l'écho historique de certains lieux : Arles et Nîmes avec leurs sarcophages et leurs arènes, le pont du Gard évoquaient Rome et son empire. D'autres lieux rappelant aussi les visites passées des rois disparus lui donnaient le sentiment de sa place dans la chaîne des souverains. Les Baux-de-Provence avaient séduit François Ier après Louis XII et Saint Louis au retour de la croisade. François Ier, comme son petit-fils, était descendu dans la crypte de Sainte-Marthe à Tarascon et avait, comme lui, admiré les arènes de Nîmes.

L'intérêt évident que prenait le petit roi à découvrir paysages et vestiges du passé ne l'incitait cependant pas à se concentrer sur le travail politique. Il rechignait à assister au conseil. Plutôt que d'écouter ses ministres et prendre conscience des problèmes de son temps, il préférait dormir tard et parler chasse à ses compagnons. Ronsard s'en indignait :

## Le grand voyage

*On devise d'abbois,*
*De meutes et de chasse,*
*Tandis que le Rochelois*
*Dessous main nous menace.*

L'exemple de sa mère toujours occupée semblait le détourner plutôt que l'encourager à exercer son métier. En quoi consistait ce travail ?

Lors d'un voyage, la tâche était double : au gouvernement du royaume, il fallait ajouter un immense effort de représentation. Les affaires courantes n'attendaient pas. On devait les expédier, c'est-à-dire recevoir et répondre aux dépêches des ambassadeurs, des gouverneurs et des responsables aux frontières. Cette activité n'était pas freinée par le déplacement puisque, on l'a vu, Catherine mettait à profit le temps du voyage pour lire et répondre aux lettres. « Elle n'épargnait pas sa peine à lire quelque chose qu'elle eust en fantaisie, rapporte Brantôme. Je la vis une fois, étant embarquée à Blaye pour aller dîner à Bourg, lire tout au long du chemin un parchemin comme un rapporteur ou un avocat tout un procès-verbal. [...] Elle n'en ôtât jamais la vue qu'il ne fust achevé de lire[7]. » Bien qu'elle eût toujours incité Charles à donner au moins « une heure ou deux à ouïr les dépêches et affaires qui sans [sa] présence ne peuvent se dépêcher[8] », on ne le voyait jamais s'en préoccuper. Le conseil ne pouvait se tenir que dans la résidence du roi, cependant rien n'indique que Charles IX ait effectivement présidé toutes les assemblées. Son manque d'assiduité se faisait remarquer. Les mauvaises langues auraient vite fait de prétendre qu'il était indifférent, voire fainéant. Catherine s'en inquiétait : « Les malins avec leurs méchancetés ont fait entendre partout que vous ne vous souciiez de leur conservation, aussi que vous n'aviez agréable de les voir[9]. » Mais malgré la proximité engendrée par le voyage, elle ne pouvait pas toujours contraindre cet adolescent chez qui le devoir s'effa-

51

çait trop souvent devant le plaisir, ou plutôt la passion, de la chasse.

Donc en ce qui concernait le travail de fond, le travail quotidien, Charles ne faisait guère de progrès et semblait accepter sans la moindre réticence que le pouvoir fût ouvertement entre les mains de Catherine. En effet, au vu et au su de chacun, la reine prenait seule connaissance des problèmes, orientait la délibération et enfin tranchait sans appel. Il n'y avait aucune friction entre mère et fils – sauf, nous le verrons, certains accès de jalousie dirigés contre Henri. Il faut cependant remarquer qu'elle était très attentive aux formes et prenait toujours soin de ne jamais laisser oublier que seul le roi, son fils, légitimait son crédit personnel. D'où ses efforts pour faciliter l'accès au prince, sa constance à le mettre en scène et sa ténacité à le présenter en roi thaumaturge et en roi justicier, car c'est par là que passait la restauration de l'autorité royale dont elle était la première à profiter. Et là, il faut reconnaître que le *re piccolo*, comme l'appelaient les ambassadeurs vénitiens, s'acquittait fort bien de son rôle de représentation qui constituait donc l'indispensable second volet de son travail.

Montaigne souligne « combien il sied à un bon roi de visiter souvent les terres de ses sujets et combien cela apporte de commodités aux affaires de son État ». Son contemporain, le philosophe Jean Bodin, renchérit : « Quand les sujets voient que leur prince se présente à eux pour leur faire justice, ils s'en vont à demi contents, ores qu'ils n'aient pas ce qu'ils demandent. Pour le moins, disent-ils, le roi a vu notre requête, il a ouï notre différend, il a pris la peine de la juger, et, ajoute-t-il, les Français entre tous veulent presser leur prince, aussi bien en la paix, comme en la guerre, et se plaisent à voir le magnifique appareil de sa maison, et le bel ordre de sa suite. » Le lien du roi et de ses sujets est symbolisé par l'*entrée*, solennité qui a lieu lorsque le souverain pénètre pour la première fois dans une ville. Henri II était *entré* trente fois dans ses villes alors que Charles IX le fit plus de cent fois.

Il faut spécifier que l'entrée ne compte que si l'agglomération a une certaine importance et surtout que si le rituel est observé.

D'abord, ce jour est chômé, toute la population doit être libre pour accueillir le roi. Ainsi, les notables et les principaux corps administratifs s'avancent-ils à la rencontre du roi pour le guider vers la ville où attend la foule du peuple. Défilés, harangues et discours imposent un temps d'arrêt. Enfin, le roi s'achemine vers la porte dont le franchissement marque la prise de possession du territoire urbain après le passage d'un obstacle symbolique. Soit le corps municipal, soit le plus souvent une belle jeune fille remet les clés de la ville au roi qui confirme alors les privilèges de la cité. Le rituel peut donc être lu comme un échange. Catherine n'accompagna jamais son fils lors des entrées : la souveraineté ne se partage pas et il est important que le roi s'affirme seul. En revanche, une fois dans la place, elle s'activait, car ces visites facilitaient la création de liens personnels avec les notables. Il y eut là un véritable effort, très utile au demeurant, pour établir une relation durable et fidèle entre des bourgeois non inféodés aux nobles, chefs de parti, et la royauté.

Différentes des entrées étaient les fêtes, les extraordinaires fêtes offertes par le roi au cours du voyage, réservées à un public choisi, et qui relevaient du pur domaine de la fantaisie. La fête avait toujours lieu la nuit, dans un endroit clos. Si le lieu choisi était une place publique, des soldats en barraient l'accès. À Bayonne, deux mille hommes veillèrent à l'exclusion de la foule. La nuit ajoutait beauté et mystère aux plaisirs : les festins, les mascarades et les tournois se poursuivaient à la lueur des torches et des flambeaux. Si les entrées coûtaient cher aux villes, les fêtes ruinaient l'État. Catherine ne reculait devant aucun effort lorsqu'il s'agissait d'impressionner sa noblesse. Ainsi, pour honorer sa fille, la reine d'Espagne, venue la voir lors du passage de la cour à Bayonne, la reine se surpassa. Elle choisit une île déserte, au milieu de l'Adour, pour dresser une grande salle octogonale, aux parois démontables, dans un pré bordé de bois de haute futaie, et réussit, grâce à une flottille de barques qui se relayaient pour transporter meubles, couverts, victuailles et invités, un festin mémorable qui s'acheva bien avant dans la nuit.

Les dépenses insensées que ces réjouissances entraînaient se justifiaient dans l'esprit de Catherine par un double avantage politique. Quel meilleur moyen de capter l'attention des jeunes nobles, de les empêcher de songer aux insultes, aux vengeances, à la guerre civile toujours recommencée ? Ronsard, le poète et metteur en scène de la cour, avouait que les joutes et les divertissements qu'il organisait inlassablement avaient pour but « de joindre et unir davantage, par tel artifice de plaisir, nos princes de France qui étaient aucunement en désaccord ». De plus, la place donnée aux armes à l'intérieur de la fête tendait à créer une certaine fraternité entre les combattants fictifs, fraternité qui s'avéra trompeuse. La noblesse du temps de Charles IX était trop fougueuse, trop obsédée par la guerre pour être matée ainsi. Il faudra attendre Louis XIV et Versailles pour désarmer les seigneurs. Le second bénéfice – également fallacieux – consistait à éblouir l'étranger, notamment l'Espagnol. Mais les contemporains ne se laissèrent pas aveugler. La magnificence des Français en opposition à la sobriété espagnole ne traduisait pas la réalité. La puissance réelle résidait encore du côté de Philippe II. Cependant, Catherine vivait dans l'espérance et dans l'illusion et, sans la moindre réticence, y entraîna tous ses enfants.

En ce qui concernait la représentation, Catherine ne montrait donc aucune réserve et encourageait tous les princes à participer aux divertissements où elle donnait toujours le premier rôle au roi. Les déguisements l'enchantaient – des coffres entiers remplis de costumes les suivaient depuis Paris – et l'ambassadeur d'Espagne s'étonna de voir les princes vêtus à la turque. Bals masqués, jeux et collations se succédaient pendant les étapes. Charles IX apprit à danser pour tenir son rôle d'hôte dignement. Il le fit avec plaisir car il aimait la musique et ne se séparait jamais de son luthiste et de son joueur de lyre. Bien qu'il mangeât fort peu, à la différence de sa gourmande de mère, et qu'il bût encore moins – le vin le portait à des violences irrésistibles –, le roi présidait aux innombrables festins conçus comme des instruments diplomatiques. Un repas fastueux constituait le préambule indispensable à toute négociation ou à toute entrevue importante. L'art de la table et la gastronomie avaient commencé à prendre de l'importance sous François I$^{er}$ qui se plaisait à dire qu'il était « aussi beau et bien séant à un grand capitaine d'être magnifique, somptueux en festins, banquets et tables comme être généreux et magnanime en combats et victoire ». Enfin et surtout, lors des joutes et des simulacres de combat, Charles IX officiait toujours en juge suprême. Il devait être perçu comme le guerrier pacificateur, « le plus brave et vaillant qui jamais porta les armes [...] en la paix si heureux qu'il chassera discord d'un effort généreux [10] ».

Mais toutes ces fêtes, tous ces jeux tenaient plus de l'apparence que de la réalité. La leçon que les fils de Catherine retiendront est que le cérémonial est l'élément prépondérant de leur pouvoir. Ils se contenteront à des degrés divers de cette façade embellie et décorée à l'extrême, de ce masque qui recouvre un vide. Revenons un instant sur les belles dames qui entouraient la reine et ses fils pour donner un exemple familier. Là aussi, il s'agit d'un décor : la reine mère interdisait aux sublimes créatures de converser avec ses fils en son absence. Et comment ne pas remarquer que ni Charles ni Henri ne furent des amants bien énergiques ? Charles eut une première maîtresse à dix-sept ans et lui fut toujours fidèle, et son frère fut le grand spécialiste des amours de tête. L'ardeur dont avait fait preuve François I$^{er}$ était décidément tarie.

Après plus d'un an de voyage, force est de constater que le développement intellectuel du roi est atrophié et qu'il ne semble faire aucun effort pour sortir d'un rôle purement cérémoniel. Une fois de plus, les observateurs s'accordent pour regretter qu'il ne témoigne pas d'un grand intérêt pour les affaires, qu'il ne cache pas que les longs discours l'ennuient, qu'il semble plus curieux des méthodes utilisées pour dresser les lévriers à la chasse au loup que des réalités politiques de son royaume. Cette léthargie de l'esprit pouvait s'expliquer par la paresse, l'épuisement physique provoqué par les efforts insensés qu'il prodiguait à la chasse, la proximité d'une mère hyperactive ou encore par l'irrationnel de la politique de cette dernière.

Outre le désir de consolider le pouvoir royal et de faciliter l'apprentissage de ses enfants à leur rôle de princes, Catherine voulait mettre à profit ce voyage pour se livrer à quelques manœuvres diplomatiques. Elle n'était pas belliqueuse. Qu'elle voulût la paix à l'intérieur comme à l'extérieur s'imposait à l'évidence. Qu'elle eût une politique cohérente beaucoup moins : à preuve, par exemple, le nombre incroyable de projets de mariage de sa fille cadette. Lors du passage de la cour en Lorraine, elle fit proposer à l'empereur Maximilien d'unir Marguerite à son fils Rodolphe ; arrivée à Bayonne, elle suggéra un mariage avec don Carlos, l'héritier de Philippe II, puis passa au roi du Portugal, don Sébastien. Il semble qu'elle aurait voulu des entrevues effectives avec chacun de ses voisins, mais si elle rencontra le duc de Savoie, elle n'obtint de voir ni l'empereur, bien qu'elle eût spécifié à son ambassadeur qu'elle s'accommoderait « à tous les temps et à tous les lieux », ni le roi d'Espagne. Celui-ci délégua à sa place sa femme, la fille aînée de Catherine, et son ministre le duc d'Albe, et l'entrevue de Bayonne n'eut aucun résultat tangible. Guère étonnant que l'élaboration d'intrigues aussi floues et imprécises ne fixa pas l'attention de Charles IX, d'autant qu'il n'y avait pas aux côtés de la reine un grand ministre permanent qui aurait pu jouer un rôle paternel auprès de l'adolescent. Un Sully, un Richelieu, un Mazarin manquait dans l'entourage. Toujours est-il que Catherine, déçue à tort ou à raison par l'indifférence du jeune homme au cours de ce périple, se tourna vers son fils Henri et se mit à le traiter plus en roi qu'en prince.

Henri avait effectivement profité davantage du voyage pour parfaire son éducation. Il participait avec le roi, sans jamais sortir de son rôle de cadet, à toutes les cérémonies officielles mais il continua, malgré les distractions du voyage, à suivre les cours de son précepteur, Jean-Paul de Selve. Sa première mission indépendante consista à aller – en Espagne – au-devant de sa sœur, la reine, charge dont il se tira fort bien. Plus important sera le fait que Catherine lui demandera de présider le conseil durant une longue session en janvier 1566 au cours de laquelle fut élaborée l'ordonnance dite de Moulins qui traitait de tout ce qui concernait la justice et la police générale du royaume. Il avait quinze ans et tint sa place parfaitement, manifestant un intérêt intelligent dans la matière, et de là date peut-être son réel goût pour l'administration. Si Charles IX avait revendiqué cette présidence ou si sa mère la lui avait offerte, on applaudirait des deux mains. Donner au jeune roi le goût de la chose publique, lui procurer l'occasion de passer ainsi en revue tous les problèmes administratifs et judiciaires de son royaume, lui indiquer l'utilité de son action, quel meilleur service pouvait lui rendre la reine ? Mais il s'agissait du cadet.

Comment expliquer alors cette politique ? Que Charles IX n'eût pas répondu à ses espoirs en ne s'intéressant pas à ces questions ne suffit pas à expliquer la décision de l'écarter ainsi. Il avait beau être bizarre et violent, il était le roi. La reine avait-elle vraiment perdu tout espoir de le former ? Ne se rendait-elle pas compte de la rivalité grandissante entre les deux frères ? Charles battait souvent son frère qu'il jugeait élevé trop tendrement, et Catherine, effrayée par les accès de violence de l'aîné, s'efforçait de garder autant que possible le cadet à ses côtés pour le protéger. En le mettant si franchement en avant, cherchait-elle à montrer à l'Europe entière de quelle merveilleuse étoffe il était fait afin de faciliter un grand mariage, un mariage qui lui donnerait le trône qu'il méritait, du moins à ses yeux ? L'ambassadeur de Venise, Correro, accordait assez d'importance à la préférence qu'elle affichait sans vergogne pour Henri qu'il la nota dans le portrait qu'il traça du jeune prince dans son rapport à la République : « Et l'on s'attache à lui d'autant plus qu'on voit la reine [...] avoir plus de penchant pour lui que pour tous les autres ensemble [11]. » L'imprudence de favoriser un cadet allait créer des problèmes insolubles dans sa famille dès son retour à Paris après ce long interlude.

# Un fleuve teint de sang

## 1572-1574

Si Catherine avait pu s'imaginer qu'elle goûterait quelque repos à son retour, elle se trompait. Après le calme relatif des deux ans du voyage, toutes les digues cédèrent et une vague de difficultés extérieures, intérieures et familiales déferla sur elle. Les rivalités internationales renforcèrent les dissensions religieuses qui se répercutèrent à leur tour sur les rapports familiaux des Valois. Impossible de compartimenter les problèmes : la reine fit face, seule. Le roi, lointain, indifférent, esquivait toute participation à la vie politique et ne cherchait pas à s'imposer à ses sujets. Il n'exigea même pas la frappe d'une nouvelle monnaie pour que son effigie le représentât en roi adulte. Sur les pièces en circulation, comme dans la vie, Charles IX était toujours mineur, mais un mineur troublant. Il étonnait, faisait peur à tous, y compris à lui-même. Certes, il savait s'exprimer avec art, certes, son goût de la musique et de la poésie rappelait qu'il était petit-fils de François I<sup>er</sup>, mais d'où lui venaient cette rage de la tuerie violente, cette prédilection pour les masques hideux, ces étranges manies de se lever la nuit ou de fort bon matin et courir par le Louvre pour surprendre au lit quelque jeune seigneur et le fouetter jusqu'au sang, et surtout comment expliquer cette constante furie de chasse ?

*[Il] n'aimait rien que le sang et prenait sa curée*
*À tuer sans pitié les cerfs qui gémissaient*
*À transpercer les daims et les faons qui naissaient*[1]*...*

À ces accès de violence succédaient les crises de mélancolie, et il s'enfermait, des heures durant, pour forger des armes, en proie à une noire obsession. Pendant ce temps sa mère tentait de gouverner.

En 1567, le roi d'Espagne, Philippe II, ordonna une répression implacable dirigée contre les réformés dans ses possessions protestantes aux Pays-Bas, créant un casse-tête quasi insoluble pour Catherine. Soutenir les protestants au nord avait certes l'avantage considérable d'affaiblir ce voisin, trop enclin à intervenir dans les affaires françaises, mais comment ne pas peser le danger à provoquer cette invincible armée espagnole et à exaspérer les Français catholiques précisément au moment où les passions se réveillaient dans le royaume, plus violentes que jamais, et enflammaient une seconde guerre civile ? La reine ne se sentait pas assez forte pour jouer la carte protestante à l'étranger et soutenir les catholiques à l'intérieur : elle décida donc de ne pas s'opposer à la politique espagnole. Cependant la guerre se solda, après trois ans de combats, par un compromis – la paix de Longjumeau – qui ne fut pas respecté. Une troisième guerre civile éclata et se termina par une paix qui, miraculeusement, tint deux ans entiers. L'édit de Saint-Germain reconnaissait la liberté de conscience et mentionnait les villes où des lieux de culte devaient être réservés aux huguenots afin d'éviter tout incident.

Catherine, pour sa part, essaya une fois encore de lutter contre le fanatisme en rappelant au pouvoir les modérés, sous la direction du maréchal de Montmorency, et en donnant une place au conseil à l'amiral, le protestant Coligny. Elle profita de cette période de trêve pour tenter d'apaiser les esprits en usant de sa méthode préférée, la méthode romaine, qui consistait à offrir jeux et divertissements au peuple – le peuple pour Catherine étant les nobles et les courtisans. Les fêtes, les sérénades, les ballets se multiplièrent et, soulignait Brantôme, « toutes ces inventions ne venaient d'autre boutique ni d'autre esprit que de la reine ; car elle y était maîtresse et fort inventive[2] ». Cependant le cercle familial bouillonnait de jalousies et de fureurs latentes, car Catherine exigeait que tous les jeunes princes fussent tenus sous ses yeux. Les trois Henri – soit le duc d'Anjou, le jeune roi de Navarre et le duc de Guise –, cousins, concurrents, liés d'une amitié toujours prête à se transformer en haine, furent forcés de vivre ensemble sous la tutelle de la reine mère, leur rivalité attisée par le rôle trouble de la princesse Margot. Celle-ci détestait son frère Henri avec une violence ambiguë – on insinuait qu'il avait tenté de la séduire – mais succomba au charme d'Henri de Guise, provoquant la rage de sa mère qui projetait de la jeter dans les bras et le lit d'Henri de Navarre. La brutalité de Catherine, brutalité qu'elle savait le plus souvent fort bien dissimuler, explosait surtout dans ses rapports avec sa fille cadette. Ainsi, au cours d'une scène où elle lui reprocha son idylle avec Henri de Guise, elle se jeta sur elle, déchira ses vêtements, lui arracha les cheveux et la roua de coups. Peu étonnant que ses enfants hésitassent à la contrarier ouvertement. À la fois circonspecte et dominatrice avec Charles, d'une indulgence frisant l'aveuglement avec Henri, inflexible avec Margot – et plus tard faible devant les folies de son dernier-né François –, Catherine se comportait en mère injuste, plus apte à semer la discorde qu'à établir l'harmonie dans sa famille, et sa politique matrimoniale illustrait les distinctions qu'elle faisait entre ses enfants.

Si le roi s'intéressait avant tout aux cerfs et aux loups, il n'était cependant pas indifférent à un gibier plus délicat, et la naissance d'un fils qu'il reconnut à une demoiselle Touchet en était la preuve. Catherine attendit néanmoins ses vingt ans pour le marier, et encore son choix ne se fixat-il pas sur un parti brillant. En 1570, Charles IX s'unissait à Élisabeth, la seconde fille de l'empereur Maximilien, chef du Saint Empire, alors que Philippe II, veuf de la fille

61

de Catherine, épousait la première. Maximilien, favorable à la Réforme mais demeuré fidèle au catholicisme, était un vivant exemple, malheureusement rejeté par ses gendres, des vertus de la tolérance. Ce mariage modeste – il avait toujours été entendu que Charles épouserait l'aînée – voulu par la reine mère indiquait-il un désir d'épauler le roi en lui associant une épouse forte et éprouvée ? Pas à en croire son entourage qui prétendait que la décision de la reine avait été déterminée moins par des considérations politiques que par la personnalité de la jeune princesse douce, pieuse, timide qui « se laisserait mener comme on le voudrait ».

Pour son favori, Henri, Catherine avait des vues beaucoup plus grandioses – et plus chimériques. Elle avait tour à tour rêvé de le voir régner sur Avignon, la Corse, Chypre, les possessions adriatiques de Venise ou quelque principauté en Italie, épouser une princesse de Portugal, une infante ou encore une fille du duc de Saxe. Puis, elle caressa longtemps le projet d'unir les dix-sept ans de son jouvenceau de fils aux trente-sept ans d'Élisabeth d'Angleterre. Celle-ci, tentée par la jeunesse du prétendant mais trop soucieuse de son indépendance personnelle et politique, ne disait ni oui ni non. Ce fut Henri qui mit fin aux visées de sa mère en se refusant à briguer ce demi-trône. Nullement découragée, elle recommença l'opération, en octobre 1572, en proposant à la reine d'Angleterre son benjamin François d'Alençon* et engagea pour Henri une manœuvre plus ambitieuse encore. La sœur du roi de Pologne n'était pas mariée. Il est vrai qu'elle avait quarante ans passés – Catherine, cette mère adorante, avait une prédilection pour des brus d'un âge quasi canonique pour son fils chéri – et que sa vertu inattaquable était symbolisée

---

* La reine d'Angleterre était beaucoup trop réaliste et intelligente pour se laisser embarquer dans cette aventure, encore qu'elle se jouât du jeune Français pendant quelques années, lui écrivant des lettres fort affectueuses adressées à sa très chère grenouille. Élisabeth I$^{re}$, *Collected Works*, University of Chicago Press, 2000.

par les vêtements monacaux qu'elle affectionnait. Pourquoi ne pas pousser Henri à prétendre à sa main, bien qu'il fût de vingt ans son cadet, et préparer ainsi sa candidature à la couronne élective de Pologne * ? Elle confia le projet à Jean de Monluc, évêque de Valence. Ce remarquable diplomate partit pour la Pologne et entreprit, grâce à son éloquence et au trésor qu'il avait liberté de distribuer comme il l'entendait, de convaincre les nobles polonais. Les chances du duc d'Anjou contre son adversaire, l'archiduc Ernest, fils de l'empereur Habsbourg, dont se méfiaient les Polonais, semblaient sérieuses. Et Catherine, se félicitant d'avoir peut-être déniché un trône pour son fils préféré, tourna son attention vers sa fille Margot.

Margot aussi aurait une couronne, une couronne modeste, celle de Navarre, dont elle se serait bien passée. Mais Catherine ne lui donna pas le choix et lui imposa d'épouser Henri de Navarre pour lequel la jeune fille éprouvait une réelle répulsion physique et dont la religion heurtait ses convictions de catholique fervente. Sa mère n'avait cure de ces objections. Elle voyait dans cette union l'avantage indéniable de tisser des liens solides avec les protestants et la possibilité d'avoir barre sur Henri dont l'ambition, si elle se réveillait, pouvait être dangereuse pour ses fils. Le mariage, après une rude négociation avec Jeanne d'Albret, la mère du prince, fut fixé au 18 août 1572. Entre-temps, l'évolution de son fils Charles lui avait donné à réfléchir et ses réflexions avaient pris un tour inquiet.

Le public averti s'interrogeait sur les raisons de l'efface-

---

* Dans ce pays dominé par une aristocratie nobiliaire militaire, associée à un clergé influent, l'amour de la liberté, le goût très vif de l'indépendance personnelle avaient fait naître une démocratie nobiliaire, parfaitement définie par l'expression de « République royale ». L'élection du roi avait lieu, après que les ambassadeurs des différents prétendants eurent vanté en latin les mérites de leur candidat et que de longues négociations eurent fait apparaître une majorité absolue. Voir Pierre Chevallier, *Henri III*, Fayard, 1985, p. 184-185.

ment de ce roi marié, rompu depuis l'enfance aux mécanismes du pouvoir et aux charges de sa fonction, certes bizarre mais parfaitement capable d'assumer seul une partie, au moins, de ses responsabilités. L'on disait que, depuis quelque temps, il lisait davantage, cherchait à s'instruire. « Il aime la guerre, disait l'ambassadeur de Venise, il en parle, il recherche la conversation des capitaines[3]. » On ajoutait qu'il était enclin à la justice et à la libéralité, enfin on se félicitait de ce qu'il se tenait éloigné des débauches. Bref, on commençait à murmurer que peut-être la reine mère n'était pas innocente de ce détournement absolu d'autorité. Le sacre de la jeune reine Élisabeth, l'entrée triomphale des nouveaux époux dans Paris et une solennelle séance au Parlement ne procureraient-ils pas à Catherine l'occasion de céder la première place après avoir rempli sa mission ? Le grand remerciement public du roi : « Après Dieu, la reine, ma mère, est celle à qui j'ai le plus d'obligation. Sa tendresse pour moi et pour mon peuple, son application, son zèle et sa prudence ont si bien conduit les affaires de cet État, dans un temps où mon âge ne me permettait pas de m'y appliquer, que toutes les tempêtes de la guerre civile n'ont pu entamer mon royaume », pouvait s'interpréter comme un hommage final. En effet, Charles IX semblait s'émanciper, mais c'était pour se mettre sous la houlette de Coligny.

Coligny, qu'en raison de sa charge on ne désignait jamais que par son titre d'amiral, avait été élevé dans la religion catholique. Adulte, il était passé définitivement à la Réforme. Le contraste de ses mœurs austères avec celles de la cour, sa gravité, son sérieux et son intelligence lui avaient acquis une considération et une influence fondées davantage sur le respect qu'il inspirait que sur une réussite politique ou militaire qui lui avait échappé. Ses ennemis mêmes le tenaient pour un grand homme. Il troublait la reine mère car elle se savait impuissante à manipuler un adversaire qui voyait si clair dans son jeu. Il gagna la confiance de Charles IX au point que celui-ci l'appelait *mon père*.

Coligny, plus attentif au roi que Catherine, avait décelé chez lui une ambition qui n'avait jamais percé parce qu'il ne savait pas l'exprimer avec clarté. Une main plus sûre et plus rationnelle que celle de sa mère pouvait peut-être faire de ce prince autre chose qu'un tueur de bêtes. Le roi, jugeait Coligny, était tout ardeur et tout audace, impatient de combattre à la tête de ses armées – ce qui lui avait toujours été interdit par la reine – mais découragé par ces luttes incessantes entre Français, pire entre parents et amis, entre camps du même sang, par ces victoires honteuses sur ses propres sujets. Coligny espéra capter l'imagination royale, en abandonnant la guerre civile pour la guerre nationale, en lui désignant un ennemi digne de lui, en le menant à combattre l'Espagne. L'amiral passait de longues soirées avec le roi qui, d'après les ambassadeurs, se voyait déjà grand chevalier des combats.

Les projets de rapprochement avec les protestants – les fiançailles de Margot avec Henri de Navarre et le rêve de l'alliance anglaise –, l'atmosphère d'irritation accrue contre l'Espagne après le massacre des colons français en Floride* justifiaient les projets de Coligny tournés vers une politique extérieure résolument proprotestante. Restait à annoncer l'invasion des Flandres sous le prétexte de venir aux secours des sujets réformés du roi d'Espagne. Catherine, loin de prendre ses distances, se dressa alors avec violence pour s'y opposer. Personne ne lui fit l'honneur d'attribuer son objection à des motifs politiques, encore que le maintien de la paix constituât une ambition valable. Ses vues étaient trop embrouillées, partagée comme elle l'était entre la crainte de Philippe II et son désir de se rapprocher d'Élisabeth Iʳᵉ, pour qu'on pût en tirer une conclusion évidente, et surtout chacun savait qu'elle avait été blessée au vif par la perte de son autorité. L'amiral lui

---

* Un groupe de huguenots s'était fixé en Floride mais ils ne purent résister à une attaque espagnole en 1565. Ils furent tous tués.

enlevait son petit, ce roitelet qui n'avait jamais eu de volonté que la sienne. Elle ne comptait pas se laisser faire. Charles IX, averti de la position de sa mère, n'eut pas la force de caractère nécessaire pour s'imposer à celle qu'il avait toujours vue incontestable maîtresse du gouvernement. Il essaya d'user de détours. Mais sa faiblesse et ses hésitations, soulignées par ses vains efforts d'indépendance, étaient déchirantes : « Mon père, dit-il à Coligny, il y a encore une chose en ceci à quoi il nous faut bien prendre garde ; c'est que la reine, ma mère, qui veut mettre le nez partout, comme vous le savez, ne sache rien de cette entreprise, au moins quant au fond, que nous la tenions si secrète qu'elle n'y voie goutte, car elle nous gâterait tout[4]. » Mais comment tenir quoi que ce soit de secret dans cette cour, peuplée d'oisifs, de bavards et d'espions ? Catherine, informée de la teneur du moindre conciliabule, usa d'une méthode à toute épreuve pour reprendre son fils en main. Elle menaça de se retirer.

Puisqu'on se méfiait d'elle, qu'on la laissât rentrer dans son pays, à Florence. Mais elle ne comptait pas partir avant de s'expliquer avec son fils. Un intime de la cour, Gaspard de Saulx, seigneur de Tavannes, rapporta la scène. Au retour de la chasse, la reine bloqua Charles dans une encoignure de son cabinet et lui jeta reproches et accusations à la figure, sans se soucier des témoins : « Je n'eusse pas pensé que pour avoir pris tant de peine à vous élever [...] après m'être sacrifiée pour vous et encouru tant de hasards, que vous m'eussiez voulu donner récompense si misérable. Vous vous cachez de moi qui suis votre mère, pour prendre conseil de vos ennemis. [...] Je sais que vous tenez des conseils secrets avec l'amiral [...] vous désirez vous plonger dans la guerre d'Espagne inconsidérément [...] si je suis si malheureuse, avant de voir cela, donnez-moi mon congé[5]. » Charles IX, qui n'avait jamais travaillé au sens précis et quotidien du terme, qui avait toujours compté sur sa mère pour suivre les dossiers, tenir la correspondance, recevoir les ministres, fut pris de panique : pouvait-il se passer de cette formidable expéditrice des affaires courantes ? Impossible. L'algarade eut l'effet voulu. Il lui promit de ne plus écouter Coligny. En quelques heures, le retour en *padrona assoluta* de Catherine dont « toutes les actions avaient toujours été basées sur l'invincible passion que, du vivant même de son mari, on avait reconnu être en elle, la passion de dominer, de commander, *l'affetto di signoreggiare*[6] » était reconnu de la cour entière. « De tout personnel et volontaire que Charles était la veille, le lendemain il se retrouvait le roi mineur et débile : la grande régente était revenue. Or, quand la reine parlait, elle fascinait ses enfants. Elle ne les dominait pas, elle les écrasait. Devant elle, Charles, si bouillant de son naturel, était anéanti et perdant toute valeur[7]. » L'amiral fut mis devant le fait accompli à la réunion du Conseil.

Catherine triomphait mais elle avait eu peur. Et quand elle avait peur, elle était capable de toutes les violences. On l'accusait d'avoir fait assassiner un sieur de Lignerolles, un des premiers mignons du duc d'Anjou, dont elle craignait qu'il ne prît trop d'influence sur lui. À ses yeux, Coligny était coupable du même crime. Et parmi toutes les tentatives d'explications de la Saint-Barthélemy, l'une des plus généralement adoptées par ses contemporains, qu'ils fussent français, catholiques comme huguenots, ou observateurs étrangers, fut la détermination de Catherine de se débarrasser de Coligny, définitivement. Encore fallait-il monter l'opération. Elle imagina d'acheter un homme au service des Guises pour faire la besogne. Ce choix avait l'avantage pour elle non seulement de rendre le meurtre plausible – chacun savait la vendetta qui se poursuivait entre les Coligny et les Guises – mais d'affaiblir ainsi les deux factions qui se disputaient le pouvoir depuis son « avènement ». L'une aurait perdu son chef, les méthodes de l'autre ne pouvaient que scandaliser les modérés. Catherine n'avait cependant pas calculé les risques de dérapage dans une atmosphère aussi surchauffée que celle de la capitale. D'ailleurs, toutes les précautions auraient été inutiles parce que personne ne pouvait prévoir l'échec de l'attentat contre Coligny. Reprenons les faits.

Le meurtre de Coligny avait été décidé pour le 23 août, soit cinq jours après les noces de Marguerite et d'Henri de Navarre. Au jour dit, Maurevert, un homme de main appartenant aux Guises, visa l'amiral d'une fenêtre et le rata. Toute l'opération s'écroula. Coligny, blessé au bras, fut ramené chez lui. Le roi, prévenu lors d'une partie de jeu de paume, jeta sa raquette de colère, courut s'enfermer dans son appartement avant de se rendre auprès de l'amiral qui l'avait fait demander. La reine, craignant ce tête-à-tête, l'accompagna. Dès le lendemain, Charles IX, dans une lettre adressée à ses ambassadeurs, mit en cause les Guises. Les huguenots, fort nombreux dans la capitale, puisque le mariage de leur prince avait attiré une grande partie de l'élite protestante, ne se privèrent pas de dénoncer immédiatement la reine mère comme complice. Ils ne furent pas les seuls.

L'ambassadeur de Venise alla jusqu'à l'accuser non seulement d'avoir décidé du massacre mais de l'avoir rendu possible par le mariage de sa fille : « Que Votre Sérénité apprenne donc que toute cette affaire, du commencement à la fin, a été l'œuvre de la reine, œuvre combinée, tramée et menée à bien par elle, avec la seule participation du duc d'Anjou, son fils [...]. Ce n'est pas dans un autre but qu'elle avait travaillé avec tant d'ardeur à l'alliance de sa fille avec Navarre, sans se soucier ni du roi de Portugal, ni des autres grands partis qu'on lui offrait, et cela afin de faire le mariage à Paris, avec l'intervention de l'amiral et des autres chefs de ce parti, comme elle s'imaginait que la chose arriverait, et parce qu'il n'y avait pas d'autre moyen ni de meilleure occasion de les y attirer[8]. »

Celle-ci, appréhendant à juste titre les conséquences du tumulte, adopta la politique du pire. Se sentant menacée, elle prit les devants et accusa les protestants de comploter contre elle et ses fils. Une solution s'imposa à ses yeux : les prendre de vitesse et tuer leurs chefs. Tombèrent d'accord avec elle ses plus proches conseillers – Birague, Gondi, Nevers –, son fils Anjou et les Guises. Restait à convaincre le roi. On lui fit peur, on lui décrivit un complot inexistant, on le pressa. Mais il résistait. Il avait donné sa parole à Henri de Navarre que les huguenots seraient en sécurité à Paris et à l'intérieur du Louvre. Il invoque son honneur et, lorsque le conseil est réuni pour prendre une décision, il refuse encore une fois de trahir sa promesse. C'est alors que la reine mère se met en action.

Deux heures durant, elle s'acharne sur son fils, utilisant tous les arguments pour le provoquer : la ruse des huguenots, la perfidie de l'amiral, les complots contre lui, contre ses frères. D'après l'ambassadeur vénitien, « la reine lui démontra l'occasion brillante et le moyen facile et sûr d'accomplir tant de vengeances contre les rebelles, les ayant tous réunis et enfermé comme dans une cage, dans les murs de Paris. Il effacerait ainsi l'infamie d'avoir dû traiter avec eux, ce qu'il avait reconnu avoir été obtenu par violence ou par peur ; il n'était donc tenu à aucun traité[9] ». Elle lui rappelle les incidents des guerres passées et, une fois de plus, elle menace de quitter la cour et de l'abandonner. Il vacille enfin et se tourne vers ses conseillers qui tiennent le même propos : la conspiration protestante ne fait pas de doute et, s'il recule, « l'heure qui sonne à ce cadran sera la dernière de son règne », car les protestants attaqueront. Alors se produit la volte-face. Tout sang-froid l'abandonne. Il cède soudain à la voix stridente qui lui vrille les tempes et, à la manière des faibles, cède sur tout et se tournant vers sa mère : « Vous le voulez, eh bien, qu'on les tue tous, qu'on les tue tous ! » Et il se retire, d'après les témoins, l'écume aux lèvres, le blasphème à la bouche[10].

Il avait abdiqué.

Dès qu'il fut sorti, Catherine et le conseil s'interrogèrent : donnerait-on l'ordre de les tuer *tous* ? La délibération ne dura pas longtemps. Ils firent une liste, courte, très courte, des grands qui auraient la vie sauve. Cinq noms dont Henri de Navarre, le gendre tout neuf, et son cousin Condé. Filippo Cavriana, un curieux personnage, d'origine toscane, qui servait de médecin à Catherine tout en envoyant des rapports à Florence, confirma lui aussi la teneur du conseil nocturne et précisa que c'était bien la volonté du roi et de la reine de « mettre à mort tous les huguenots ». La tuerie commencerait dans les couloirs mêmes du Louvre.

Nançay, le capitaine des gardes du roi, fut prévenu. Il plaça ses hommes. Catherine, au dire de Tavannes, eut un moment de faiblesse et se serait volontiers dédite. Mais il était trop tard. Elle se reprit si bien que, mère impitoyable, elle envoya sans hésiter Margot, la jeune mariée, se coucher auprès de son mari, dans l'aile du Louvre où, elle ne le savait que trop, auraient lieu des scènes effroyables. « N'y allez pas ! » s'écria la duchesse de Lorraine, sa sœur, qui, elle, était dans le secret. Mais sur un geste impérieux de sa mère, Margot se leva, fit sa révérence et sortit, « toute transie, tout éperdue, sans pouvoir s'imaginer ce qu'elle avait à craindre [11] ».

Au coucher du roi, protestants et catholiques, victimes et meurtriers, se coudoyaient. Charles IX tenta de retenir La Rochefoucauld qu'il affectionnait : « Ne t'en va pas, Foucauld, tu coucheras avec mes valets de chambre », mais redoutant les jeux nocturnes du roi, celui-ci refusa et en mourut. Lorsque le silence se fit, et que les rideaux du lit royal furent tirés, le roi se releva et fit demander Navarre et Condé, leur ordonnant, pour leur propre protection, de demeurer à ses côtés. À l'aube, déclenchée par le tocsin de Saint-Germain-l'Auxerrois, l'exécution commençait. Les réformés, jetés hors de leurs lits, traqués dans les couloirs, furent rassemblés dans la grande cour où les Suisses les transpercèrent de leurs hallebardes. L'un d'eux, un nommé Leyran, échappa tout sanglant à ses bourreaux, se précipita dans la chambre de Navarre où il ne trouva que la reine Margot. Il plongea sous son lit. Elle obtint le retrait des poursuivants et lui sauva la vie en exigeant des médecins du roi qu'ils le traitassent. Grâce à elle, Miossens, premier gentilhomme de la chambre du roi son mari, fut également épargné. Mais elle vit tous les protestants regroupés dans l'appartement du roi de Navarre chassés brutalement du palais, forcés de passer entre la double haie des Suisses et égorgés dans la cour du Louvre. Accouru l'un des premiers, l'envoyé de Modène écrivit le jour même au duc son maître : « J'ai vu devant le palais plus d'une douzaine des principaux chefs protestants ou morts ou achevant de mourir[12]. » Coligny fut assassiné honteusement par des mercenaires qui le jetèrent, respirant encore, par la fenêtre. Guise et Henri d'Angoulême, le bâtard d'Henri II, à cheval, guettaient devant la maison. Angoulême mit pied à terre, étancha le sang qui masquait le visage du cadavre. « C'est bien lui », fit-il et il le retourna d'un coup de pied. Un garde coupa la tête et l'apporta au Louvre. À ce signal, la foule se rua sur la dépouille et la dépeça.

Très vite, le massacre s'étendit dans Paris tout entier. « La mort et le sang courent les rues », dit Tavannes. Une violence inouïe ravagea la ville. Un jésuite, pourtant « au comble de l'allégresse », avoua l'ignominie de cet « immense carnage » : « J'ai frémi d'horreur à la vue de cette rivière pleine de cadavres nus et horriblement maltraités[13]. » Aux yeux de tous, la famille royale était incapable de diriger le mouvement qu'elle avait lancé – encore moins d'y mettre fin. La reine mère, ses fils, ses conseillers se barricadèrent dans le palais. D'après Cavriana, « tout y était dans la terreur et le silence. Le roi demeura dans sa chambre ; il faisait bon visage, il plaisantait et se moquait ». L'émeute dura trois jours à Paris, avant de gagner la province. On parla de vingt à trente mille morts. Henri de Navarre fut contraint d'abjurer et on lui interdit de quitter le palais.

Finalement, la fureur s'apaisa. Paris retrouva calme et activité, mais la Saint-Barthélemy restera une plaie ouverte, une déchirure vive. Pour les protestants, bien évidemment, décimés par les massacres, les combats, la répression et l'exode[14], mais aussi pour la royauté. Que l'image de Charles IX tirant à l'arquebuse contre ses sujets d'une fenêtre du Louvre fût juste ou fausse, qu'importe * ? « Les cordes

---

* Agrippa d'Aubigné évoque Charles IX : « juste harquebusier/-Giboyait aux passants trop tardifs à noyer » (*Les Tragiques*, Bibliothèque de La Pléiade, V, p. 173).

du respect qui l'arrimaient de toutes leurs fibres à la substance même du pays [15] » se relâchèrent. Les Valois ne parviendront jamais à les retendre. Dans l'immédiat, Charles IX, décomposé, hanté par les scènes de meurtre, n'était plus en mesure d'agir.

Incapable de se remettre rapidement de la catastrophe dont il se sentait, à juste titre, responsable, le roi tenta d'oublier ses remords et d'effacer ses cauchemars en s'abîmant au fond des forêts. « Il en veut à sa mère et le prouve de manière enfantine en se faisant dire plus de trois fois une même chose avant de lui obéir [16] », fait remarquer l'envoyé vénitien qui détailla un tableau très précis de la cour en ces moments dramatiques : « Dans ses entretiens et ses audiences, il ne regarde pas en face celui qui lui adresse la parole, il baisse la tête, ferme les yeux, puis il les ouvre tout à coup, et, comme s'il souffrait de ce mouvement, il les referme avec non moins de soudaineté. On craint que l'esprit de vengeance ne se soit emparé de lui ; il n'était que sévère, on redoute qu'il ne devienne cruel [...]. Il veut à toute force la fatigue ; il reste à cheval douze et quatorze heures consécutives [...]. Aussi a-t-il les mains calleuses, rugueuses, pleines de coupures et d'ampoules [...]. Il pousse la recherche des exercices violents jusqu'à battre une enclume trois ou quatre heures durant, usant d'un marteau énorme, forgeant un corps de cuirasse ou toute autre arme solide, et rien ne le rend plus glorieux que de lasser ses rivaux. Lorsque l'un d'eux renonce à la lutte, Sa Majesté ressent à cette défaite un plaisir merveilleux [17]. » Il fuit tous et toutes, semblant ne tirer aucun réconfort de la présence de sa femme, la tendre Élisabeth, la reine invisible, celle dont on ne parlait jamais peut-être parce qu'elle-même ne parlait pas.

En effet, arrivée en France en ne sachant que l'allemand, l'espagnol et le latin, elle n'apprit pas le français. Or ni Charles IX ni Catherine de Médicis ne pratiquaient l'allemand. Ils se contentèrent de communiquer avec elle par l'entremise de sa dame de compagnie, la comtesse d'Arenberg. Dans l'intimité, les quelques mots d'espagnol que connaissait Charles suffisaient au jeune ménage. Force est de remarquer que Catherine considéra parfaitement inutile d'acclimater sa bru en France. Moins elle en saurait, moins les courtisans seraient tentés de mettre en doute que la reine c'était elle, Catherine. Elle n'avait pas oublié l'effet sur la cour du charme de Marie Stuart, sa première belle-fille. Élisabeth était si ignorante de ce qui se passait autour d'elle que, seule dans le Louvre, l'épouse de Charles IX s'endormit paisiblement la veille de la Saint-Barthélemy. Réveillée par le tocsin, les cris, les coups et les hurlements, mise au courant par ses femmes et du massacre et de la responsabilité du roi, elle s'écria : « Quels conseillers sont ceux-là qui lui ont donné de tels avis ? Mon Dieu, je te supplie et te requiers de lui vouloir pardonner ; car si tu n'en as pas pitié, j'ai grand-peur que cette offense soit mal pardonnable [18] », et désespérée, elle passa le reste de la nuit en prières. Repliée sur elle-même, répugnant à prétendre à la première place, il ne lui vint jamais à l'esprit qu'elle pourrait affronter la reine mère.

Catherine, ayant donc retrouvé une situation quasi inexpugnable, « rajeunie de dix ans [19] », se préoccupait avant tout de l'avenir d'Henri. On aurait pu imaginer que la maladie évidente du roi, ravagé par la tuberculose et toujours sans héritier mâle, aurait ralenti son zèle. Il semblait plus que probable qu'Henri succéderait à Charles dans un proche avenir. Catherine cependant n'en tirait pas de conclusion. C'est une des circonstances où l'on peut observer à la fois la redoutable efficacité de la reine et la curieuse incohérence de ses projets. Elle poussa l'offensive polonaise – dont nous avons parlé plus haut – sans la moindre réticence. Mais, simultanément, elle fit preuve d'une énergie égale pour réserver les droits du nouveau roi à la succession de Charles IX. C'est-à-dire qu'elle se préparait à annuler le premier succès par le second, puisqu'il était impossible d'être à la fois roi de France et roi de Pologne.

L'ambassadeur de France à Constantinople fit intervenir le sultan en faveur d'Henri, sachant combien les Polonais tenaient à conserver de bons rapports avec les Turcs. Puis, la reine fit renforcer sa représentation diplomatique en Pologne par des envoyés dont la seule mission consistait à sillonner le pays en vantant les qualités de l'*ingeniosissimus sapientissimusque Henricus*. La campagne réussit, bien qu'un prince ultra-catholique, en partie responsable du massacre de milliers de huguenots, imbu de la notion d'un pouvoir royal absolu, semblât un choix curieux pour régner sur un pays où les minorités religieuses s'épanouissaient en toute liberté et où l'usage constitutionnel bridait l'action du roi, et Henri fut élu roi de Pologne le 10 mai 1573. À la nouvelle, la reine, dit-on, pleura de joie. Cependant, les Polonais, tout à fait déterminés à ne pas avoir un roi à double face, avaient fait savoir clairement que la place de l'élu était à Varsovie et non à Paris. Et ils vinrent en France pour s'assurer de la loyauté de leur souverain.

Les nobles polonais, splendides dans leurs vêtements d'apparat, montés sur des chevaux admirables, surprirent les Français par leur sérieux et l'étendue de leur culture. Ils s'exprimaient en latin avec une merveilleuse aisance et faisaient honte aux seigneurs français « qui ne répondaient que par signe ou en rougissant, car ils avaient, selon Montaigne, la haine des livres, comme fait quasi toute notre noblesse ». Seule Margot était capable de comprendre et de répondre en latin. Catherine n'hésita d'ailleurs pas à mettre en valeur sa fille et son gendre pendant les cérémonies pour souligner la facile coexistence en France de deux religions. Mais, plus encore que leur prestance, c'est la détermination de ses éventuels sujets qui en imposa à Henri et le fit frémir. L'évêque de Poznan, Adam Konarski, exposa clairement les conditions posées au nouveau roi : une stricte limitation de son pouvoir et l'engagement d'accepter la coexistence de différentes confessions*. Lors-

---

* La Pologne, pays catholique, avait légalisé le libre exercice du culte des orthodoxes grecs, des Turcs, des Tatars, des juifs qui avaient trouvé en Pologne un refuge contre les violences de l'Inquisition et des protestants. Cf. Chevallier, *op. cit.*, p. 204.

que Henri tenta de louvoyer, arguant du fait que ses futurs sujets divergeaient sur certains points, il fut brutalement remis à sa place. *Jurabis aut non regnabis,* tu prêteras serment ou tu ne régneras pas. Il céda. Puis tout le monde se rendit au nouveau palais des Tuileries où la reine mère offrit une fête sublime. Enchantés par l'apparition des nymphes qui peuplaient les admirables salles, les Polonais déclarèrent que le bal de France était chose impossible à contrefaire.

En effet, pour le divertissement Catherine n'avait pas son pareil, mais incomparable aussi était sa faculté d'échafauder d'incroyables imbroglios. Henri avait bien accepté la couronne, donné des ordres précis pour les nouveaux uniformes de ses soldats, ses cavaliers et ses pages, choisi des habits de couleur incarnat, brodés d'or et d'argent pour faire son entrée à Varsovie, mais, répugnant à quitter Paris, il tentait de différer son départ au grand dam des Polonais qui refusaient absolument d'attendre mars 1574, soit près de huit mois, pour recevoir leur souverain. Les Guises se désolaient de perdre ainsi le chef indubitable des forces catholiques et la reine elle-même avouait maintenant que le départ d'Henri, alors que la santé de Charles se faisait de plus en plus chancelante, était regrettable. Seuls ses frères se montraient impatients de le voir partir : Charles IX, toujours jaloux de ce cadet trop actif et trop brillant, et François d'Alençon, qui espérait être nommé lieutenant général du royaume et peut-être même succéder à Charles IX si Henri était retenu dans son lointain royaume. L'immense effort de Catherine se soldait donc par un résultat politique douteux, en raison du manque d'enthousiasme du roi malgré lui, et de l'exacerbation des rivalités fraternelles.

Ayant éloigné le seul fils en lequel elle avait confiance, sur lequel elle s'appuyait, dont jamais elle ne mettait en question la loyauté, Catherine se trouva dans une situation familiale difficile : Charles IX, terrassé par d'affreux crachements de sang, quelques jours après le départ de son

frère semblait si dangereusement malade que certains son-
gèrent à rappeler Henri. Ses deux autres enfants échappaient à son influence et lui créaient d'innombrables
ennuis. Margot était convaincue d'avoir été dupée par sa
mère. Ses noces, les noces sanglantes, avaient attiré dans
un piège toute la noblesse huguenote. Désormais, elle
serait toujours soupçonnée de trahison par son mari et ses
partisans alors que sa mère l'avait sciemment tenue à
l'écart des décisions. Son mariage était voué à l'échec.
Henri de Navarre, converti par nécessité, trop surveillé
pour quitter le Louvre, impuissant, humilié, se trouvait lié
à une épouse dont il ignorait le rôle réel mais dont il se
méfiera toujours.

À la suite de la Saint-Barthélemy, se constitua une
alliance informe, malfaisante sans être efficace, entre Margot, François d'Alençon et Henri de Navarre. Informe
parce qu'il n'y avait entre les trois participants aucune
unité de pensée ni même d'action, malfaisante parce que
les complots manqués affaiblissaient tous les partis. Alençon, un petit monstre au physique comme au moral, dif-
forme, une sorte de nain aux jambes tordues, animé d'une
ambition brouillonne, n'avait selon sa mère que guerre et
tempête dans le cerveau, mais les circonstances faisaient
qu'il représentait une force politique.

L'élection d'Henri mettait Alençon en fait sinon en
droit – puisque Charles IX avait réservé sa succession à
Henri – dans la position de dauphin et, par son rapprochement avec les Navarre, il servait les espoirs des huguenots.
Mais aucun des complots fomentés, qui visaient à reprendre la politique anti-espagnole en soutenant les opposants
de Philippe II, ne réussit, parce que, au moment d'agir,
soit Margot soit François pris de panique couraient tout
avouer à leur mère. Preuve de l'extraordinaire autorité
qu'elle conservait sur sa progéniture, devant elle, aucun
de ses enfants ne se comportait en adulte.

Cependant, le roi se voyait mourir. La paix le fuyait toujours « toute la nuit lui gronde/ Le jour siffle en serpent ;
sa propre âme lui nuit[20] ». Des hémorragies au niveau de

la peau transformaient sa sueur en sang. Le spectacle du moribond reposant sur des draps humides tachés de son propre sang terrifiait son entourage. Seule le veillait sa jeune femme, immobile au pied de son lit, toujours silencieuse, pleurant et priant sans bruit. Elle sortit un moment, laissant le roi avec sa nourrice, une protestante, qui était restée auprès de lui. « Ah ! nourrice, murmurat-il, ma mie, que de sang, que de sang. Que j'ai eu de mauvais conseils ! Mon Dieu, pardonnez-moi. – Les meurtres sont sur la tête de ceux qui vous les ont fait faire », lui répondit-elle [21].

Il faut cependant souligner qu'à l'article de la mort Charles IX eut la force de mettre au point la passation de pouvoir. Il désigna de nouveau son frère Henri comme successeur et d'après un mémorialiste, Palma Cayet, fit appeler Henri de Navarre et lui dit : « Mon frère, vous perdez un bon maître et un bon ami », et lui recommanda Marie Touchet et son fils illégitime*. Et, avant d'entrer en agonie, il confia de nouveau la régence à sa mère. Ses derniers mots furent pour elle : *Et ma mère !* murmura-t-il avant d'expirer. Catherine se plut à voir dans cette exclamation la preuve que, dans le cœur de son fils, elle passait immédiatement après Dieu et s'empressa de le faire savoir autour d'elle. *Mon fils n'avait rien reconnu tant que après Dieu, moi.* Elle avait gagné, mais à quel prix ?

Moins d'un an après avoir, au terme d'efforts si rudes et si coûteux, obtenu un trône pour son fils Henri, il lui fallut défaire son ouvrage et organiser son retour. Elle lui envoya la nouvelle par un messager en le priant de revenir au plus vite. Une dernière *combinazione* lui vint à l'esprit : Henri pourrait promettre aux Polonais de leur envoyer soit son frère, soit son deuxième fils – si Dieu lui accordait une descendance. En attendant « qu'ils se gouvernent eux-

---

* Henri s'acquitta de cette tâche avec tant de conscience qu'il séduisit la fille que Marie Touchet eut ultérieurement avec François d'Entragues et en fit une de ses favorites les plus remuantes et les plus ambitieuses.

mêmes », conseilla-t-elle. En dépit de son intelligence pratique et d'une habileté que tous lui reconnaissaient, Catherine avait l'art de créer des situations inextricables. Cette sceptique, étrangère à toute croyance, fut responsable des pires excès des guerres de Religion ; cette régente, dont la mission consistait à former le roi, n'hésita pas à le démolir au sens propre du terme lorsqu'il tenta d'agir en souverain. Il fallait une mère, et une mère bien attentive, pour savoir jouer avec tant d'efficacité des faiblesses, des incertitudes et des peurs de son fils, mais il fallait aussi une mère bien inconsciente pour saper ainsi l'autorité dont dérivait sa propre importance. En ce sens, la mort prématurée de Charles IX la délivra. Épargnée par le remords comme par le doute, toujours vigoureuse, toujours sur la brèche, toujours en mouvement, infatigable, la reine remplit avec assurance la charge qu'il lui avait confiée sur son lit de mort. Elle continua à exercer un pouvoir rare pour une reine mère, au retour du nouveau roi, mais cette fois-ci, elle ne régnait plus sur des enfants : Henri III témoignait d'un intérêt, intermittent certes mais cependant réel, pour son métier ; Henri IV perçait enfin sous Navarre et Henri de Guise prenait de plus en plus conscience de son pouvoir. Catherine allait devoir changer de style, apprendre, selon les moments, à s'affirmer ou à s'éclipser, et surtout abandonner toute velléité de gouverner son fils à coup de scènes et de chantage. Elle sut se réinventer.

# La fin des Valois

## 1574-1588

Personne ne prit au pied de la lettre le « désespoir » de la reine à la mort de Charles IX : elle n'avait jamais eu confiance dans ses capacités de roi et s'était inquiétée de ne pas toujours régner seule sur son esprit. Certes, elle avait repris toute son influence après la mort de Coligny et elle s'était rapprochée de lui lors des conspirations où avaient trempé François d'Alençon et Marguerite de Navarre, mais on peut imaginer que la perspective de partager le pouvoir avec un souverain moins frêle et moins déséquilibré la rassurait. Il ne s'agissait plus d'exercer la régence au nom d'un enfant, il s'agissait d'une royauté à deux. De retraite, il n'était pas question. Henri III, beau, intelligent, docile à ses conseils sans jamais laissé deviner qu'il trouvait parfois sa protection un peu pesante, serait pour elle un associé idéal. Pour le gagner, pour s'en assurer, elle n'utilisa pas la manière forte, bien au contraire, elle lui prodigua argent, divertissements et encouragements. Après l'intermède de Charles IX où elle fut puissante et dominatrice, elle redevient obséquieuse, comme à ses débuts, sous Henri II, mère-servante après avoir été épouse-esclave.

Catherine était spécialiste en fêtes, en constructions et en épîtres. Si on ne la connaissait que par ses lettres, elle aurait la réputation d'une grande souveraine réfléchie. Ainsi la missive qu'elle fit parvenir à Henri III dès la mort

79

de Charles IX contenait-elle d'excellents conseils, notamment : faire vite, ne rien donner et ne rien promettre à ses partisans avant d'avoir regagné Paris et de l'avoir consultée. Sur le premier point, Henri lui obéit avec ardeur, sur les autres, il marqua une indépendance dangereuse. Il quitta son royaume de Pologne si rapidement que son départ s'apparentait davantage à une fuite qu'à une prise de congé.

La nouvelle de la mort de son frère lui parvint le 14 juin 1574. Quatre jours après, il avait disparu sans laisser soupçonner son projet à son entourage. Le soir du 18 juin, il gagna son lit, comme d'habitude, fit tirer les rideaux et s'assura de ce que les sentinelles montaient la garde devant sa porte. Quatre Français – dont François de Richelieu, le père du futur cardinal – se glissèrent par une ouverture ménagée dans un des murs de sa chambre, lui apportant ses vêtements de voyage ; il se changea, cacha dans ses poches les bijoux de la couronne. Enlevant leurs bottes et mettant leurs éperons dans leurs chausses pour éviter de faire du bruit, les compagnons quittèrent le château par une porte basse près des communs et enfourchèrent leurs montures. La chevauchée nocturne fut épuisante, ils manquèrent de se perdre dans les forêts, de s'enliser dans les marais. Le grand chambellan, le comte Tenczynski, découvrit la fuite de son roi au petit matin et, lancé à sa poursuite avec une poignée de gentilshommes, s'époumonait à le supplier – en latin – de revenir, mais Henri atteignit la frontière autrichienne juste avant d'être rattrapé. Son cheval s'écroula mort. En sécurité sur un sol étranger, le roi eut une dernière entrevue avec son chambellan, marquée par l'émotion et la courtoisie, et lui donna ou plutôt lui rendit un diamant.

Tenczynski reprit la route de Cracovie, et Henri III, brisé de fatigue, se jeta dans un coche et recouvrit ses esprits. Il répondit alors à sa mère pour lui faire part du succès de son entreprise, l'assurer de sa soumission et de son affection dans des termes chaleureux – « Je suis votre fils qui vous a toujours obéi [...] je suis épris d'aise de vous penser voir[1] » – et lui dévoiler son itinéraire : Vienne, Venise et enfin la Savoie. Pourquoi Venise ? Pour rien, pour s'amuser. Catherine ne lui opposa pas d'objection. Bien au contraire, elle lui fit parvenir la somme fort considérable de cent mille livres – cent mille livres représentaient la valeur de Chenonceaux – et expédia les affaires courantes à Paris. Elle avait espéré que l'expérience polonaise aurait mûri son fils mais dut vite déchanter. Ce roi qu'elle aurait tellement voulu voir sage allait se comporter avec une frivolité inquiétante.

Le séjour à Venise lui fut enivrant. On lui offrit des fêtes inouïes dont le souvenir dura pendant des siècles[*]. On lui organisa des divertissements nocturnes et secrets. Il rendit visite aux célèbres courtisanes vénitiennes dont un catalogue conservé jusqu'à nos jours donne la liste des noms, des adresses et des prix[2]. Il posa pour le Tintoret, voulut voir l'atelier de Véronèse. Les verriers de Murano installèrent un four sur un bateau amarré sous ses fenêtres pour faire naître devant ses yeux les verres les plus subtils. Au cours de promenades incognito, il acheta du musc pour des sommes folles et acquit un collier de perles sublimes chez les joailliers Fugger. Promenades coûteuses. Il dépensa en cadeaux et bagatelles toute la somme envoyée par sa mère.

Celle-ci d'ailleurs s'inquiétait de ces vacances qui lui paraissaient aussi interminables qu'inutiles et lui envoya en vain son demi-frère, le bâtard Henri d'Angoulême, pour le convaincre de les écourter. Du 6 juillet au 6 août, on n'eut aucune nouvelle de lui à Paris. La reine dit bien qu'elle avait reçu une lettre, mais d'après l'ambassadeur de Venise, personne n'y croyait. Finalement, il s'arracha aux délices vénitiennes, avec peine, puisqu'il passa encore quinze jours en Italie, s'attardant dans les villas de la Brenta, à Ferrare, à Mantoue, dans le Milanais, avant d'atteindre Turin, la capitale du duché de Savoie où régnait

---

[*] On peut voir sur les murs du musée Jacquemart-André une fresque de Tiepolo dépeignant l'arrivée d'Henri III.

sa tante Marguerite, la vieille amie de sa mère. Là, il fut confronté à des problèmes politiques. À Venise, il avait été un touriste ; à Turin, il se devait d'être roi. Sa première épreuve l'attendait.

Deux questions se posaient. L'une, la restitution de trois places fortes : Pignerol, Pérouse et Savigliano, laissées en gage à la France et réclamées – à juste titre – par la Savoie ; l'autre, la réconciliation avec le gouverneur du Languedoc, Montmorency-Damville, qui par son alliance avec les huguenots avait acquis la puissance d'un vice-roi du Midi. Les deux questions étaient liées en raison de l'influence que le duc de Savoie avait sur le gouverneur. Un politique plus chevronné aurait pu faire dépendre la restitution des places d'un accord durable avec Damville. Mais Henri n'était ni expérimenté ni patient. Il s'engagea à rendre les forteresses mais s'aliéna Damville en lui retirant son gouvernement avec une brusquerie inutile. Ses premières initiatives n'auguraient rien de bon pour le règlement du problème fondamental de la coexistence de deux religions dans le royaume. Le 5 septembre 1574, il retrouvait sa mère venue à sa rencontre à Bourgoin, près de Lyon. D'après l'ambassadeur de Savoie, « on lui avait dit que des influences qui lui étaient hostiles ne cessaient d'agir sur le roi, [or] gouverner c'était sa vie, et assurée que, dès qu'elle le verrait, elle reprendrait tout son empire, elle s'était, sur l'heure, décidée à aller au-devant de lui[3] ».

Catherine avait maintenant cinquante-cinq ans. Malgré un catarrhe chronique qui la faisait tousser sans cesse, malgré les rhumatismes qui commençaient à la tourmenter, malgré un embonpoint entretenu et augmenté par son prodigieux appétit, la reine témoignait encore d'une activité physique et intellectuelle que pouvaient lui envier ses fils. Toujours intrépide à cheval, nullement découragée par les blessures occasionnées par des chutes sérieuses, elle se détendait en veillant sur son magnifique haras, aussi célèbre pour son élevage que pour son chenil de lévriers blancs si féroces que de grosses chaînes les retenaient aux barreaux de leur cage. Son gendre, Philippe II, flattait ce goût en lui envoyant des chevaux andalous à grosse croupe et crins ondulés qu'elle affectionnait. Elle aimait aussi marcher, bien qu'elle avouât se sentir souvent un peu « pesante », et on la décrit traitant ses affaires avec ses ministres en parcourant les allées de son parc. Tout au long de son règne – ou plutôt celui de Charles IX – elle avait fait construire, perfectionner et décorer les demeures royales. C'était là sa grande passion et le règne eût-il été paisible qu'on aurait vu une floraison encore plus grande des arts durant la période. Elle vécut dans le fracas des chantiers du Louvre, des Tuileries et de l'hôtel de Soissons, toujours prête à innover – elle fit élever une colossale colonne à l'antique dans la cour de son hôtel particulier – au point que le fidèle Ronsard lui-même s'en inquiéta :

> *Il ne faut plus que la reine bâtisse*
> *Ni que sa chaux nos trésors appetisse...*
> *[Mais] que nous sert son lieu des Tuileries ?*
> *De rien, Moreau : ce n'est que vanité.*

Était-elle prête à se retirer des affaires et à se consacrer à tous ses autres intérêts, au retour de son fils chéri ? Il n'est pas facile de répondre en raison de la personnalité bizarre et instable du roi. L'ambassadeur vénitien, Giovanni Michieli, remarqua immédiatement qu'il semblait avoir perdu la réputation de bravoure acquise sous le règne de son frère. « Tous ses instincts de bravoure et de graves desseins dont on parlait ont entièrement disparu : il s'abandonne à une telle oisiveté, les voluptés dominent tellement sa vie, il s'éloigne tant de tous exercices que chacun s'en étonne [...] on n'a pas idée de la dépense qu'il fait pour la beauté et l'élégance de ses chemises, de ses habits[4]. » On peut accorder à Catherine le bénéfice du doute, encore que, selon le nonce, elle était extraordinairement soupçonneuse et jalouse – *sospettosissima e gelosissima* – quand on cherchait à diviser son autorité ou prétendre rivaliser de puissance avec elle[5].

Cependant alors que le conseil royal, ébahi de la concession gratuite faite par Henri III au duc de Savoie, voulut refuser de l'entériner, Catherine couvrit l'initiative de son fils, choisissant de le traiter en roi et non en apprenti. Ensuite, elle lui conseilla de réorganiser le conseil afin d'en maîtriser les décisions. À lui et à lui seul revenait le droit de recevoir les demandes et d'octroyer les dons. Le nombre de conseillers, nommés par le roi et non par sa mère, fut réduit pour augmenter leur efficacité.

Immédiatement, il fut confronté au problème de la politique à suivre dans le Midi vis-à-vis des protestants. Refusant toute concession, Henri III se décida pour la guerre, et Catherine, bien que toujours portée vers la négociation et la procrastination, peut-être éblouie par ses soi-disant qualités militaires, ne tenta pas de le dissuader. On partit donc en campagne. Henri III, suivi à sa demande par sa mère, donnait l'image d'un chef déterminé et énergique quand il succomba à une crise intérieure, le premier de bien des accès d'angoisse et de mélancolie.

Il était tombé follement amoureux, deux ans auparavant, de Marie de Clèves au grand dépit de la reine mère. Catherine rêvait-elle, en mère ambitieuse, d'une alliance plus lucrative, craignait-elle, en mère possessive, une bru adorable et adorée ? Toujours est-il qu'elle n'hésita pas, usant de son indéniable autorité, à briser l'idylle définitivement en contraignant la jeune fille à épouser Henri de Condé. Cependant, Henri III, du fond de la lointaine Pologne, n'avait pas oublié sa Marie et, bien que la jeune femme fût enceinte, espérait obtenir l'annulation de son mariage pour en faire la reine de France quand la nouvelle de sa mort en couches l'atteignit comme un coup de fouet. Il tomba évanoui, de trois jours fut incapable de se lever de son lit et réapparut tout de noir vêtu ; ses aiguillettes, ses parements et jusqu'aux rubans de ses souliers brodés de petites têtes de mort. Incapable d'assumer son rôle à la tête des armées, provoquant la surprise sinon le mépris par le spectacle public de son désespoir – avait-on jamais vu un roi de France, pieds nus, cierge en main, le visage dissimulé sous une cagoule, entouré de flagellants ? –, il fut obligé de réinstituer sa mère au rang de conseillère régnante. *Adressez-vous à ma mère, je ne suis au courant de rien*, fut un refrain que les ministres entendront trop souvent pour ne pas se tourner en effet vers la reine mère comme source du pouvoir réel.

Le partage des responsabilités entre la mère et le fils n'était donc fondé ni sur les compétences respectives de l'un ou de l'autre ni sur une égalité de rapports, mais sur la faiblesse et l'intermittente incapacité d'Henri, avec les ruades, les retours en arrière, les tromperies que ces bases impliquent. Sur le plan politique, le roi s'appuyait sur elle sans vergogne, sur le plan personnel, il tentait de lui échapper. Très vite, la question de son mariage fut à l'ordre du jour, alors même qu'il pleurait la disparition de Marie. La proposition de Catherine, qui souhaitait lui voir épouser une princesse suédoise, laquelle ajoutait à sa beauté l'attrait de lui permettre peut-être de conserver la couronne de Pologne, fut repoussée sans ambages. Il annonça que son choix se portait sur Louise de Vaudémont.

Louise de Vaudémont ? Vraiment ? Sans fortune, sans avantage politique, cette fille d'une branche cadette de la maison de Lorraine, donc apparentée aux Guises, ne pouvait que compliquer les efforts de pacification religieuse. On cherchait en vain une explication politique à sa décision, il n'y en avait pas. La jeune fille était douce, tendre, calme ; elle lui rappelait Marie et il la voulait à ses côtés. Elle le reposerait de sa mère. Catherine, malgré sa surprise, ne le contra pas. Son chagrin excessif à la mort de Marie lui avait fait peur, elle ne voulait pas le provoquer. Et puis ce choix lui convenait d'une certaine manière : une princesse « à l'esprit paisible et dévot plus propre et adonné à prier Dieu qu'à se mêler de l'état et des affaires du monde[6] » aurait l'immense avantage de ne pas chercher à la supplanter. Elle donna donc son consentement.

Le sacre et le mariage eurent lieu à trois jours de distance. Le 27 février 1575, Henri III et les deux reines revinrent à Paris. Le roi habitait le Louvre où demeuraient encore la reine Élisabeth, sa belle-sœur, Henri et Marguerite de Navarre et Alençon. La reine mère logeait dans son hôtel personnel près de la rue Coquillière. Mère et fils se heurtaient toujours aux mêmes problèmes : trouver de l'argent pour la marche de l'État, se tenir à une politique réaliste pour rétablir la paix intérieure – l'alliance des huguenots avec les catholiques modérés, dits les Malcontents, faisait que le conflit dépassait le cadre religieux pour devenir politique – et contenir les querelles familiales. Dans aucun de ces trois domaines, le roi ne semblait pouvoir se passer de sa mère ; dans aucun de ces domaines, il ne s'imposait, et pourtant il ne manquait pas une occasion de la blesser. Ainsi, il n'observa pas la période de deuil convenable à la mort de sa sœur, Claude de Lorraine, et malgré le chagrin de la reine, désolée de la disparition de sa fille préférée, il organisa sans plus attendre bals et fêtes. En femme habituée aux avanies, elle fit plus que ravaler son chagrin, elle s'évertua à flatter son fils, à lui procurer les divertissements qu'il aimait tant. Elle inventait pour le distraire des fêtes dispendieuses et indécentes, ballets et sérénades sur l'eau, chasses réglées comme des spectacles, feux d'artifice – les premiers qu'on vît en France – embrassant bois, allées et pièces d'eaux, et partout des créatures sublimes déguisées ou plutôt dénudées en divinités classiques.

Le festin qu'elle lui offrit à Chenonceaux en mai 1577 fut si somptueux, si débridé et si fantastique qu'il devint le scandaleux symbole de cette fin de dynastie. Les hommes vinrent habillés en femmes et le roi fit son entrée, paré, fardé, serré comme une guêpe dans son costume et arborant trois rangs de perles au décolleté. Cette apparition scella sa réputation pour les siècles à venir :

*(...) ce douteux animal*
*Sans cervelle, sans front parut tel à son bal.*

*De cordons emperlés sa chevelure pleine*
*Sous un bonnet sans bord fait à l'italienne*
*Faisait deux arcs voûtés ; son menton pinceté,*
*Son visage de blanc et de rouge empâté,*
*Son chef tout empoudré nous montrèrent ridée*
*En la place d'un roi, une putain fardée[7].*

À table, il fut servi par des filles d'honneur, cheveux épars, jambes et gorge nues. Sous l'amoncellement des vaisselles d'or, on distinguait à peine les nappes en soie qui recouvraient les tables. Des couples métamorphosés et travestis s'égaraient dans les allées, d'autres couraient se rejoindre dans les mansardes du nouveau pont couvert dont les galeries illuminées se reflétaient dans l'eau. Les trois reines présidaient à l'orgie : Catherine, énorme dans son éternelle robe noire, impassible, goûtant de tous les plats, donnant des ordres brefs et précis ; à ses côtés, d'une part la blonde et pieuse épouse de son fils, de l'autre Élisabeth, la reine veuve, emmurée dans le silence et le chagrin. La fête coûta si cher qu'il fallut que les banquiers italiens avançassent les fonds. Mais le roi ne se montra guère reconnaissant et continua à rudoyer sa mère.

« Je ne fais pas une chose à part qu'il ne la trouve mauvaise ; l'on voit bien que je ne puis faire tout ce que je veux », avouait-elle. Elle n'arrivait même pas à imposer un certain ordre au Louvre. En effet, que pouvait-elle faire alors que le roi exigeait le respect d'une étiquette rigoureuse qui l'isolait de sa noblesse ? Henri III inventa de manger à part dans un espace fermé par des balustres, il ne se contenta plus du titre de sire et de roi, et décréta qu'on le désignerait Majesté, à l'espagnole. Puis il régla l'ordre de son lever, n'admettant qu'un très petit groupe d'assistants autour de lui ; enfin, le nombre d'audiences qu'il accordait fut réduit. Il réussit à se rendre inaccessible tout en se comportant en chef de bande à l'intérieur de la cour, entouré d'une clique composée de ses mignons, une dizaine de jeunes gens, d'une beauté de demi-dieux, qu'il s'amusait à parer de vêtements somptueux et de bijoux étincelants. Leur raffinement exigeait qu'ils ne missent que des gants d'une finesse telle qu'on les leur présentait roulés dans des coques de noix. Les favoris ne quittaient leurs allures équivoques que l'épée à la main, entretenant à la cour un mélange inquiétant de sensualité vicieuse et de violence. « Nous sommes presque toujours prêts à nous couper la gorge, rapporta Henri de Navarre, nous portons dagues, jacques de maille, et bien souvent la carassin sous la cape, et, conclut-il, le roi est aussi menacé que moi[8]. »

Il se formait deux camps, composés effectivement d'hommes prêts à s'égorger, l'un autour du roi, l'autre autour de son frère. Margot oscilla mais finit par s'allier avec Alençon. Henri de Navarre tentait de tenir ses distances. Il n'avait pas intérêt à se déclarer. Il eût été impolitique pour lui de s'allier officiellement avec le roi, mais il eût été absurde de s'en faire un ennemi. L'ambassadeur d'Angleterre, Valentin Dale, rapporta à son ministre : « L'atmosphère est infernale. Personne n'a de rapports tranquilles et satisfaisants. Personne. Ni la reine avec son fils, ni le roi avec son frère, ni la mère avec sa fille[9]. » Catherine était forcément impliquée dans ces querelles puisque le roi s'adressait toujours à elle pour dénoncer la conduite de son frère et de sa sœur. « De qui tenez-vous ces méchants propos [...] ce ne sont que gens qui cherchent à vous brouiller avec les vôtres », lui disait-elle, tout en s'efforçant de raisonner Alençon et de s'assurer qu'il ne cherchait pas à s'évader pour regrouper autour de lui les adversaires du roi.

Tâche difficile car Alençon était le seul de ses fils qui ne la craignait point ; il n'avait pas besoin d'elle et les ambitions si folles et si désordonnées qu'il nourrissait le rendaient insensible aux raisonnements réalistes de sa mère. C'était un homme de faction, toujours prêt à attaquer sa famille mais incapable de suite dans les actions. Comme il n'avait pas la constance nécessaire pour exécuter ses volontés, son rôle ne consistait qu'à créer des embarras. On retrouvera son tempérament, plus tard, lors de la Fronde, chez Gaston d'Orléans, « l'homme du monde qui aimait le plus le commencement de toutes les affaires », d'après le cardinal de Retz. Catherine n'obtint rien de son cadet. Bien au contraire, il s'échappa en septembre 1575. « Il est de notoriété publique que les deux frères se haïssent à mort et depuis longtemps. [Le duc] n'a jamais été en amitié ni en accord avec ses frères, relata l'ambassadeur de Venise, notamment le roi actuel et sa mère. La faute en est à celle-ci ; car elle distinguait trop l'un et l'aimait comme son œil droit, tandis qu'elle abaissait l'autre de son mieux [10]. » Les disputes entre les deux frères débordaient bien entendu sur le plan politique.

Alençon étant donc en position de rassembler les Mal-contents, il se déclara protecteur de la liberté et du bien public. Signe de la confusion des temps, bien qu'il fût trop brouillon et vaniteux pour qu'on pût véritablement compter sur lui, des milliers d'hommes le rejoignirent dont les plus dangereux pour le pouvoir étaient les trente mille mercenaires allemands sous les ordres de Condé. (Tout au long du siècle, il fallut faire appel aux cavaliers allemands, les reîtres, parce que la France était pauvre en chevaux de bataille.) La reine, sa mère, lui écrivait missive sur missive, cherchait à organiser une négociation pour le ramener aux côtés de son frère. Mal soutenue par Henri III à Paris, jouée sans cesse par Alençon, qui éludait toutes les rencontres, cette femme vieillie, malade, serait pathétique si elle ne se montrait si opiniâtre dans sa volonté d'étayer le fragile pouvoir de son fils. Un mois plus tard, un nouveau coup la frappa. Henri de Navarre, profitant d'une chasse, faussa compagnie aux hommes du roi et s'enfuit vers ses terres. Les huguenots avaient retrouvé un chef. Les catholiques intransigeants, exaspérés par le renouveau protestant, en avaient un aussi en la personne d'Henri de Guise. Catherine va louvoyer entre ces trois Henri, ces trois enfants qu'elle a vus grandir, espérant contre tout espoir qu'ils finiront par faire la paix.

Ironiquement, la crise financière ramena le calme – un calme relatif certes, dans ce pays où la violence était toujours à fleur de peau – entre 1577 et 1585. Ni le roi ni ses adversaires n'avaient l'argent nécessaire pour continuer à se battre. Certes, aucun des problèmes religieux ou politiques n'était résolu, mais par la force des choses s'établit une *no man's peace* et Henri III en profita pour tenter de reprendre son royaume en main dans un domaine où sa mère était exclue. Il s'attela à de grandes réformes administratives et judiciaires, et la reine n'avait pas sa place autour de la table où discutaient les juristes. Henri III, qui s'entendait et s'intéressait fort aux questions de gestion, fut repris alors du désir d'être un peu maître mais ce regain d'autorité ne se traduisit en fait que par l'échange de quelques piques avec Catherine. Celle-ci s'en plaignit amèrement et procéda dès lors « par façons dissimulées, et ménageant avec la plus grande réserve et les plus grands égards en présence du roi, pour ne pas lui donner ombrage ou lui causer du mécontentement[11] ». Est-ce à dire qu'elle était enfin sur la voie de la retraite ? Le voudrait-elle – ce qui n'est pas sûr, à preuve les paroles qu'Henri de Navarre qui la connaissait bien lui dit alors qu'elle se plaignait de ses fatigues : « Madame, cette peine vous plaît et vous nourrit ; si vous étiez en repos, vous ne sauriez vivre longuement[12] » – qu'Henri III l'en empêcherait.

Il avait besoin d'elle comme ambassadrice itinérante – lui-même se croyait incapable de supporter les épreuves physiques du déplacement –, une ambassadrice en qui il avait confiance car elle lui donnait des informations que d'autres pourraient hésiter à lui dévoiler. « Monsieur mon fils, je vois les choses plus brouillées que l'on ne pense [...] vous êtes à la veille d'avoir une révolte générale ; et qui vous dira le contraire ne vous dira pas la vérité. » Il avait besoin d'elle pour suivre les décisions politiques. Sans elle, le trésor aurait été vide. Elle harcelait la Chambre des comptes, le Parlement, le clergé pour obtenir les fonds nécessaires et négociait avec les financiers italiens qui les avançaient souvent. Il avait encore besoin d'elle pour mettre au pas son frère et sa sœur, perpétuels agitateurs, mais surtout Henri III ne pouvait pas se passer de sa mère parce qu'elle seule assurait une certaine continuité dans la monarchie, étoffait en quelque sorte la royauté, dans la mesure où lui-même correspondait si mal à l'idée que les Français se faisaient d'un roi.

Que le roi se sentît capable de gouverner seul, dans ses bons moments, semble évident. Qu'il fût incapable d'affirmer son autorité sur des sujets troublés par les contradictions de sa personnalité ne l'est pas moins. Le modèle du roi pour les Français de l'époque restait François I$^{er}$. Bien que le sang de Saint Louis eût gardé toute son importance, son souvenir était estompé. Le pays voulait voir à sa tête un roi guerrier, un roi heureux de l'être, un roi obéi et respecté de toute sa famille, enfin un roi vigoureux et fertile. Or Henri III n'était vraiment pas conforme au modèle : jeune homme, il avait fait preuve de courage aux armées, mais devenu roi, on le vit plus souvent mêlé aux processions et aux pèlerinages qu'à la tête de ses troupes.

À la cour, toujours vêtu avec un luxe et une recherche excessifs, il ne se livrait à « aucune espèce d'amusements et d'exercices fatigants, tels que chasse, jeu de paume ou manège [...]. Il n'a aucun goût pour les joutes, les tournois et autres choses semblables ». C'est au bilboquet qu'il aimait s'amuser et ses chiens n'étaient pas des chiens de chasse mais de minuscules créatures qui se blottissaient dans ses manches. À un moment, il en eut plus de trois cents. La folie des vêtements, des bijoux – ses oreilles percées à la manière des femmes lui ôtaient bien de la gravité [13] –, de la parure en général (son mariage fut célébré avec des heures de retard, parce qu'il voulut orner sa femme lui-même) lui valut la méfiance de bien des hommes, d'autant que sa passion démesurée pour ses mignons le rendait vulnérable à la calomnie. Au mieux il apparaissait comme un intellectuel ayant le dégoût de l'action, au pis comme un roi coiffeur. Une épigramme cruelle circulait alors dans Paris : « Henri, par la grâce de sa mère, incertain roi de France et de Pologne imaginaire, concierge du Louvre, marguillier de Saint-Germain-l'Auxerrois et de toutes les églises de France, gendre de Colas, gofronneur des collets, de sa femme et friseur de ses cheveux, mercier du palais, visiteur des étuves, gardien des Quatre-Mendiants, père conscrit des Blancs-Battus et protecteur des Caputiers[14]. » Agrippa d'Aubigné pleurait sur le

> *(...) malheureux, celui qui vit infâme*
> *Sous une femme hommace et sous un homme femme*[15].

Le roi se détournait trop souvent des problèmes politiques – problèmes est-il besoin de le rappeler qui saignaient la France au sens propre – pour approfondir sa propre culture. Était-ce vraiment le moment de se mettre à l'étude du latin ? de débattre si la prééminence devait être donnée aux vertus morales ou aux vertus intellectuelles ? de se plonger dans un traité des règles de l'éloquence royale ? Grand protecteur des lettres et des arts, sachant faire ployer ses croyances devant le génie, ce catholique ardent défendit Bernard Palissy dont il admirait passionnément les émaux, le philosophe Henri Estienne et Agrippa d'Aubigné*, tous trois huguenots, mais ne sut pas mettre fin à la guerre civile. La désunion de la famille, en l'absence d'héritier direct, tournait à l'absurde : le successeur d'Henri III était son frère Alençon, ce même frère qui ne manquait pas une occasion d'affaiblir cette couronne dont il devait en principe hériter. Puis, le roi était malade. On le savait, et cette faiblesse physique ne contribuait pas peu à miner son autorité. D'abord, parce que bien souvent il n'était pas en état de recevoir ses ministres et de donner des ordres, et ensuite parce qu'on ne croyait pas à la durée de ce règne. Enfin, son ménage dégageait la mélancolie des unions stériles. Au lieu d'apparaître comme le père du peuple, Henri III courait tristement d'une cure thermale à un sanctuaire de la Vierge.

Comment dans ces conditions aurait-il pu se passer des services de sa mère qui, elle, projetait une image toute différente ? Résolue, optimiste, n'épargnant pas sa peine mal-

---

* *Les Tragiques* ne parurent qu'en 1616.

92

gré ses douleurs, ses rages de dents et ce rhume qui ne la quittait pas, toujours prête à aller au-devant de l'adversaire pour tenter d'effacer, apaiser les différends, cette vieille dame qui sillonnait les routes, les méchantes routes du royaume tour à tour poussiéreuses ou inondées, grouillantes de troupeaux, de charrettes et de bandes de piétons, malaisées et dangereuses, manquait peut-être de majesté mais pas de courage. Et cependant, plus Henri dépendait d'elle, plus il la malmenait. Elle acceptait sa mauvaise humeur, ses silences, avec la résignation dont elle avait déjà fait preuve. La mort d'Alençon en 1584 provoqua un nouveau retournement de la situation. Cet incapable avait des années durant créé des situations difficiles, sa mort allait engendrer une confusion extrême. Sans la naissance d'un héritier – mais la tristesse de la reine et la langueur de son époux qui se mettait trois jours au lit après un quart d'heure d'amour laissaient peu d'espoir aux Valois –, une grave crise menaçait la dynastie. Le successeur était clairement Henri de Bourbon, roi de Navarre, descendant direct de Saint Louis, mais comment le pays accepterait-il de ne pas avoir un catholique comme souverain ? Les Guises prétendaient que compter Charlemagne parmi leurs ancêtres leur donnait une sorte de droit à la couronne et se présentaient comme des candidats de rechange valable. Pour Henri III, une solution facile aurait été la conversion de Navarre. Mais ce dernier ne tenait pas – du moins pas encore – à décevoir ses partisans huguenots et refusait d'abjurer une nouvelle fois [16]. Alors que jusque-là Henri et Catherine n'avaient jamais eu de désaccords politiques graves, ils allaient diverger sur ce point capital : il n'abandonna jamais la cause d'Henri de Navarre ; elle penchait vers les Guises.

Ironie du destin, cette mère de dix enfants voyait sa maison disparaître faute d'héritiers. Au lieu de choisir le camp de Navarre – après tout, elle n'avait aucun moyen de prévoir que ce ne serait pas sa fille qui monterait avec lui sur le trône – et d'empêcher cette triple guerre civile, *la guerre des trois Henri,* elle continua à négocier, à dissimuler et à tenter de capter la bienveillance d'Henri de Guise. Or celui-ci menaçait directement Henri III. Follement populaire, surtout à Paris, vigoureux, soutenu par les forces fanatisées de la Ligue, il avait l'autorité, l'allure, l'énergie qui manquaient si cruellement au roi. La Ligue, renforcée par des infusions d'or espagnol, reprit un nouvel élan, soutenue par l'opinion parisienne d'une part excitée à l'idée de lutter contre la possibilité d'un roi huguenot, de l'autre exaspérée par ce roi fainéant. Guise recevait huit millions de livres par an du gouvernement espagnol pour financer ses agissements, somme incroyablement élevée[*].

Les dernières années du règne furent un jeu de dupes, un jeu violent qui se termina dans le sang. Henri III n'osa pas accepter l'aide de Navarre et se tourna, comme un enfant, vers sa mère pour la pousser sur le devant de la scène. Elle signa alors un édit, l'édit de Nemours, le 9 juillet 1586, qui semblait consacrer la victoire de la Ligue. « Le roi est à pied et la Ligue à cheval », ironisa le chroniqueur Pierre de L'Estoile. Le roi accepta cette paix humiliante, mais Cavriana ne croyait guère en sa sincérité : la méfiance générale était trop évidente. Navarre réagit avec violence en soulignant le fait que cet accord avantageait scandaleusement les étrangers. L'Espagne, le Vatican, les Lorraine l'emportaient sur la France. Henri III savait que Navarre avait raison, savait que ce dernier, contrairement à Guise, n'était pas son ennemi, mais torturé par sa faiblesse, déchiré par l'horreur des partis qui se présentaient à lui, il se sentait comme paralysé. Il redoutait la défaite des huguenots, il redoutait la victoire des catholiques, mais il n'avait pas le cran d'affirmer son véritable choix et demeurait donc l'allié douteux des Guises et l'ennemi peu convaincu de Navarre.

Dans cette guerre à trois coins, les huguenots et les ligueurs se partagèrent les victoires. Le grand vaincu était le roi de France. L'atmosphère autour du Louvre devenait

---

[*] Elle représentait près d'un tiers du budget annuel de l'État sous Henri IV.

insupportable dans ce Paris entièrement aux mains des Guises. Mais, dans la déroute, Henri III se reprit et finalement agit, et agit sans prendre le conseil de sa mère, sans même la mettre au courant. Contrairement à Louis XVI, quelques siècles plus tard, il comprit qu'il ne fallait à aucun prix être prisonnier des Parisiens et il décida de s'enfuir. La leçon ne sera pas perdue pour Mazarin pendant la Fronde. Le roi laissait la révolution maîtresse de Paris pour mieux la combattre tout en sauvegardant sa liberté personnelle. Il se réfugia à Chartres, et Cavriana de s'exclamer : « Nous avons deux rois et un schisme incurable et sans remède. »

Voire. Les Valois n'avaient pas abandonné leurs méthodes. Catherine était restée avec Paris – avec la reine Louise d'ailleurs – et continuait à négocier avec Guise qui hésitait à trahir ouvertement. L'envoyé vénitien identifia précisément les données du problème telles qu'elles se présentaient à ce dernier : « Puisque vous reconnaissez, lui écrivit-il, l'impossibilité de conserver en ce royaume la religion catholique sans anéantir les hérétiques et l'impossibilité de leur faire la guerre sans le concours du roi, il faut, si vous cherchez vraiment ce but, conclure à la nécessité de vous unir avec Sa Majesté ; autrement si elle est isolée, elle se rapprochera des protestants [...]. Quant à moi, j'aimerais mieux être le duc de Guise, comblé d'honneurs et valeureux capitaine, qu'un tyran usurpateur du royaume et parjure au serment fait à mon roi. Entre ces deux rôles, le duc peut choisir : le premier est sûr et plus honorable, le second plus chanceux et plus infâme [17]. » Le duc mesurait trop bien la situation pour ne pas faire les premiers pas en direction d'Henri III, mais des pas qui, dans son esprit comme d'ailleurs dans celui de la reine, devaient mener à une capitulation – adoucie certes par les formes – du roi devant la Ligue.

Pourquoi ce défaitisme de Catherine ? C'est que le jeu des adversaires à l'intérieur du royaume se corsait d'un pari sur la partie qui opposait l'Espagne à l'Angleterre. Les Guises et Catherine croyaient en la victoire de Philippe II.

Henri, qui avait des entrevues avec l'ambassadeur d'Élisabeth à Chartres, misait sur l'Angleterre. Déjà l'exécution de Marie Stuart avait été un coup porté au catholicisme, si l'invincible Armada était repoussée, la situation internationale pouvait basculer. En attendant, Henri III devait filer doux.

Le 21 juillet 1588, l'édit de l'Union, qui consacrait en fait la défaite du roi, était signé. Le 1er août, la reine mère, le duc de Guise, le cardinal de Bourbon, le nonce Morosini se rendirent tous à Chartres pour célébrer l'accord parmi les embrassades et les sourires. Les visages étaient si sereins qu'ils semblaient masqués. Henri de Guise mit le genou à terre devant son roi qui le releva et l'embrassa à deux reprises. Au cours du dîner, Henri III proposa en riant un toast à la santé des huguenots et des barricadeux de Paris. «Je ne sais si les cœurs correspondent à ces embrassades», rapporta Cavriana. Guise était trop fin pour ne pas s'interroger sur cette transformation : s'agissait-il d'une «extrême dissimulation» ou bien d'une «merveilleuse mutation de volonté et comme un mode nouveau»? Cavriana plus réaliste craignait que l'on n'en vînt au poignard : «J'en vois déjà la fête», concluait-il dès la fin de la journée.

Une autre fête se déroulait au moment même au large des côtes françaises. L'Armada, la formidable Armada de Philippe II, battue par la tempête, harcelée par les vaisseaux anglais ne pouvait plus ni avancer ni reculer. Le désastre était irréparable : cinquante-sept vaisseaux sur cent trente sombrèrent. Avec eux, l'appui indispensable de Guise et de sa Ligue. Henri III ne perdit pas un moment. Disparu le souverain frivole, envolée la lassitude du labeur quotidien, il renvoya tous ses conseillers et ministres, comme s'il s'agissait d'un coup d'État. Il répondit au nonce qui s'inquiétait d'une mesure si brusque : «Je veux m'appliquer moi-même sans faiblir à l'administration de mon royaume et voir si, en gouvernant à ma guise, je pourrais obtenir de meilleurs résultats que par les conseils de ceux dont je me suis séparé [18]. »

À vrai dire, il venait de disgracier la reine mère, et celle-ci ne s'y trompa pas : elle n'aurait pas dû, écrivit-elle à son conseiller Bellièvre, « apprendre au roi qu'il faut bien aimer sa mère et l'honorer comme Dieu le commande, mais non lui donner tant d'autorité et de créance qu'elle puisse empêcher de faire ce que l'on veut [19] ». Soulignons qu'Henri avait mis trente-sept ans pour apprendre la leçon qu'il appliqua avec rudesse. Avoir besoin de sa mère et lui témoigner tendresse et reconnaissance sont deux choses distinctes. Henri III, pendant de longues années, avait cru ne pas pouvoir se passer d'elle, mais rien dans ses gestes ou son attitude ne semblait indiquer une affection vraie. Avait-il jamais hésité à lui sacrifier son repos ou son plaisir ? Avait-il jamais hésité à l'envoyer sur les routes malgré sa goutte, ses malaises, ses maladies d'estomac ? Ayant trouvé finalement en lui la force de se détacher de cette femme qui lui en avait tellement imposé, il se refusa à jamais plus lui manifester la moindre délicatesse. On a le sentiment que seul le lien politique l'attachait à elle... ou qu'il craignait de ne pas être capable de continuer à s'affirmer en sa présence.

Les tensions politiques n'allaient cesser de croître au cours des derniers mois de l'année 1588. Toute la cour se rendit à Blois pour la réunion des États généraux. Le roi prit conscience de ce qu'il ne suffisait pas de changer de gouvernement pour retrouver une autorité intacte. Les rapports avec Guise empiraient de jour en jour. Les deux Henri s'affrontaient sans cesse, mais sourdement. Chacun essayait de gagner l'appui des députés. Cavriana, sensible à l'atmosphère trouble qui pesait sur le château, écrivit à son gouvernement : « Cette cour est pleine de suspicions et de crainte. On s'attend à quelque accident étrange et inouï, mais l'on ne sait quel il sera, ni qui en sera l'auteur. » Guise marquait des points sans arrêt et refusait d'écouter le moindre conseil de prudence. Chaque mise en garde provoquait un méprisant : « Ils n'oseront pas. »

Si le roi a le sentiment qu'il n'a rien à perdre, il risque de devenir dangereux, lui disait-on. Guise haussait les épaules : « C'est un roi qui a besoin d'avoir peur. » En fait, c'était les amis de Guise qui avaient peur, car ils mesuraient fort bien de quoi Henri III poussé à bout était capable, d'autant que la reine mère, tenue à l'écart, mais renseignée par Morosini et persuadée que tout « accident » survenu à Guise serait néfaste à son fils, ne pouvait plus user de son influence conciliatrice. Et cinq jours avant Noël, Henri III décida de faire mourir Guise. Il allait agir non pas en roi ou en justicier mais en chef de bande, en assassin.

Sa résolution prise, il joua admirablement la comédie. Dans la chambre de sa mère, qui venait de prendre sa médecine, il trouva Henri de Guise et lui fit « de grandissimes démonstrations de bienveillance et privauté par petits discours de gaieté [puis lui rappelle] qu'ils ont force affaires sur les bras auxquelles il faudrait pourvoir avant la fin de l'année. Pour ce, venez demain matin de bonne heure au conseil afin de les expédier[20] ». Le piège était tendu.

Henri III avait choisi comme exécuteurs les Quarante-Cinq. Recrutés par ses mignons, les Quarante-Cinq, un groupe de petits hobereaux à gages, constituaient moins une garde personnelle que des « gens d'exécution ». On les appelait les diables gascons ou les coupe-jarrets du roi. Il les fit entrer secrètement dans le château ; profitant de l'heure exceptionnellement matinale du conseil, il s'était fait remettre les clefs du château la veille au soir et eut donc toute latitude pour organiser ses troupes. Le logement royal occupait le second étage de l'aile construite par François I<sup>er</sup>. On empruntait le merveilleux escalier extérieur pour monter dans ses appartements. La première pièce, en réalité une antichambre, servait à la fois de salle à manger et de salle de conseil. Elle s'ouvrait au fond sur la chambre à coucher flanquée de deux cabinets dits le neuf et le vieux. Du cabinet neuf, un escalier intérieur – dans tous les appartements royaux, un escalier dérobé permettait au roi de se déplacer à l'abri des regards – menait droit à l'appartement de la reine mère. Huit des exécuteurs furent placés dans la chambre d'Henri III, douze autres qui devaient servir de renforts éventuels postés dans le cabinet vieux, tandis que trois hommes dans le cabinet neuf gardaient l'accès de l'escalier intérieur. On leur distribua des poignards et l'attente commença dans un silence absolu car on avait peur d'alerter la reine mère par des bruits insolites.

Il pleuvait à torrents, et à peine y voyait-on dans le petit jour. De sa fenêtre cependant, le roi guettait l'arrivée du duc. Au pied de l'escalier, celui-ci hésita, surpris d'y voir les archers de la garde, mais le capitaine lui expliqua qu'ils avaient présenté au conseil une pétition pour que leur solde leur fût réglée et s'étaient réunis sur son passage pour le prier d'intercéder en sa faveur. Le duc, qui la veille encore avait refusé d'écouter les avertissements du nonce, de sa mère et peut-être même de Catherine, monta sans plus attendre, sans s'inquiéter de ce que les gardes derrière lui se massaient dans l'escalier et en barraient donc l'accès. Il pénétra dans la salle du conseil, se réchauffa un moment à la cheminée en attendant l'arrivée des autres membres. Les délibérations commencèrent à huit heures en l'absence du roi. On examinait une affaire de gabelle lorsque l'huissier de garde, à qui Henri III avait fait frotter les joues tant il craignait que la pâleur de l'homme ne surprît Guise, vint lui demander de rejoindre le roi dans le cabinet vieux. Il se leva donc, entra dans la chambre dont la porte fut refermée immédiatement sur lui. Cachant leurs dagues et leurs poignards sous leurs manteaux, les huit assassins le suivirent dans le passage assez long et étroit qui menait de la chambre au cabinet. Devant la porte, il se heurta aux autres hommes. Au moment où il se retournait, découvrant trop tard le guet-apens, il fut assailli et frappé. Embarrassé par son manteau, incapable de tirer l'épée, il se débattit cependant si violemment qu'il renversa quatre de ses assaillants. Luttant avec fureur, il tenta de repousser ses meurtriers, mais succombant sous le nombre, il s'abattit au pied du lit.

Henri III le regarda quelques instants et se retira. Les archers entrèrent immédiatement dans la salle du conseil où le tumulte et l'inquiétude étaient extrêmes et arrêtèrent le cardinal de Bourbon et le cardinal de Guise. Tous les Guises, d'ailleurs, furent saisis jusque la duchesse de Nemours, la mère du duc.

Restait à mettre Catherine au courant. La vieille reine, affaiblie par une pneumonie, était alitée. Impossible d'imaginer qu'elle n'eût pas entendu le fracas : l'assassinat avait été perpétré littéralement au-dessus de sa tête. Le roi descendit dans sa chambre et devant Cavriana lui annonça d'un ton net et dégagé : « Bonjour, Madame, je vous prie de me pardonner. M. de Guise est mort, et l'on n'en parlera plus. Je l'ai fait tuer. Je l'ai prévenu dans le dessein qu'il avait contre moi. Je ne pouvais plus tolérer son insolence, quoique j'eusse bien essayé de la supporter pour ne pas souiller mes mains de son sang. [...] Je vais présentement aller à l'église pour remercier Dieu au cours du sacrifice de la messe. [...] Je veux être roi et non prisonnier et esclave comme je l'ai été depuis le 13 mai jusqu'à présent, où je commence de nouveau à être roi et maître[21]. » Suffoquant, étourdie par l'épouvantable nouvelle, elle répondit faiblement : « Mon fils, cela me fait plaisir, pourvu que cela soit pour le bien de l'État (et elle ajouta en soupirant :) du moins je le désire ardemment. » Il sortit précipitamment. Ce fut leur dernier véritable entretien.

Catherine n'inspire guère la compassion. Le personnage est trop souple, trop dissimulé, trop manigancier. Mais il faut reconnaître que finir sa vie sur une désillusion aussi totale est rude. Les espoirs qu'elle a fondés sur ce fils tant aimé s'écroulent. D'abord, il ne l'aime pas, sinon comment ne témoignerait-il pas à cette mourante un peu de douceur, un peu d'affection ; ensuite, il vient, elle en est persuadée à juste titre, de se perdre. « Ah, le malheureux, qu'a-t-il fait ? murmure-t-elle au père Bernard d'Osimo qui est à ses côtés le jour de Noël, priez pour lui que je vois se précipiter à sa ruine, et je crains qu'il ne perde le corps, l'âme et le royaume.» Les coups continuent à s'abattre sur elle. La nouvelle que le roi a ordonné le meurtre du cardinal de Guise l'épouvante. C'est se damner que de porter la main sur un prince de l'Église, c'est aussi se couper de tout soutien des souverains catholiques. Au fond de cet appartement obscur et silencieux du château parvient la nouvelle de l'explosion de rage de Paris : le Louvre envahi et pillé, les effigies du roi jetées à la Seine. Elle est seule, seule avec sa fièvre, ses étouffements ; malgré sa faiblesse, son pas vacillant, elle se lève le jour de l'an pour se rendre auprès du cardinal de Bourbon, prisonnier dans le château. Un si vieil ennemi qu'en ces jours de désespoir, de retour sur soi, les souvenirs communs l'emportent sur l'inimitié. Mais il la chasse violemment en l'accusant du meurtre.

Elle revint en larmes dans ses appartements par les couloirs glacés, se traînant avec peine, soutenue par ses femmes effrayées. Cavriana, inquiet de sa respiration de plus en plus laborieuse, l'aida à mettre au lit. Elle ne se relèvera plus. Le 5 janvier, elle trouva la force de se redresser sur ses oreillers pour dicter les dernières retouches à son testament par lequel elle déshéritait sa fille Marguerite, favorisait sa petite-fille Christine de Lorraine et Charles d'Angoulême, le bâtard de Charles IX, et demandait à être enterrée dans la tombe d'Henri II à Saint-Denis, la tombe splendide qu'elle avait commandée à Germain Pilon[22]. Le roi, appelé à son chevet, prit note, insensible, indifférent. Aucune marque de tendresse n'adoucira la fin de la reine mère. On la laissa seule, haletante, le souffle rauque. Un homme, un jeune abbé, se penchait sur elle, l'assistant de ses prières. D'une voix à peine audible, elle lui demanda son nom. Julien de Saint-Germain, répondit-il. Elle frissonna. Son astrologue lui avait toujours dit de se défier de Saint-Germain. C'est pourquoi elle ne séjournait jamais à Saint-Germain-en-Laye et n'habitait pas le Louvre sur la paroisse de Saint-Germain-l'Auxerrois. Ah ! ce Saint-Germain qui devait la voir mourir, c'était donc un homme. Elle ne lutta plus et ferma les yeux.

Malgré son obsession des marques extérieures du deuil, Henri III ne fit que le strict nécessaire pour les obsèques de sa mère. Son corps embaumé fut exposé dans la grande salle d'audience du château. Impossible de se transporter à Paris où l'agitation demeurait grande et où la nouvelle de la mort de la reine fut accueillie avec des cris de joie. Elle fut donc enterrée provisoirement à Blois. Seul son vieux médecin, Cavriana, pleura sur sa tombe. Les assistants se dispersèrent et « on n'en parla pas plus que d'une chèvre morte ».

Six mois plus tard, Henri III fut assassiné par un moine. Henri de Navarre abjura et entra dans Paris en 1594. Le mariage d'Henri IV et de Marguerite fut annulé d'un commun accord. Le temps des Valois était révolu. Ironiquement, une autre Médicis fut alors couronnée reine de France.

*Marie de Médicis*

# Une mère peu caressante

## 1601-1610

Henri III, avant d'expirer, avait demandé aux seigneurs qui l'entouraient de reconnaître l'héritier légitime, le premier prince du sang, Henri de Navarre, qui prit aussitôt le nom d'Henri IV. Le nom ne suffisait pas à garantir le pouvoir. Bien qu'il eût promis de maintenir et de conserver en son royaume la religion catholique, apostolique et romaine, affirmé son désir de « se faire instruire » dans cette même religion et offert toutes les garanties de liberté de conscience et de culte aux protestants, la guerre civile continua à faire rage pendant quatre ans au terme desquels le roi se convertit. Alors seulement les hostilités prirent fin. L'abjuration était indispensable parce que seul ce geste pouvait lui permettre d'être sacré et de devenir ainsi le personnage magique, le roi thaumaturge, réellement souverain, apte à régner et à rétablir la paix dans ses terres. En 1593, les portes de Paris s'ouvrirent enfin devant lui. À son tour, il témoigna d'une rare générosité pour ses ennemis. Point d'arrestation, point de mise à mort. Il voulait véritablement être le roi de tous les Français et cette voie devait passer par le pardon.

Le nouveau roi avait trente-cinq ans. Vigoureux et sain, il n'avait pas été atteint par l'excès de raffinement de la société décadente des Valois ni gâté par la fatigue des sens, la dépravation du goût ou de l'imagination. Les passions d'Henri IV étaient avouables et surtout compréhensibles.

En opposition absolue avec son prédécesseur, le premier Bourbon « était un roi à la française, un roi à cheval, soldat et capitaine [1] », un roi mangeur de poule au pot et grand trousseur de jupons. Cette activité allait être mise à l'ordre du jour car restait à régler le problème de la reine. Henri de Navarre et Marguerite de Valois avaient toujours été mal assortis. On ne comptait plus ni les maîtresses de l'un ni les amants de l'autre, mais on pouvait compter les rares fois où ils avaient partagé le même lit. Il sent mauvais, disait Margot ; elle est prétentieuse, déclarait-il, et pourquoi se forcer alors qu'elle semblait incapable de faire des enfants ? Ils n'étaient d'accord que sur un point, un point d'importance : le mariage devait être dissous, en arguant de ce que l'épousée n'avait pas été laissée libre d'exercer sa propre volonté. L'annulation laisserait au roi, déjà père d'une multitude d'enfants naturels, la faculté de se remarier et d'établir une lignée. Henri IV, peut-être le roi le plus populaire de l'histoire de France, est passé à la postérité sous le surnom de Vert-Galant. En réalité le Fou-Galant lui eût convenu davantage. Ce grand réaliste politique perdait tout bon sens lorsqu'il s'agissait de femmes. Depuis 1591, sa maîtresse en titre était Gabrielle d'Estrées, une beauté de vingt ans, qui lui donna trois enfants : César, duc de Vendôme, Alexandre, puis une fille Catherine-Henriette. Il se mit en tête de l'épouser malgré le scandale, malgré l'absence de tout avantage politique ou financier, malgré l'opposition de tous ses conseillers, Sully en tête. Le problème se résolut tout seul. Gabrielle mourut d'une indigestion brutale, et plus que suspecte, en 1599.

Henri IV, désespéré mais réaliste, reprit les diamants donnés au cours des ans pour les ajouter aux joyaux de la couronne et commença à regarder au-delà des frontières. Les candidates ne se bousculaient pas pour épouser un roi tout récent, d'un catholicisme un peu douteux malgré sa conversion et encore légalement marié. Le grand-duc de Toscane aurait cependant volontiers vu sa nièce Médicis, une nièce plus toute jeune puisqu'elle avait déjà vingt-cinq ans, sur le trône de France. Henri IV lui devait tant d'argent qu'il ne rendrait probablement jamais que le Florentin jugea raisonnable d'en profiter pour contracter une prodigieuse alliance. Les actions de Marie de Médicis montèrent en flèche dès que l'on fit miroiter une dot qui éteindrait les dettes du roi. Mais les négociations financières assommaient Henri IV, et l'étude du portrait de la postulante n'offrait que des plaisirs assez abstraits alors que la rencontre avec la jeune Henriette d'Entragues, fille de François de Balzac et de Marie Touchet, l'unique maîtresse et l'unique amour de Charles IX, promettait des jouissances immédiates. Henri IV en oublia momentanément les avantages italiens.

À la fureur de Sully, il fit compter au père de la jeune femme cent mille écus, en don préalable de joyeux avènement, et signa une promesse de mariage au cas où Henriette serait enceinte dans un délai de six mois et accoucherait d'un fils. Cependant le marchandage à Florence se poursuivait et aboutit. Comme Sully lui annonçait la nouvelle avec joie, il ne manifesta pas grand enthousiasme : « Il fut demi-quart d'heure rêvant et se grattant la tête et curant les ongles sans rien répondre[2]. » Mais comment refuser, d'autant que le pape avait enfin accordé l'annulation de l'union avec Marguerite ? Et Henri IV, bien qu'Henriette fût déjà enceinte, épousa Marie par procuration. Comment allait-il s'en sortir, l'imprudent ? Les parents de l'ambitieuse Henriette refusaient bien entendu de lui rendre sa lettre. Les dieux lui sourirent une fois de plus sous la forme d'un coup de tonnerre tellement retentissant que la jeune personne, terrifiée, fit une fausse couche.

On reparlera longuement et souvent de la fameuse promesse, mais nul ne pouvait nier qu'elle ne fût caduque, et Marie de Médicis quitta Florence le 19 octobre 1600, retrouva le roi à Lyon où « les choses se passèrent fort bien », confiera-t-elle à son médecin. Enfin, le 17 décembre, une grand-messe solennelle consacra le mariage. Elle n'entrait pas dans une carrière de tout repos.

Petit, sec, la barbe en bataille et l'œil vif dans le beau tableau où Rubens l'a représenté examinant le portrait de sa future femme, Henri IV était gai, rapide et décidé. Il régnait depuis douze ans. « L'habitude et la connaissance des affaires [...] lui acquit une aisance incomparable et une justesse extrême à voir, à comprendre, à se décider, à ordonner, à suivre tous genres d'affaires et de détails presque sans travail [...]. Il tenait des conseils effectifs, je veux dire où les affaires se proposaient, se débattaient, se digéraient, se suivaient, se décidaient [...]. Il savait se faire rendre un compte exact de l'exécution de chaque chose [...] sonder ainsi les cœurs et les esprits avec légèreté[3]. » Sully le secondait admirablement. Seul le ministre parvenait à endiguer la folie *per le donne* de son maître. « Je me passerais mieux de dix maîtresses comme vous, disait-il déjà à Gabrielle d'Estrées, que d'un serviteur comme lui. » Sully se gendarmait lorsque les dépenses de ces dames, y compris celles de la reine, dépassaient la mesure, mais il connaissait trop le roi pour même tenter de lui suggérer la fidélité.

À sa surprise et à sa déconvenue, Marie découvrit qu'Henri IV était d'une bonne humeur inaltérable à condition qu'on ne l'agaçât point et surtout qu'on acceptât avec bienveillance l'éclectisme de ses goûts en matière d'amour. La grasse et blanche Marie lui donnera un fils en septembre 1602 ; la maigre Henriette au teint bistre lui présentera le sien un mois plus tard. L'alternance continuera. Lorsque Henriette et les siens furent disgraciés après une conspiration manquée, Jacqueline du Bueil prit la relève, puis le barbon tomba fou amoureux de la toute jeune Charlotte de Montmorency et le scandale qui s'ensuivit – le prince de Condé refusant de jouer les maris complaisants partit avec sa femme à l'étranger – eut les plus graves répercussions internationales. Marie ne se résigna jamais mais se montra incapable de gagner son époux par la patience et la gaieté. Son style relevait plutôt des cris et des jérémiades. Ainsi nul n'ignorait la désunion du ménage royal et l'exaspération constante du roi.

Le roi savait bien qu'il avait de fortes chances de mourir avant la reine, non seulement en raison de son âge mais plus encore en raison d'un attentat toujours possible. Or, au lieu de prévoir une régence sous la direction d'une reine sage, modérée, unie à son fils, il imaginait avec inquiétude le règne d'une femme « impérieuse, jalouse, bornée à l'excès, toujours gouvernée par la lie de la cour [4] ». On peut même imaginer qu'il regrettait qu'elle n'eût pas hérité quelques traits de sa tante, la reine Catherine. Certes, les rapports entre Henri et sa belle-mère avaient été tendus, mais il lui rendait justice et reconnaissait qu'elle avait toujours fait preuve de patience, su plier quand il le fallait, eu l'intelligence de ne pas distinguer de favoris et enfin et surtout jamais, au grand jamais, n'avait contrarié son époux. La conduite de Marie était d'autant plus regrettable que les circonstances de sa vie étaient beaucoup plus douces que celles de Catherine. Oui, Henri IV manquait de délicatesse en imposant son harem à son épouse, mais en aucune circonstance il ne manqua de l'assurer de son rang, le premier. Ainsi, lorsque Henriette d'Entragues tenta d'esquiver l'obligation de s'incliner au plus bas pour baiser l'ourlet de la robe de la reine, le roi l'y força devant toute la cour. Difficile d'imaginer Diane de Poitiers contrainte à cette marque de respect.

Ajoutons que la naissance d'un dauphin, moins d'un an après son mariage, évita à la reine les affres de la douloureuse attente qu'avait connue Catherine de Médicis et aurait dû contribuer à sa dignité et à son autorité. Et Henri IV – s'il ne prenait pas ses avis car Marie était sottement ultracatholique – l'invitait à se tenir au courant des questions politiques. Mais la reine était « balourde ». Richelieu attribuait son insuffisance « au peu de connaissance qu'elle avait des affaires générales, au peu d'application de son esprit, qui refuse la peine en toutes choses, et ensuite à l'irrésolution perpétuelle en laquelle elle était [5] ». Elle ne sut donc pas s'imposer naturellement. En premier lieu, chacun la savait asservie à Leonora Galigaï.

La Galigaï, fille d'un menuisier et d'une blanchisseuse, avait été donnée, toute petite, comme compagne à Marie ; et les deux enfants se lièrent pour la vie : l'une, la princesse, par soumission à l'esprit et la vivacité de son amie, l'autre, la fille du peuple, par ambition. Lorsqu'on lui demanda, bien des années plus tard, lors de son procès, comment elle avait ensorcelé la reine, elle répondit hardiment : « Mon charme fut celui des âmes fortes sur les esprits faibles. » Bien entendu, elle accompagna Marie en France et fut logée au Louvre, au-dessus de l'appartement de la reine. Elle épousa alors un gentilhomme florentin de la suite de la reine, Concino Concini, dont la jeunesse avait été « agitée de plusieurs accidents, de prison, de bannissement [6] ». Les courtisans ne laissèrent pas d'être étonnés par « cette sorte de naine noire aux yeux sinistres comme des charbons d'enfer », d'autant qu'il parut très vite « qu'elle gouvernait la princesse comme elle voulait, remuant à droite ou à gauche cette pesante masse de chair [7] ». Sa charge de dame d'atour lui donnait un accès direct à la reine et les deux femmes passaient souvent les fins de soirée en tête à tête. De quoi parlaient-elles ? D'argent, le plus souvent. La question les obsédait car Marie, malgré une forte pension, n'avait jamais un sou et l'avidité de Leonora était insatiable.

Son goût pour les bijoux et plus particulièrement pour les diamants ruinait la reine. Or Henri IV refusait absolument de combler les trous en augmentant la pension allouée à sa femme. Elle recevait quatre cent mille livres par an, somme fort considérable puisque le budget annuel du royaume était de vingt millions de livres. Comment financer sa passion ? C'est là que le génie de Leonora se révéla. Marie n'avait que deux possibilités : proposer la création de recettes exceptionnelles qu'elle se ferait attribuer ou se faire « donneur d'avis » en imaginant des ressources nouvelles pour l'État, moyennant une récompense [8]. Traditionnellement, les droits perçus à l'occasion de la remise de lettres de maîtrise revenaient aux reines de France. Ainsi, chaque fois qu'un apprenti terminait sa formation et devenait apte à être reconnu maître, il sollicitait la délivrance de lettres de maîtrise pour lesquelles il payait un droit qui variait entre vingt-quatre et soixante livres. Le nombre de maîtrises était fixé par le roi. Il suffisait d'en créer une ou deux de plus dans chaque corporation pour obtenir des sommes fort importantes. Mais l'inflation des maîtrises diminuait leur valeur et les différents métiers préféraient les laisser vacantes. Les deux dames durent trouver d'autres expédients.

La reine recourut alors au don d'avis : c'est-à-dire qu'elle suggérait de créer de nouvelles charges de receveurs ou de conseillers au Parlement, quitte à toucher un pourcentage sur le prix d'achat. Sa réputation en souffrit parce que ce genre d'activités, pratiqué par toute une catégorie assez louche d'intermédiaires, était méprisable. Sully, avec sa franchise coutumière, traitait de canailles et de sangsues tous ces donneurs d'avis. D'ailleurs les Parlements renâclaient et Henri IV, pour avoir la paix dans son ménage, signait l'édit qui donnait satisfaction à sa femme, mais encourageait les Parlements à ne pas le ratifier sauf lettre spéciale et autographe de lui-même donnant le « mot de guet ». Il y avait pire. Marie – par l'intermédiaire de Leonora – touchait des commissions sur des contrats ou des marchés passés avec l'État. Mme Concini arrangeait bien des affaires, échafaudait des compromis si lucratifs que l'on calcula lors de son procès en 1617 que quinze affaires lui avaient rapporté deux millions de livres dont bien entendu Marie empochait la meilleure part.

Mais aux yeux d'Henri IV, plus grave encore que le désordre financier, le manque de chaleur et d'affection qui marquait les rapports de la reine et du dauphin annonçait un avenir difficile. Elle ne témoignait aucune tendresse à l'enfant, ne l'embrassait jamais et ne lui écrivait pas lorsqu'elle se trouvait en voyage. Marie de Médicis était froide, « la moins caressante personne au monde, grandement défiante, jamais le roi n'avait vu femme plus entière et plus difficilement se relâcher de ses résolutions [9] », vindicative à l'excès. Or le petit Dauphin se butait facilement, se mettait vite en colère et tout jeune témoignait d'une

111

volonté très forte. « Il était d'autant plus difficile à gouverner qu'il semblait être né pour gouverner et pour commander aux autres. Il avait une cuisante jalousie de son autorité [10]. » Comme les relations entre mère et fils n'étaient colorées par aucune spontanéité, aucune gaieté, aucune apparente affection de la part de l'un ou de l'autre, Henri IV prévoyait une régence pénible et le dit tout uniment à Marie : « Vous avez raison de désirer que nos ans soient égaux car la fin de ma vie sera le commencement de vos peines. Mes maîtresses souvent vous ont déplu, mais difficilement éviterez-vous d'être un jour maltraitée par celles qui posséderont l'esprit [de votre fils]. D'une chose puis-je vous assurer, qu'étant de l'humeur que je vous connais, et prévoyant celle dont il sera ; vous entière pour ne pas dire têtue, Madame, et lui, opiniâtre, vous aurez assurément maille à départir ensemble [11]. »

Ce que l'on sait des premières années des fils de Catherine, on l'apprend par recoupement à la lecture des rapports d'ambassadeurs ou des différents mémoires du temps. L'on sait fort peu de choses sur leur vie quotidienne, les mille détails qui permettent de dégager la personnalité d'un enfant : ses jeux préférés, ses distractions, ses peurs et ses obsessions. Que Catherine régnât avec autorité sur ses enfants, on le voit bien, mais on ne peut illustrer avec exactitude le progrès de cet ascendant. Il n'en est pas de même pour l'enfance de Louis XIII, une des mieux documentées de l'histoire. Son médecin, Jean Héroard, a noté jour après jour de 1601 à 1617 tout ce qui concernait le petit garçon : son état de santé, son humeur, ses rêves comme ses cauchemars, les incidents de la journée, les repas, les gronderies, les devoirs, la découverte du jardinage, de la menuiserie puis de la chasse et de l'équitation, du maniement des armes et bien entendu les interventions des grandes personnes et avant tout celles du roi et de la reine. On voit se dérouler la vie de l'enfant comme dans un film au ralenti, le lecteur étant quelque peu submergé par l'amoncellement de détails quotidiens.

*Une mère peu caressante*

La présence et l'importance d'Henri IV sont évidentes ; Marie de Médicis n'apparaît qu'en filigrane. Les souverains n'habitaient pas Saint-Germain, le palais des enfants. Ils logeaient soit à Fontainebleau, soit au Louvre, mais les courtes distances qui séparaient les châteaux n'interdisaient pas de fréquentes visites. Le roi venait, dès qu'il le pouvait, passer un moment avec ses enfants ou se les faisait amener. Plus tard, quand il sut monter à cheval, le dauphin alla souvent de Saint-Germain à Fontainebleau. Héroard observait les échanges, les encouragements, les questions.

Henri IV est un père actif. Il taquine son fils, le pousse à vaincre ses appréhensions – une scène montre Henri IV forçant le petit garçon à sauter un fossé –, le corrige rudement mais lui témoigne une affection toute familière. Il déshabille le petit pour jouer avec lui dans son lit, le chatouille, l'embrasse, le caresse comme le ferait une mère, joue à quatre pattes avec lui. Le dauphin le réclame sans cesse et en rêve la nuit. Marie, au contraire, est une silhouette lointaine au propre et au figuré ; les contacts avec son fils demeurent distants et impersonnels. Ainsi en guise de cadeau, elle lui donne des pièces d'or alors que le bon M. Héroard, lui, rapporte de Paris des joujoux – un lapin en poterie, des marionnettes en forme de cheval ou de gendarme, une petite scie – que l'enfant attend avec impatience. Qu'avez-vous pour moi, monsieur Héroard ? lui demande-t-il dès son arrivée. Souffre-t-il de la froideur de sa mère ? Impossible de le savoir. L'enfant n'en parle jamais.

Il avait des mères de rechange qui se partageaient la fonction. Sa gouvernante, la baronne de Montglat, maman Ga, chargée de le former, de lui apprendre à lire, à dire ses prières, représentait l'autorité quotidienne. Sa nourrice, maman Doudoune, la mère qu'on couvre de baisers, qui sent bon, sur les genoux de laquelle on se blottit quand les humeurs se font noires, était source de tendresse et de réconfort. Et une maman inattendue, Maman ma fille, qui n'était autre que Marguerite de Valois. Depuis son divorce, elle avait les relations les plus chaleureuses avec son ex-mari et sa nouvelle épouse. Elle séduisit le dauphin dès leur première rencontre – il avait cinq ans – en lui déclarant : « Mon Dieu... que vous êtes beau ! Vous avez bien la mine royale pour commander comme vous ferez un jour[12]. » Pour fêter leur rencontre, elle lui donna un minuscule Cupidon, aux yeux de diamants, assis sur un dauphin d'émeraudes. L'enfant, sans se laisser décontenancer par l'aspect étrange de Margot, devenue obèse et dont la figure disparaissait sous une immense perruque blonde faite, disait-on, des cheveux de ses laquais, lui sera toujours fidèle, demeurait chez elle lors de ses séjours à Paris et exigeait d'être dispensé d'études le jour de la Sainte-Marguerite. La reine, en vraie Valois, savait choisir ses cadeaux. Elle le gâtait et n'allait jamais à la foire Saint-Germain sans lui rapporter un jouet inhabituel. Il y avait donc pléthore de mamans, mais Papa, c'était le roi et personne d'autre.

Henri IV avait fait bâtir un château tout neuf pour accueillir sa progéniture. Au-dessous des fenêtres du dauphin s'étendait le jardin à broderie, composé de buis taillés, puis le jardin en pente, planté de pins, de charmes et de cyprès et enfin le jardin des canaux avec une superbe fontaine. Au-delà coulait la Seine. Le miracle de Saint-Germain, surtout aux yeux d'un enfant, était les grottes. Le château étant construit à flanc de rocher, il avait fallu, pour maîtriser la raideur de la pente, créer une succession de terrasses et, à l'intérieur des soubassements, un décor magique avait été imaginé en l'ornant de stalactites, en laissant ruisseler les eaux à travers les coquillages et surtout en fabriquant des ressorts afin de faire mouvoir des statues articulées. La musique s'ajoutait au mouvement. Dans une des grottes, on entendait Orphée jouer de la lyre. Une autre était consacrée à l'orgue. Et toutes ces merveilles se trouvaient en cours de construction et de perfectionnement. Les enfants en se promenant voyaient les ouvriers parfaire ces chefs-d'œuvre et pouvaient même participer à l'ouvrage. Le château lui-même était dédié à l'enfance avec une salle de bal transformée en salle de jeux et d'exercices.

Henri IV a donc créé un décor de rêve pour son fils, en contraste absolu avec les bâtiments rustiques où lui-même avait passé son enfance. Autre différence essentielle entre le roi et son fils, leur place dans la société. Henri de Navarre, à la cour des Valois, était le petit cousin campagnard, sans avenir prévisible, sans crédit et sans prestige, alors que le dauphin occupait le centre d'une cour enfantine, relativement complexe, sur laquelle il régnait. Toute la progéniture, naturelle et légitime, d'Henri IV était réunie à Saint-Germain. Ce brassage, si déplaisant à la reine, n'avait rien de nouveau. Henri II aussi avait fait grandir son fils naturel avec ses demi-frères. La différence résidait dans le nombre et les diverses origines des enfants sur lesquels Louis exerçait une autorité maladroite mais d'une fermeté à nulle autre pareille.

Les plus âgés, les Vendôme, étaient les enfants de Gabrielle d'Estrées. César, l'aîné, vivait le plus souvent aux côtés de son père, mais Alexandre, dit Féfé Chevalier, de trois ans plus âgé que le dauphin, était son compagnon inséparable et son constant souffre-douleur. Puis venait Féfé Verneuil, le fils d'Henriette, son préféré, ce qui ne l'empêchait pas de cogner sur lui à la moindre occasion. Enfin, le plus jeune, Antoine, le fils de Jacqueline de Bueil que Louis méprisait car il semblait respecter instinctivement l'antériorité. Répondant à Héroard qui l'interrogeait sur ses sentiments à l'égard de l'enfant, le dauphin déclara : « Il est le dernier et vient après la merde que je viens de faire [13]. » Jamais les bâtards n'étaient désignés du nom de frère, mais toujours de Féfé parce qu'ils n'avaient pas été « dans le ventre de Maman ». « C'est une autre race de chiens » que la sienne et celle de ses frères et sœurs. Il s'insurgeait à l'idée de partager un repas avec eux, convaincu « qu'il ne faut pas que les valets mangent avec leurs maîtres », alors qu'il témoignait de sentiments tendres pour ses sœurs, Madame Élisabeth et la petite Chrétienne, tout en se montrant maladivement inquiet de toute préférence marquée par leur gouvernante pour les petites filles. Curieusement, cet enfant si jaloux manifesta une grande joie à la naissance de son frère cadet. Il sera toujours très soucieux de protéger cet enfant, le premier duc d'Orléans, né six ans après lui. Les deux derniers enfants de Marie, Gaston et Henriette, étaient trop petits pour avoir partagé son enfance.

À la cour du dauphin, les grandes personnes les plus importantes étaient la gouvernante, Mme de Montglat, la nourrice et le médecin, puis venait la foule des sous-gouvernantes, des femmes de chambre, des officiers qui montaient la garde et enfin les ouvriers, jardiniers ou maçons, lesquels entouraient familièrement le petit prince et lui apprenaient le maniement de leurs outils. Il faut accorder une place spéciale aux peintres. Dès l'âge de deux ans, le dauphin voulut imiter les artistes qui faisaient son portrait ou celui de sa sœur. Grâce à Héroard, qui conserva tous ses gribouillages insérés dans son journal, on peut voir les résultats de ses efforts dont un oiseau qu'il dessina à la plume, guidé par la main du peintre Fréminet. Il en fut si content qu'il fit cadeau d'une belle poire à l'artiste. Pour prouver qu'il ne barbouillait pas au hasard, il exposa sa technique de paysagiste à sa gouvernante : « Pour faire du soleil, je prendrai du jaune et du rouge et je les mêlerai. – Et la lune ? demanda-t-elle. – Je prendrai du blanc et du jaune. Je les mêlerai, puis j'y ferai un visage, puis ce sera la lune [14]. » Il dessinait aussi des silhouettes sans omettre d'en marquer le sexe fort distinctement.

Tout petit, il répugnait déjà à accepter l'autorité, surtout celle des femmes. Mme de Montglat obtenait mal qu'il lui obéît malgré le fouet dont elle usait quand il se montrait par trop insupportable. Il écoutait davantage son médecin qui œuvrait dans la douceur et la persuasion, méthode dont Henri IV se méfiait au point qu'il se serait débarrassé de M. Héroard sans l'intervention de Marie, laquelle avait confiance en lui. Le médecin tendait d'ailleurs à ne pas se mêler des questions de discipline. Il fallait que le dauphin lui parlât mal ou refusât de se plier à lui pour que le bon M. Héroard réagît, le plus souvent en se retirant dans sa chambre où il attendait que l'enfant infailliblement vînt gratter à sa porte pour s'excuser. Le médecin lui ouvrait et, sans gronderies comme sans reproches, le laissait alors feuilleter ses grands livres d'images. Lors des crises de colère ou de jalousie violentes, l'on appelait à la rescousse un bon géant de maçon, Bongars, qui se faisait toujours obéir immédiatement. Mais l'autorité suprême, c'était le roi. Devant Henri IV, jamais de caprices, jamais d'enfantillages. On se tient et on veut lui plaire. Louis supportait mal que son père s'occupât de ses autres fils, mais il se réfugiait chez son médecin pour cacher son chagrin et ses larmes à ce père qui provoquait en lui des sentiments si violents de vénération et de tendresse. « Merveilleux respect pour le roi, note Héroard, grand observateur et imitateur du roi, il aimait fort et craignait le roi [15]. »

Les accès de jalousie se firent plus rares car, très tôt, Henri IV voulut initier le dauphin à son rôle. Le hasard fit qu'aucun des prédécesseurs immédiats de Louis XIII n'eut cet apprentissage puisque ni François I$^{er}$, ni Henri II, ni Charles IX, ni Henri III, ni Henri IV n'auraient régné si la maladie, l'assassinat ou l'absence d'héritier direct n'avaient bouleversé la succession normale. Peut-être du fait des tribulations de son existence de prince sans terre Henri IV était-il particulièrement conscient de l'importance de cette formation, toujours est-il qu'il n'insista jamais sur une éducation formelle mais qu'il prit soin de mettre, très tôt, son fils en situation de souverain. Ainsi fit-il présenter au dauphin, alors que celui-ci avait tout juste trois ans, les gentilshommes de la cour, les gouverneurs et les ambassadeurs. Tous ces graves personnages s'inclinèrent devant l'enfant, lui baisèrent la main et lui promirent obéissance et fidélité. « Voyez tous ces gens-là, vous les commanderez après moi », lui dit le roi. Louis comprenait fort bien, à preuve que si dans son intérieur il se montrait souvent fort capricieux, à la fois timide et emporté, en représentation, il se transformait. « Ferme, grave, doux, ne s'étonne de rien, ne change jamais de contenance, assuré, sans s'ébranler[16] », observa Héroard. Le roi voulut lui faire faire la cérémonie du lavement des pieds. Là, cependant, le petit – il n'avait que cinq ans – se déroba. « Je le ferai quand je serai roi », dit-il, en ajoutant toutefois qu'il l'aurait fait s'il s'était agi de laver les pieds de filles. Henri IV tenait aussi à ce qu'il comprît le fonctionnement des choses, et c'est ainsi qu'il assista à plusieurs conseils courts, debout entre les jambes de son père. On le fit venir à la cérémonie du toucher des écrouelles pour qu'il vît son père poser la main sur les malades. Il lui fallait apprendre les gestes d'un souverain. Le corollaire voulait qu'il surmontât ses peurs. Un roi se doit d'être courageux.

Là encore, le désir d'imiter son père et de lui plaire jouera un rôle primordial. Le dauphin était un enfant craintif qui pleurait à la moindre égratignure et redoutait fort de se faire mal. Il avait peur aussi de la pluie, de l'orage et des armes à feu. La première fois qu'on le mit, avec sa sœur Élisabeth, dans un bain, il s'inquiéta, refusa de s'asseoir, craignant « que l'eau ne lui entre dans [le] cul[17] », mais quand Henri IV l'emmena nager dans la Seine, il surmonta son appréhension et son dégoût de voir les hommes uriner dans le fleuve, et apprit à se maintenir sur l'eau avec un surprenant enthousiasme. Pour rejoindre son père encore, à la surprise ravie d'Héroard, il traversa la cour du château, un soir de grand orage, sans se plaindre. Henri sut apprécier les efforts de l'enfant et sut le lui montrer. Il lui donna en récompense des pistolets et des arquebuses miniatures que Louis utilisa avec ardeur pour « tuer » ses demi-frères, mais aussi pour apprendre à viser.

Enfin l'équitation, art qu'un prince se doit de maîtriser à la perfection car l'image d'un roi est celle d'un homme à cheval, rapprocha encore le père et le fils. L'apprentissage du dauphin, qui témoigna d'un talent naturel, fut facile. Après les premières promenades à la longe dans le parc de Saint-Germain, dès qu'il sut se tenir en selle, on l'emmena monter dans le grand manège de Fontainebleau et Héroard de s'émerveiller : « Je n'ai jamais vu homme mieux planté à cheval, le corps droit, les jambes comme s'il eût été entièrement instruit [18].» Le médecin l'évoquait à six ans allant et revenant au grand trot d'un château l'autre. Puis vint l'entrée à cheval, fort applaudie, dans Paris. Et enfin, il découvrit les plaisirs de la chasse. Là encore, l'initiation se fit très tôt : à deux ans, il suivait la chasse dans le carrosse de sa mère, une chasse au sanglier dite chasse aux toiles parce que l'animal est dirigé vers des toiles dans lesquelles il se piège. Quelques mois plus tard, il assistait à la curée d'un cerf pris par son père. On le fit participer au dressage des chiens de meute ; plus tard, il s'initiera à la fauconnerie, art qui deviendra une de ses passions d'adulte. Extérieurement, il semblait, au grand plaisir de son père, indifférent à la violence et à la cruauté de la chasse, mais Héroard décrit des cauchemars qui prouvent l'effort que l'enfant faisait pour dominer sa peur. Ainsi, en 1606 – il venait donc d'avoir cinq ans –, il se réveilla en poussant de grands cris. Le médecin se précipita et entendit l'enfant raconter son rêve à la nourrice : «J'étais à la chasse avec Papa. J'ai vu un grand loup qui voulait manger Papa et un autre qui voulait me manger. Je les ai tués tous les deux [19].»

Le père revenait souvent dans les songes du petit garçon, mais dans sa vie imaginaire comme dans sa vie réelle, la mère était toujours absente. C'est ce manque de rapports entre mère et fils qui est troublant, d'autant qu'ils avaient des goûts communs, notamment la musique et la peinture, et que les rares interventions de la reine étaient favorables à l'enfant. Elle avait spécifié à la gouvernante qu'elle ne voulait pas que l'enfant soit puni par trop brutalement et elle était intervenue, nous l'avons vu, pour maintenir Héroard, qu'il adorait, auprès de lui. De plus, l'horreur que le petit prince avait toujours manifestée fort ouvertement pour les maîtresses de son père aurait dû les rapprocher. Mais l'enfant ne lui avait jamais témoigné une tendresse spontanée, elle n'avait pas cherché à l'apprivoiser et peut-être était-elle agacée par les maladresses physiques de son fils. Le dauphin, dont l'aisance à cheval était si remarquable, n'aimait pas danser et rechignait toujours à tenir son rôle dans les ballets de cour. De plus, il bégayait et s'exprimait peu, quoique toujours en une langue fort châtiée : « Savez-vous pas bien que je ne suis pas beau parleur[20] », répondit-il à son gouverneur qui lui reprochait son silence. On imagine qu'Henri IV parlait tant et faisait tant de bruit qu'il ne remarquait pas ce défaut et qu'il tenait plus à l'équitation qu'à la danse, tandis que Marie avait des vues plus conventionnelles sur l'agrément des enfants.

Ses sept ans accomplis, Louis quitta Saint-Germain et le gouvernement des femmes pour retrouver ses parents à Paris. Il laissa derrière lui ses cadets, la pauvre maman Ga en larmes et qui dans son chagrin oubliait de cacher sa vilaine bouche avec son unique dent, et surtout il quitta un monde dont il était le soleil, un monde peuplé de ses inférieurs – ses frères et sœurs, ses jardiniers, ses soldats, sa troupe de serviteurs – pour aller vivre au Louvre, le palais de son père. D'ailleurs, à partir de là le terme de Papa disparaît de son vocabulaire. Henri IV est désormais « le Roi, mon père », l'on pourrait même dire « le Roi, mon maître » tellement l'accent est mis sur l'obéissance. Il réagit contre ce carcan en régressant. On le juge « enfant enfantissime », rapporte Pierre de L'Estoile. Pourtant, les rares fois où le dauphin s'exprimait, il semblait plus réfléchi qu'il n'y paraissait. À son gouverneur qui lui reprochait ses jeux d'enfant et lui prédisait qu'il serait toujours en enfance, il répondit avec vivacité : « C'est vous qui m'y tenez[21]. » Un autre échange, rapporté par Héroard, impliquait que l'enfant n'était pas aussi endormi qu'on le prétendait. Mme de Montglat et son gouverneur, M. de Souvré, se disputaient sur leurs responsabilités respectives : « Je puis dire que Monsieur le dauphin est à moi, prétendait Mme de Montglat, le roi me l'a donné à sa naissance, me disant : "Madame de Montglat, voilà mon fils que je vous donne, prenez-le." » Et M. de Souvré de répondre : « Il a été à vous pour un temps, maintenant il est à moi. »

La discussion fut interrompue par une petite voix qui déclara : « Et j'espère qu'un jour, je serai à moi. » Repartie qui justifiait bien la réflexion de Héroard qui prétendait que le dauphin « écoutait tout ce qui se disait, sans en faire semblant, à quelque chose qu'il fût occupé [22]. »

Pour un garçon sensible partagé entre l'admiration envers son père et une répugnance marquée pour ses débordements sexuels et leurs conséquences, l'atmosphère fiévreuse du Louvre de la dernière année de la vie d'Henri IV dut être aussi pénible que déroutante. En janvier 1609, Marie de Médicis organisa un ballet, *Les Nymphes de Diane*, où figuraient les beautés les plus célébrées de la cour, mais refusa d'y admettre la maîtresse en titre d'Henri IV, Jacqueline du Bueil. Le royal époux bouda les répétitions ; une fois de plus, les regards durs, les paroles blessantes troublèrent la paix du ménage royal et l'esprit du dauphin. Un soir, le roi sortit de son cabinet et tomba parmi la troupe de jeunes nymphes qui toutes s'enfuirent effarouchées, toutes sauf une « merveilleusement blanche et d'une beauté miraculeuse » selon L'Estoile. Dressée sur une jambe, elle braqua la flèche dorée qu'elle tenait à la main sur le roi. Celui-ci s'en trouva mal d'émotion et littéralement défaillit. Plus résistante, la jeune personne courut rejoindre ses compagnes.

Il n'en fallut pas davantage pour que la rumeur résonnât et s'amplifiât dans les couloirs et les antichambres du Louvre : le roi est amoureux, amoureux d'une enfant de quinze ans, Charlotte de Montmorency. Effectivement, il ne quittait plus les répétitions et se mit à chercher précipitamment un mari pour la créature. Henri IV avait peu de principes, mais il tenait à ce que ses maîtresses fussent mariées. Il écarta son vieil ami Bassompierre qui se mit sur les rangs, ne voulant pas, lui dit-il, en faire « un cocu magnifique », et se décida pour son neveu, le prince de Condé, qui aurait dû être un excellent mari pour la demoiselle puisque, d'après le roi, « il préférait la chasse cent mille fois aux dames ». De plus, il recevrait cent mille francs « pour l'aider à passer le temps ». Le mariage eut lieu comme prévu, mais à la surprise générale – et à la stupéfaction furieuse du roi – le mari eut un mouvement d'orgueil et refusa de ramener sa jeune femme à la cour. Henri IV, dans sa fureur de vieillard amoureux, alla jusqu'à demander à Marie de rappeler la princesse à ses côtés. La reine refusa sans y mettre de formes et précisant à son époux « qu'il y avait déjà sur l'affaire au moins trente maquerelles et qu'elle ne serait certainement pas la trente et unième ». Impossible d'imaginer que le dauphin n'eût pas été conscient de tout ce fracas, de la mauvaise humeur de son père et de ses véritables causes.

L'affaire prit d'ailleurs vite une tournure politique. Condé et son épouse s'enfuirent pour se réfugier aux Pays-Bas espagnols où le roi d'Espagne leur accorda le droit d'asile. Condé rejoignit alors l'armée espagnole en Lombardie, alors que l'Espagne et la France étaient au bord de la guerre à propos de la succession des duchés de Clèves et de Juliers. Le premier prince du sang se déclarait donc prêt à prendre les armes contre son roi, alors même que celui-ci tentait, vainement, de faire enlever la jeune Charlotte demeurée à Bruxelles et qu'il laissait entendre que si on lui livrait la belle, il serait prêt à transiger sur les duchés. Les proportions du scandale devenaient absurdes. Tout cela risquait d'avoir les conséquences les plus graves si Marie de Médicis, pour des raisons toutes personnelles, prenait le parti de l'Espagne contre son mari.

À huit ans, un enfant élevé parmi des adultes comprend bien des choses. Tout au long de son enfance, les réalités du sexe avaient été traitées avec le plus grand naturel en sa présence. La procréation avait très peu de mystères pour lui non seulement en raison de la présence des bâtards mais aussi parce qu'il vivait entouré d'animaux. Ses dessins prouvent son intérêt pour le sujet. À trois ans, il observait avec attention une chienne en chaleur et posa des questions pertinentes sur son activité. Il savait fort bien qu'il avait été conçu dans le lit de sa mère et on le plaisantait sur ce qu'il aurait à faire à « sa petite fiancée ». On s'extasiait sur sa « guillery » que sa berceuse taquinait sans vergogne. « Aimera le plaisir », nota le médecin, et c'est fort bien ainsi puisque le jeune prince devait être prêt le plus tôt possible à assurer la lignée. Pourquoi donc l'enfant s'est-il transformé en adolescent pudibond et affichera-t-il une telle hostilité aux femmes ? Impossible de ne pas se demander si les frasques de son père et la désunion bruyante de ses parents ne l'ont pas horrifié. Si les femmes vous poussent à des folies pareilles, peut-être vaut-il mieux les fuir ? Cette question, il ne la pose à personne. La formuler serait critiquer son père et cela il ne peut pas s'y résoudre. Il aurait fallu qu'il jouisse d'une intimité tendre avec sa mère pour évoquer ces problèmes. Il s'enferme donc de plus en plus dans le silence. Silence rompu tragiquement le 14 mai 1610.

Si la journée précédente avait été solennelle, marquée par le sacre de Marie de Médicis à Saint-Denis, le 14 s'annonçait tranquille. Le matin, après la chapelle, le dauphin avait été saluer ses parents, puis était retourné déjeuner dans son appartement. Très gai, d'après Héroard, il avait alors étudié, joué et goûté avant de partir en promenade. Vers quatre heures, une clameur s'éleva dans la rue, on ramena précipitamment le carrosse du prince au Louvre où il apprit sans ménagements les circonstances de la mort de son père, assassiné d'un coup de couteau, au sortir du palais. « Ah, si j'y eusse été avec mon épée, je l'eusse tué[23] ! » s'écria-t-il. On le conduisit chez sa mère qui pleurait, gémissait en italien et répétait sans cesse : le roi est mort, le roi est mort, quand le chancelier l'interrompit et lui dit : « Les rois ne meurent pas en France ! Voilà le roi vivant, Madame », en lui désignant Louis XIII à qui tous les assistants venaient « s'offrir » à tour de rôle. Marie, interloquée, arrêta ses bruyantes plaintes et regarda son fils. Il lui faudrait sept ans pour comprendre qu'il était effectivement le roi.

# Un roi tenu en lisière

## 1610-1617

Le petit garçon alarmé qui se tenait debout devant Marie de Médicis était un inconnu pour elle. Aucun témoignage ne la montre attentive et curieuse à son égard. Plus grave encore, Louis XIII doutait, à bon escient, de son amour maternel. Elle ne cachait pas sa préférence pour son benjamin, un enfant câlin, bavard et enjoué, et s'emportait si violemment contre l'aîné qu'un jour où il avait provoqué sa colère pour avoir marché sur la queue de son chien, il quitta son appartement en observant que, chez sa mère, il passait après les animaux. Certes, le dauphin, souvent tiraillé entre des pulsions contradictoires, ayant appris très tôt à dissimuler ses craintes, ses jalousies et son manque d'assurance, était complexe. Ajoutons que sa difficulté d'énonciation exigeait une certaine patience pour l'écouter et le comprendre. Mais, une fois mis en confiance, il se montrait attachant et désireux de bien faire. Les questions qui le tourmentaient n'étaient d'ailleurs pas faciles à formuler.

Lui qui prétendait avec énergie vouloir ressembler à son père – par exemple, il se montra désolé de ne pas porter le même prénom – prit néanmoins conscience fort jeune que l'imitation d'Henri IV n'allait pas sans difficulté. On a vu plus haut le trouble causé par les amours du roi. Plus immédiates, les matières de justice l'obsédaient. À son précepteur qui lui demandait d'énumérer les devoirs d'un prince, il répondit : d'abord craindre Dieu. Et aimer la justice, ajouta son maître. Mais Louis le reprit : non, *faire* la justice. Depuis sa plus petite enfance, le prince exerçait à Saint-Germain le droit de grâce sur les soldats de sa garde et sur ses laquais. Tous ces hommes avaient tendance à se battre et à se quereller. En cas de bagarre, on les jetait en prison sauf si le dauphin intervenait en leur faveur. Il ne le faisait pas toujours volontiers et semble avoir été beaucoup plus sensible aux malheurs des animaux qu'à ceux des hommes. Héroard, troublé par cette surprenante sévérité, tentait de le convaincre : « Monsieur, lui disait-il, vous demandez bien la grâce et faites donner la vie à des mouches et à des petits oiseaux et vous ne voulez pas la donner pour des braves soldats qui vous gardent[1]. » Mais l'enfant ne cédait pas facilement et il ne pardonnait jamais sans longues réflexions. Il savait que son père avait été connu et critiqué pour son extrême indulgence – « [Le roi Henri] est, dit L'Estoile, comme les singes qui sont particulièrement gentils à ceux qui les attaquent[2] » – alors que sa mère, plus intransigeante, considérait que gracier encourageait les gens à suivre l'exemple des coupables.

Des problèmes plus personnels l'agitaient : il savait que loin d'avoir la facilité de contact de son père, adoré de tout son entourage, ses nombreux accès de colère risquaient de lui coûter l'affection de ceux qui le servaient. Il tenait à ce que l'on prévînt les nouveaux venus de ce défaut afin qu'ils n'en fussent ni surpris ni trop impressionnés. Enfin, très souvent, il tombait littéralement malade à l'issue de scènes ou de crises. Ces malaises se traduisaient toujours par des maux intestinaux. La dépression, la tristesse s'abattaient alors sur lui. Marie, soit inconsciente des difficultés auxquelles son fils faisait face, soit déroutée par cet enfant difficile qui lui ressemblait par sa nature rancunière, son orgueil et sa réserve, ne lui témoignait aucune compassion et ne lui offrait aucun recours. D'après Tallemant des Réaux, très à l'affût des mœurs de la cour, « elle ne baisa pas une fois le roi en toute la régence[3] ».

Cependant, elle s'inquiéta de lui en ce premier jour du nouveau règne. L'enfant quitta sa chambre pour retourner chez lui en fin d'après-midi. Il se nourrit à peine. « Je voudrais n'être point roi, et que mon frère le fût plutôt ; car j'ai peur qu'on me tue, comme on a fait le roi mon père », dit-il à Héroard[4]. Saisi par l'angoisse du cauchemar, il ne voulut pas coucher seul – « pour ce qu'il me viendrait des songes », expliqua-t-il. Son gouverneur s'allongea auprès de lui, mais l'enfant ne parvenait toujours pas à trouver le sommeil. Sa mère, prévenue, le fit alors venir avec Féfé Verneuil, et l'on dressa dans sa chambre des lits de camp pour les deux petits garçons, qui s'endormirent finalement à minuit passé. Nuit courte puisque, le lendemain, on réveilla Louis XIII à six heures et demie pour lui faire apprendre par cœur le texte qu'il aurait à prononcer au Parlement réuni en lit de justice pour proclamer la régence.

Sa première journée de roi aurait été rude pour un adulte, pour un garçonnet, elle fut écrasante. Il apprit son texte immédiatement, avant même de se lever. Il se déclara incapable de manger tant il avait le cœur serré, mais on le força pour lui donner l'énergie de résister à une longue cérémonie. On l'habilla de violet, couleur de deuil, et sortit du Louvre, à cheval, sur sa jument blanche, traversa le Pont-Neuf et se rendit au couvent des Augustins où siégeait exceptionnellement le Parlement. Des cris de « Vive le roi ! » éclataient sur son passage, et, preuve de son trouble, il se tourna vers son gouverneur et lui demanda qui donc était le roi. Avant la fin de la journée, il le saurait et ne l'oubliera plus. Au Parlement, il prononça son discours d'une petite voix d'enfant et écouta patiemment les interminables harangues. Enfin sa mère fut proclamée régente. Marie de Médicis n'eut pas à négocier son pouvoir comme avait dû le faire Catherine : le Parlement fit appel à elle pour « avoir l'administration pendant le bas-âge dudit seigneur son fils avec toute-puissance et autorité » et celui-ci confirma l'initiative lors de la séance publique. En 1610, la régence maternelle n'est plus mise en question.

La cérémonie achevée, Louis XIII quitta le couvent pour écouter une messe à Notre-Dame et fut acclamé par le peuple, ému par sa jeunesse et sa belle allure de cavalier. Revenu chez lui, il dut encore recevoir les représentants de la ville de Paris et se mettre en prières avec les jésuites chargés de porter le cœur d'Henri IV au collège de La Flèche. Enfin, à huit heures, après avoir tenu son rôle avec toute la dignité et le sérieux qu'on pouvait espérer pendant plus de quatorze heures, il s'effondra. On avait fait revenir Mme de Montglat auprès de lui, et en sanglotant il lui avoua : « Maman Ga, je voudrais bien n'être pas sitôt roi et que le roi mon père fût encore en vie. » Devant son désespoir, sa nourrice fut appelée au secours et coucha auprès de lui pour tenter de le consoler, de l'apaiser. Mais les cauchemars le tourmentèrent tout au long d'une nuit agitée et au réveil il s'écria : « Maman Doudoune, je voudrais bien que le roi mon père eût encore vécu vingt ans [5] ! »

Pourtant, il se reprit dans les semaines suivantes. Le Louvre fut abandonné pendant les chaleurs de l'été pour une vie plus détendue à Fontainebleau et à Saint-Germain où il retrouva ses cadets. Quand le moment du sacre arriva, cinq mois plus tard, le petit roi était reposé et même joyeux. « Allégresse et impatience de partir pour aller à son sacre », note Héroard [6]. À tout juste neuf ans, Louis serait un des rois les plus jeunes à être sacré (Saint Louis avait onze ans et Charles IX dix lorsqu'ils se soumirent au rite). Une fois encore, ses qualités de cavalier lui valurent des murmures d'approbation lors de son arrivée à Reims. Et encouragé, il se montra à la hauteur des circonstances. « Il supporta fort vertueusement la fatigue [de la longue cérémonie] », rapporta fièrement Héroard. Sauf au moment où il marcha exprès sur la traîne du manteau d'un assistant pour le faire trébucher et celui où il tira sur la barbe du grand écuyer, il ne se départit pas de son sérieux et de sa concentration. Enfin, il s'acquitta avec majesté de la séance du toucher des écrouelles, trois jours après le sacre. Il dut toucher neuf cents scrofuleux, répéter

neuf cents fois : « Le roi te touche, Dieu te guérit. »
L'épreuve dura toute la matinée pendant laquelle il ne
s'interrompit que quelques minutes pour s'asseoir.

Ce fut ensuite le retour et l'entrée solennelle dans Paris,
toujours à cheval, salué avec un enthousiasme extraordinaire par la foule. Cent coups de canon furent tirés de
cent bouches à feu placées le long de son passage, qu'il
regarda d'un air fort gai et attentif. Une fois de plus il dut
subir debout discours, allocutions, compliments et homé-
lies des marchands et prévôts de la ville, des parlementaires, des officiers de la Chambre des comptes et des
représentants du clergé. « C'est une chose qui a été admi-
rée d'un chacun de voir comment ce jeune prince s'est
bien et dignement comporté en toutes ces actions et cérémonies où il fit paraître une vertu et une majesté tout
autre qu'on aurait dû l'espérer d'une personne de son
âge[7]. » Comment expliquer cette étonnante maîtrise chez
un enfant par ailleurs si nerveux et fragile ? Tournons-
nous une fois de plus vers Héroard qui y voit « l'entende-
ment et la reconnaissance de ce qu'il est ». C'est précisément le point que sa mère n'aura pas la finesse de
discerner.

Qu'est-ce qui a changé pour lui ? Tout et rien. Tout en
ce sens que la présence gaie, forte et rassurante de son
père a disparu. Les murs, les glaces, même les parquets
des appartements du Louvre resteront couverts de tentures
noires brodées de crânes et de tibias pendant les deux ans
du grand deuil. Dans cette atmosphère lugubre, Louis
n'arrivait pas à dissiper l'impression causée par l'horreur
du cadavre contemplé sur le lit de la chambre d'apparat.
Pendant des années, des cauchemars interrompront son
sommeil. Sans aucune considération pour ses sentiments,
sa mère le sépara de son Féfé Vendôme, Alexandre, son
aîné de trois ans, son compagnon de toujours, qu'il mal-
traitait souvent mais pour lequel il avait cependant une
réelle affection. En août 1611, la reine décida d'expédier
le jeune homme à Malte. Celui-ci vint en pleurs annoncer

cette décision à Louis : « Sire, ayez pitié de moi, la reine veut m'ôter d'auprès de Votre Majesté pour m'envoyer à Malte. – Qu'avez-vous fait à la reine ma mère ? – Rien, sire. » « On veut me l'ôter pour ce que je l'aime[8] », conclut le petit roi, et les deux frères furent obligés de se quitter. Un autre chagrin l'atteignit : la mort de son frère cadet, le duc d'Orléans, à quatre ans et demi. Dès qu'il le sut alité, il décida d'aller à Saint-Germain pour lui rendre visite et il pleura à la vue du petit malade. Il s'enquit auprès de son gouverneur de ce que l'on pouvait faire pour le sauver ; en désespoir de cause, il fit venir son aumônier pour le vouer à Notre-Dame de Lorette. Se réveillant au milieu de la nuit, il demanda anxieusement des nouvelles. Pour le calmer, Héroard le rassura mais, le lendemain, la reine envoya Concini lui apprendre la mort de l'enfant – on imagine bien entendu qu'Henri IV serait venu lui-même la lui annoncer et le consoler – et le petit roi en « demeure saisi, il blêmit et demeure pensif », dit Héroard. Il ne voulut pas voir son frère mort et demanda à ne pas aller donner l'eau bénite « par compassion et non par mépris[9] ».

La mort de son père n'avait pas seulement changé sa vie quotidienne mais l'avait fortement ébranlé, provoquant une scission dans sa personnalité. Certes, il prenait ses responsabilités très au sérieux, recevait patiemment de nombreuses délégations et assistait sans rechigner aux audiences des ambassadeurs. Il ne refusait aucun devoir royal si ardu qu'il pût être – il devait toucher les malades à toutes les grandes fêtes, laver les pieds des pauvres à Pâques, exercices si pénibles que même Henri IV tâchait de les esquiver – et tenta de se substituer à son père auprès de ses frères et sœurs qu'il appela dorénavant ses enfants ; pour les cadets, il se disait leur petit Papa. Il exigeait d'être réveillé très tôt, se fâchant quand on le laissait dormir jusqu'à huit heures. « On me prendra pour un roi paresseux », disait-il. Faisant preuve d'une conscience inhabituelle chez un enfant de onze ans, il se fit lire entièrement le contrat de mariage entre Mlle de Mayenne et le duc de Sforza avant de consentir à le signer. Mais il n'arrivait plus à dominer sa peur et ses émotions. On constate une régression de son comportement : il succombait sous l'horreur de ses cauchemars, craignait le retour des spectres, refusait énergiquement de coucher dans la grande chambre royale où son père avait été étendu, sans vie. À sa demande, des valets le veillaient de chaque côté de son lit pour chasser les esprits, et ce n'est souvent que dans l'épuisement des chasses qu'il trouvait le repos. Donc toute la coloration de son existence avait viré. L'enfant réfléchi et sérieux se trouva confronté au poids des responsabilités avant de découvrir les joies de l'action.

Mais si intérieurement tout était bouleversé pour lui, extérieurement rien n'avait changé. Rien, alors qu'il était roi et le savait. Tout enfant il s'était préoccupé de connaître son rang avec exactitude. Un jour, M. de Souvré le prévint que le fils du duc de Wurtemberg viendrait lui rendre visite. « Est-il plus que moi ? » demanda-t-il à Mme de Montglat. Elle lui répondit qu'il était prince comme lui. Le dauphin réfléchit et conclut avec justesse : « Je suis plus que lui en France et il est plus que moi en Allemagne. » Devenu roi, il mesurait parfaitement sa place, la première, et avait une conscience très vive de ce qu'on lui devait en tant que roi de France. Or on ne lui témoignait aucun respect. Et cela l'exaspérait. Que le prince de Condé, entrant dans la chambre de la régente, non seulement se dispensât de le saluer, mais encore ne se couvrît pas en sa présence lui sembla d'une insolence extrême et qu'il n'oubliera pas. On verra plus loin l'imprudence du comportement dégagé de Concini qui pourtant aurait dû se méfier puisqu'il connaissait assez Louis XIII pour mesurer sa susceptibilité, son caractère ombrageux et vindicatif.

On le traitait en enfant. Le fouet lui devint de plus en plus pénible et humiliant. Même son gouverneur comprenait l'inutilité de ces châtiments et répugnait à porter la main sur son roi, mais Marie insistait au point que Louis lui dit avec humeur et humour qu'il voudrait bien qu'on lui fît moins de révérences et qu'on ne lui donnât plus le fouet. Il assistait assez rarement au conseil, où d'ailleurs on ne lui expliquait rien, alors que, nous l'avons vu, il y venait déjà sous Henri IV. On le tenait éloigné des discussions politiques et, comme pour avoir la paix, on l'encourageait à passer le plus clair de son temps à la chasse ou dans sa volerie, car tout jeune déjà il se passionnait pour la fauconnerie. Les études furent abandonnées : Sa Majesté est *hors du latin,* selon l'expression utilisée du temps, également hors des mathématiques. Personne ne semble s'en soucier et cette négligence n'était pas compensée par l'observation directe des affaires. Louis XIII se plaignait à son gouverneur qu'on le maintenait en enfance. Plus tard, il regrettera amèrement qu'on ne lui ait rien appris.

En conclusion, les années qui s'écouleront entre la mort de son père et sa prise du pouvoir seront des années de tristesse, d'affronts à sa sensibilité comme à sa fierté. Séparé de ses anciens compagnons de jeux, de plus en plus en la seule compagnie d'hommes plus âgés que lui, il plongea dans une mélancolie, une tristesse qui n'était pas normale. Les contradictions de sa personnalité allèrent s'accentuant. Il s'abandonnait souvent à des accès de rage alors qu'il était capable de se maîtriser, notamment à cheval. Son maître écuyer, Antoine de Pluvinel, y veillait. Pluvinel avait appris l'art de dresser les chevaux à Naples, puis, revenu en France, il était devenu premier écuyer du duc d'Anjou qu'il suivit en Pologne. Sous le règne d'Henri IV, il fonda à Paris une académie hippique où Richelieu, entre autres jeunes seigneurs, fut son élève. On lui confia le dauphin, le moment venu. Il appliquait une théorie révolutionnaire : au dressage en force, il substitua une méthode de douceur et de patience. (Rappelons ici que Héroard avait été hippiatre de l'écurie de Charles IX, puis, preuve du respect accordé à l'art vétérinaire, médecin d'Henri III et qu'il avait dû être en rapport avec Pluvinel. Toujours est-il que les deux hommes avaient des théories fort voisines.) Pour le maître écuyer donc, le meilleur cavalier devait être « avare de coups, prodigue de caresse ». C'est dire qu'il exigeait du cavalier qu'il se dominât et fît preuve de sang-froid. L'art de la fauconnerie qui intéressait tant le roi demandait également une patience, une concentration et un savoir peu ordinaires. Rien n'était laissé au hasard dans la chasse au vol : à chaque variété d'oiseau correspondait un nombre précis de chasseurs, de faucons et une race déterminée de chiens. Ainsi on assignait au héron quinze hommes, quatre lévriers et douze faucons. Personne ne pouvait en remontrer au roi en ces matières.

Parallèlement à ces divertissements royaux, Louis XIII se plaisait aux occupations manuelles les plus simples. Il savait fondre le fer et le limer et avait appris à ferrer un cheval et réparer une roue. Il aimait tresser l'osier pour en faire des paniers. Clouer des tapis, coudre, fabriquer des lacets l'occupait pendant des heures. Les contradictions apparaissaient aussi dans son être physique. Le roi était à la fois très résistant, capable de chasser plus de dix heures d'affilée, par tous les temps, et d'une grande fragilité, toujours souffrant et souvent malade. Enfin, son manque d'assurance paradoxalement lié à une grande conscience de son rang lui rendra insurmontable la tâche de s'affirmer devant sa mère.

Marie de Médicis, lors de la mort d'Henri IV, avait trente-sept ans. Rubens, son peintre attitré, saisit dans des croquis préparatoires la vulgarité de son expression, son regard morne, une lourdeur inquiétante qui se transformera dans les grandes toiles officielles en majesté placide. On l'a vue assez indifférente aux affaires, cultivant son repos, plus querelleuse que résolue, fort dépensière et asservie aux volontés de Leonora Concini. « La reine est devenue toute différente, dira le gouverneur de Lyon, fils du ministre Villeroy, elle paraît bien être le roi. Elle est pleine de gravité, elle s'occupe personnellement des affaires et donne des audiences [10]. » Au grand étonnement de tous, elle est occupée tous les instants et « ne se repose que quand elle dort, ce qu'elle fait beaucoup moins qu'auparavant [11] ». Est-ce à dire qu'elle suivait les traces d'Henri IV ou des régentes qui l'avaient précédée ? Sûrement pas. Marie semblait travailler tout le temps parce qu'elle en perdait beaucoup.

Les conseils présidés par Henri IV étaient des réunions de travail efficaces et donc rapides. Le roi prenait vite parti alors que Marie non seulement hésitait mais revenait souvent sur les décisions, au grand dam des ministres. De plus, le conseil s'était transformé en une assemblée aux portes ouvertes où tous les princes accoururent. Les ministres devaient donc solliciter des audiences particulières pour présenter les affaires que la reine reprenait le soir avec le ménage Concini, son médecin, Duret, « un homme à la cervelle faible et instable », d'après Richelieu, et son avocat, Dolé. D'ailleurs dès janvier 1611, près de six mois après l'assassinat, Sully se démit de ses fonctions. Trois anciens ministres d'Henri IV restèrent en place, Villeroy, Sillery et Jeannin, mais très affaiblis devant les princes dont ni l'ambition ni l'avidité n'étaient plus freinées et surtout devant les favoris. Le petit roi était plus conscient qu'on n'aurait pu l'imaginer des changements essentiels, soit du triomphe des Concini et du rapprochement avec l'Espagne, deux points qui allaient compliquer puis empoisonner ses rapports avec sa mère.

Les Concini faisaient partie des meubles. L'époux de l'amie intimissime de sa mère avait toujours eu libre accès auprès du dauphin. Celui-ci, guidé par son sens instinctif des nuances hiérarchiques, l'avait toujours placé dans les rangs des inférieurs, des domestiques non aimés. Il acceptait ses cadeaux mais ne lui témoignait aucune affection. Tant qu'Henri IV fut en vie, Concini n'avait d'ailleurs aucune importance sinon qu'il était l'écuyer de la reine et appartenait donc à son entourage. L'assassinat du roi allait lui ouvrir toutes grandes les portes de la richesse et du pouvoir. Les digues de la bienséance cédèrent sous les coups de l'ardeur de son ambition. Deux mois après l'attentat, en juillet 1610, il était nommé conseiller d'État ; en septembre déjà, il atteignait les sommets : marquis d'Ancre, gouverneur de Bourg-en-Bresse, de Péronne, Roye et Saint-Didier. Il n'avait pas attendu ces dignités pour intervenir mal à propos. Dès le lit de justice du 15 mai 1610, au cours duquel la régence de Marie avait été proclamée, son outrecuidance perça. Il interrompit la discussion et ne se tut que lorsque le premier président, « fort gravement et à propos », le rabroua : « Ce n'est pas à vous de parler ici. » Louis XIII savait pertinemment que les maréchaux, comme on appelait le ménage Concini, étaient tout-puissants sur l'esprit de sa mère. Aussi lui arriva-t-il de s'abaisser – et l'on imagine combien cela devait lui coûter – à demander à Leonora d'intervenir en sa faveur auprès de la reine, cette Leonora « si impérieuse et outrageante que lorsqu'elle parlait du roi et de la reine elle n'en parlait que par injures et mépris, appelant l'un idiot, l'autre balourde », rapporta Pontchartrain.

L'autre sujet qui le touchait de près concernait l'évolution des rapports entre la France et l'Espagne. Des années auparavant, on avait songé à le marier à la fille du roi d'Espagne (quand Héroard, à l'époque, lui demandait : « Où est le mignon de l'infante ? », il mettait la main à sa guillery[12]), mais Henri IV avait changé d'avis et le projet semblait abandonné. Or, dès la mort de celui-ci, se produisit un retournement des alliances matrimoniales. Le feu roi se méfiait de l'Espagne avec toute la rancœur dont était capable un roi de Navarre ; d'ailleurs, il considérait que les mariages avec les familles royales les plus importantes avaient peu d'intérêt politique puisqu'ils n'empêchaient pas les affrontements alors que les unions avec des princes moins grandioses – comme le duc de Savoie par exemple – offraient des avantages beaucoup plus solides. Marie, au contraire, souhaitait de toutes les forces d'une Habsbourg – sa mère était l'archiduchesse Jeanne d'Autriche – une alliance avec Philippe III. Devenue régente, elle imposa ses vues et en 1615 eut lieu le double mariage : Louis XIII épousa l'infante et sa sœur, Élisabeth, le fils aîné du roi d'Espagne.

Louis avait quatorze ans, comme son épouse, l'âge auquel s'étaient mariés Henri II et Catherine de Médicis. Mais était-il prêt à consommer le mariage ? Là encore,

Marie de Médicis ne fit pas preuve de délicatesse. Au moment des premiers pourparlers, elle l'avait convoqué pour lui annoncer ses projets, mais en ajoutant qu'elle ne pensait pas qu'il sût faire des enfants. « Excusez-moi, répondit-il non sans dignité. – Et comment le savez-vous ? reprit-elle. – M. de Souvré me l'a appris. » La question n'était pas tellement qu'il connût la mécanique mais de s'assurer que la perspective de l'appliquer le tentât ou du moins ne lui fît pas peur. Mais Marie, toujours incapable de lui témoigner une marque de gentillesse, ne sut pas pousser plus avant et s'assurer de ses dispositions.

Toute la cour descendit à Bordeaux où auraient lieu les deux mariages par procuration ; l'échange des princesses allait se faire à la frontière, sur la Bidassoa. Le départ d'Élisabeth fut un déchirement pour le roi qui lutta un moment pour surmonter son chagrin puis s'abandonna aux larmes. Il tenait sa sœur si étroitement serrée, en sanglotant si fort, qu'on eut du mal à l'arracher à son étreinte. Cependant, il se reprit et accueillit avec amabilité, presque avec galanterie, la jolie jeune fille aux longs cheveux blonds, au regard doux, qui allait devenir sa femme. La messe de mariage solennelle fut célébrée à quatre heures de l'après-midi.

Et voici que s'approche le moment inéluctable. Louis accompagne Anne jusque dans sa chambre et recule. Il se retire dans son appartement où il essaie de se reposer. Mais, dit Héroard, « il a de la honte et une haute crainte... Les jeunes gens qui l'entourent lui font des contes gras pour l'assurer... Enfin il demande ses pantoufles et prend sa robe et va à la chambre de la reine. Il est mis au lit auprès de la reine, sa femme, en présence de la reine sa mère... À dix heures un quart, revient après avoir dormi une heure et fait deux fois à ce qu'il nous dit après lui avoir demandé si elle voulait bien. Il y paraissait la guillery rouge ». La réussite de ce coup d'essai ne sembla lui faire aucun plaisir. L'échec de la nuit de noces, ou plutôt de l'heure de noces, fut si flagrant qu'il ne retournera auprès de sa femme que quatre ans plus tard. Cette dérobade va peser lourd sur tous les acteurs de ce qui deviendra un drame.

Louis est majeur, Louis est marié, mais Louis, qui tout enfant savait s'imposer, semble battre en retraite devant sa mère, chaque jour plus impérieuse, plus méprisante et plus désagréable. Obligée, par l'étiquette, de céder le pas à la jeune reine régnante tout comme de lui abandonner ses appartements du Louvre – ce qu'elle fit de fort mauvaise grâce, après une intervention de l'ambassadeur d'Espagne –, Marie se revancha en tenant son fils plus serré que jamais ; pire encore, elle ne fit aucun effort pour l'encourager à se rapprocher de son épouse. Le refus ou l'incapacité de faciliter la vie conjugale de son fils, sa jalousie envers sa bru fourniraient s'il en était besoin des preuves supplémentaires de la stupidité politique de Marie de Médicis.

Catherine, certes, avait fait le nécessaire pour que ses belles-filles ne tentassent pas d'empiéter sur son domaine mais jamais elle n'aurait essayé de les éloigner de leur époux : elle savait qu'il était essentiel à la dynastie que le roi eût des fils. Blanche de Castille avait été une belle-mère détestable et détestée. D'après Joinville, « la reine Blanche ne voulait pas souffrir autant qu'elle le pouvait que son fils fût en compagnie de sa femme, si ce n'est le soir quand il allait coucher avec elle ». L'on racontait que Louis IX, après son mariage, passait le plus de temps possible dans son château de Pontoise pour l'unique raison que sa chambre se trouvait au-dessus de celle de Marguerite et que les deux pièces communiquaient par un escalier intérieur où les nouveaux mariés tenaient « leur parlement » en toute sécurité. Blanche, en effet, considérait que les jeunes gens perdaient trop de temps à rire et à bavarder ensemble, que Louis négligeait son travail et elle ne manquait pas de venir les surveiller à l'improviste. Mais le roi avait mis ses huissiers dans la confidence. Lorsque la reine mère s'approchait, l'un d'eux frappait à la porte vers laquelle elle se dirigeait. Si c'était celle de Louis, celui-ci remontait quatre à quatre, replongeait le nez dans ses parchemins et se levait de sa table pour accueillir sa mère. Marguerite dégringolait les degrés si le signal indiquait son appartement. L'anecdote est charmante parce qu'elle semble si familière. Une mère sévère qui s'irrite des câlineries qui éloignent un jeune mari de ses responsabilités est de tous les temps. Une mère qui s'accommode de la débâcle conjugale de son fils est monstrueuse.

Tallemant des Réaux prétendait que Marie de Médicis « avait eu peur que la jeune reine n'eût du pouvoir sur son esprit [13] ». Tant que les jeunes gens n'avaient pas de rapports intimes, ce danger était écarté. Alors s'établit une routine ridicule. Deux ou trois fois par jour, le roi rendait aux deux dames des visites protocolaires et futiles. À la grande inquiétude du roi d'Espagne, les jeunes époux se contentaient de se faire poliment la conversation. « Il n'apparaît chez le roi aucune allégresse de son mariage, rapporte l'ambassadeur de Venise, [...] et il abhorre tous ceux qui sont auprès [de la reine] et qui appartiennent à la nation espagnole [14]. » Cette haine de l'Espagne, c'était sa manière d'être fidèle à la politique de son père.

On le tenait écarté du processus politique. Mère et fils n'échangeaient jamais rien de substantiel. De quoi donc auraient-ils parlé ? « Outre le respect et la déférence qu'il portait à la reine sa mère, [le roi] avait encore naturellement une si grande crainte de la fâcher qu'il n'eût encore osé faire la moindre action qu'il eût cru pouvoir lui déplaire [15]. » Il emmagasinait pourtant les rancœurs. Un jour « il osa venir [au conseil] de lui-même pour savoir ce que l'on discutait. La reine mère se leva vivement, le prit par le bras et, le mettant à la porte, le pria d'aller s'esbattre ailleurs ». Ce n'était plus un enfant, et d'ailleurs la tradition, établie par Blanche de Castille, et poursuivie par Catherine voulait que l'enfant roi assistât au conseil. Louis rougit de honte et en conçut « un merveilleux mécontentement [16] ». Entre 1615 et 1617, « j'ai fait l'enfant [17] », dira-t-il pour expliquer sa conduite de repli, car il ne se battait pas pour conquérir sa place. Oisif, désœuvré, « abandonné des princes et de toute la noblesse, suivi seulement de trois ou quatre domestiques[18] », il dissimulait ses déceptions, son « chagrin et déplaisir extrême [...] d'être contraint [...] de s'amuser aux Tuileries à faire des choses viles et mécaniques avec des valets et suivants, sans qu'on lui donnât aucune connaissance des affaires[19] ». Son unique ami en ce temps de tristesse, Charles d'Albert de Luynes, le maître de sa fauconnerie, un gentilhomme de petite noblesse, d'une vingtaine d'années plus âgé que lui, semblait être le seul à savoir secouer la léthargie du jeune roi.

1616, l'année de ses quinze ans, une année de maladies, et de maladies humiliantes, fut pénible. Les crises intestinales se firent fréquentes. Héroard se désolait, tentait d'apaiser les douleurs de coliques aiguës par l'application de linges chauds et de cataplasmes. Il s'inquiétait des vomissements violents mais surtout il était perturbé par l'état de prostration de son malade, en proie à l'ennui et à la tristesse, « élangouré ». Nous dirions déprimé. Le roi ne quittait pas sa chambre, ne s'habillait plus, traînait d'un lit à l'autre, emmitouflé dans une robe de chambre de ratine. Les nuits étaient si mauvaises qu'il cherchait parfois à se rassurer en s'allongeant au pied du matelas de ses valets de chambre. Pire, le 31 octobre, il eut un accès d'épilepsie : en fin d'après-midi, on le croyait endormi quand le médecin l'entendit râler ou ronfler très fort. « J'y accours, dit-il, je le trouve la bouche en bas contre son bras. Je le lève, le porte en terre et le doigt dans la bouche pour lui ouvrir les dents [...] le sieur de la Piolière lui met le manche de son couteau dans la bouche [...] Vin, eau-de-vie. Promené. Eau-de-vie, toujours promené. L'accès dura environ un demi-quart d'heure[20]. » Les assistants eurent tellement peur qu'ils firent venir la reine. Dix jours d'affilée, le médecin ne quitta pas son malade.

Autant ses proches lui prodiguaient soins et prévenances, autant le cercle de sa mère – et en premier lieu Concini – lui témoignait une indifférence insultante. L'alarme passée – et encore pourrait-on avancer que le terme d'alarme est mal choisi car Marie n'aurait pas répu-

138

gné à ce que la couronne passât à son fils cadet, le second
duc d'Orléans, le bel enfant aux boucles blondes qu'elle
préférait à tous les autres –, l'entourage de la reine profita
de la maladie du roi pour justifier son éloignement des
affaires. « L'on avait fait courir le bruit dans les provinces
que le roi était fort valétudinaire, et d'une complexion
délicate ; qu'il avait toujours besoin de remèdes ; que
c'était à cause de cela même qu'il ne pouvait s'éloigner de
Paris, et que suivant les apparences il ne vivrait pas longtemps[21]. » Les grands, les ambassadeurs et le public en
général commençaient à être intrigués par ce roi absent.
« On le laissait se perdre en basses et viles occupations et
en amusements puérils[22] », rapportait l'envoyé de Florence tandis que le duc de Guise déclarait à la régente que
son attitude envers le roi mécontentait la noblesse comme
le peuple. L'ambassadeur de Venise se montrait plus précis
encore : « On a eu soin de le tenir éloigné [des affaires de
l'État] ainsi que d'ôter auprès de lui tous ceux doués de
quelque esprit qui auraient pu lui donner quelque lumière
sur ces matières, de façon qu'il soit maintenu dans le plus
grand respect et la plus grande obéissance envers sa
mère », écrit-il en 1614. L'année suivante, il revenait sur le
sujet. « On ne donne pas au roi une connaissance
complète de toutes les affaires ; on s'emploie avec beaucoup de zèle à le tenir le moins possible occupé aux choses
du gouvernement bien qu'on fasse en apparence le
contraire. [...] On lui permet d'aller autant qu'il le veut à
la chasse, pour laquelle il montre beaucoup d'ardeur. [...]
Tous ceux qui l'assistent dépendent absolument de sa
mère qui les choisit de capacité médiocre, d'esprit
modéré, pour qu'ils ne suscitent point chez le roi des pensées trop vives. Il faut qu'il reste vis-à-vis d'elle dans l'obéissance[23]. » Il y a unanimité sur la volonté de la reine de
dominer son fils : « [Elle] avait fait élever le roi à dessein
de le rendre incapable de faire son métier lui-même[24]. »

La reine et Concini, trop sûrs d'eux, l'observaient si peu
qu'ils ne remarquèrent pas la constitution du « petit
conseil » du roi. Tous les soirs, se réunissaient quelques

personnes autour de lui pour préparer sa prise de pouvoir, car Louis exaspéré avait décidé « de tout faire pour s'ôter du gouvernement et de l'autorité de la reine sa mère et de la tyrannie du maréchal d'Ancre[25] ». La personne la plus présente et la plus proche du roi demeurait Luynes, mais « d'un esprit médiocre et timide, peu de foi, point de générosité » d'après Richelieu, il n'avait pas la tête politique. Le risque lui répugnait, ce qui explique qu'on le laissa auprès du roi. L'homme intelligent, réaliste, doté d'un sens de l'autorité qui agirait sur le roi, était Claude Guichard-Déageant. Il avait commencé comme secrétaire ordinaire de la reine, puis était devenu grâce à Barbin, le surintendant des Finances, une des créatures de Concini. Il se lia cependant avec Luynes qui l'invita à participer aux réunions du soir autour de Louis XIII. Impressionné par la détermination du jeune souverain, troublé par l'injustice de la reine à son égard, Déageant déplaça alors son allégeance*. Se joignirent à ce groupe trois autres fidèles dont un juriste, Tronson, honnête et efficace, qui deviendra le secrétaire du cabinet du roi. Ces réunions n'étaient pas secrètes mais leur portée fut sous-estimée et personne autour de la reine ne tenta d'en savoir la teneur.

Loin de mesurer l'importance de ces signes, loin de craindre une réaction impétueuse de son fils – alors qu'elle savait mieux que quiconque la violence de ses colères longtemps retenues –, Marie continua à permettre qu'on ignorât le roi, attitude qui allait culminer lors de la scène du 11 novembre 1616. Ce jour-là, Louis XIII, qui relevait de maladie, se sentait mieux et se rendit, suivi de trois compagnons, en la grande galerie du Louvre. Il

---

* Il fit preuve d'un tel sérieux qu'il gagna auprès de Louis XIII une influence plus grande que celle de bien des ministres. Les ambassadeurs lui faisaient la cour et rendaient visite même à sa femme, quoiqu'elle fût si peu habile que l'ambassadeur de Venise lui parlant un jour de la grandeur de la République, elle lui dit dans la croyance que c'était une femme, « *qu'il faudrait en faire le mariage avec M. le duc d'Orléans* » (Arnauld d'Andilly, *Mémoires*, éd. Michaud, IX, p. 427).

contemplait la Seine « quand le maréchal d'Ancre entra accompagné de plus de cent personnes et s'arrêta à l'une des fenêtres aussi sans aller vers le roi, se faisant faire la cour, tête nue[26] ». Or l'huissier l'avait prévenu que Louis XIII se trouvait là. Humilié de voir le gros de la cour s'agglutiner autour de Concini, sans marquer sa présence, ulcéré de l'insulte qui consistait à ne pas le saluer et ne pas se couvrir en sa présence, le roi s'éloigna « le cœur plein de déplaisir », remarqua Héroard. D'autres mémorialistes – Pontchartrain et Déageant – employèrent la même expression. Pontchartrain rapporta encore un incident révélateur : « Ce qui augmentait la douleur [du roi] fut qu'environ en ce temps-là, ayant désiré recouvrir quinze cents ou deux mille écus comptant pour employer à des choses de peu de conséquence, à quoi il passait son temps, cela lui fut refusé, sur ce qu'on lui représenta la nécessité de ses affaires... Après ce refus, le maréchal d'Ancre vint le trouver, étant seul avec deux valets, et lui accompagné d'une très grande multitude de noblesse et de seigneurs ; et le voulant consoler de sa tristesse, il lui dit que si ce qui le fâchait était à cause de la difficulté qu'on lui avait apportée de lui faire fournir l'argent qu'il demandait, il avait grand tort de ce qu'il ne s'adressait pas à lui, et qu'il les lui ferait bailler soit par les trésoriers de son épargne ou de son propre, et qu'il n'avait qu'à commander ; ce que le roi reçut à affront, et le dit à quelques-uns de ses confidents : qu'un particulier étranger, qui n'avait rien de vaillant quand il vint en France, fût si insolent de se présenter devant lui qui était seul, accompagné de tant de seigneurs et de noblesse et lui dire qu'il avait tort de ce qu'il ne s'adressait pas à lui pour lui faire bailler l'argent qu'il désirait... [d'autant plus qu'il savait fort bien que le maréchal] avait pris les fonds et les assignations dans ses finances[27]. » Tous les témoins s'accordent pour penser que de ce jour date la résolution du roi d'en finir avec le favori.

Que Concini servît de détonateur à la rage de Louis XIII n'avait rien d'étonnant. Le roi mesurait fort bien l'affaiblissement de la royauté sous la direction de Marie de Médicis.

La situation à laquelle elle devait faire face n'avait pas été aussi dramatique que celle léguée à Catherine durant la minorité précédente. La population aspirait à la paix intérieure et les troubles religieux semblaient bien apaisés pour le moment. Les années qui suivirent la mort d'Henri IV furent une période intermédiaire où rien d'irrémédiable ne se passa. Les agitations intérieures dues aux appétits et aux rivalités des grands n'approchaient en rien les troubles fomentés par les Guises et les Bourbons durant la régence de Catherine. Si les grands et les huguenots s'agitèrent après 1610, c'est qu'ils savaient le trésor bien garni et qu'ils voulaient monnayer leur fidélité. Le premier prince du sang, Henri II de Condé, qui s'ingéniait à créer le plus de difficultés, obtint d'immenses dons pour prix d'une fidélité bien douteuse. La reine, en se soumettant inutilement aux exigences de princes incapables d'ailleurs de prendre la tête d'armées rebelles, soulignait la déchéance progressive de l'autorité royale et entraînait un appauvrissement dangereux du trésor. Appauvrissement qui n'avait rien d'abstrait. Henri IV avait laissé des réserves d'or importantes qui étaient conservées à la Bastille. Chaque fois que la reine voulait retirer des espèces pour en faire don, elle devait se rendre à la forteresse, en compagnie de Louis qui seul pouvait donner son aval. Il assistait donc à l'ouverture du coffre et voyait les écus destinés à disparaître dans les poches des protégés de sa mère. Or, Louis avait tout jeune déjà le sens de l'économie et détestait les dépenses inutiles. Un jour que sa mère voulut lui donner une chaîne de diamants, il déclara qu'il n'en voulait pas.

En 1616, Marie de Médicis se sépara de ses conseillers et donna officiellement le pouvoir aux maréchaux, terme, nous l'avons vu, qui désignait Leonora, dont l'autorité n'avait rien de féminin, et Concini. Seule l'arrivée de Richelieu, le jeune évêque de Luçon, énergique secrétaire d'État aux Affaires étrangères, qui aura ainsi huit mois pour s'accoutumer aux affaires et prendre la mesure des différents protagonistes, présentait quelque avantage à cette initiative. Ce fut Richelieu qui, ulcéré par l'outrecuidance de Condé, convainquit Marie de le faire arrêter et jeter d'abord à la Bastille puis enfermer dans le donjon de Vincennes. Mais il ne pouvait pas régler aussi facilement le problème de Concini, bien qu'il se rendît compte de sa gravité et s'interrogeait sur l'opportunité de continuer à le servir. Parmi les membres du nouveau conseil, lui seul semblait se rendre compte que l'adolescent silencieux et énigmatique qui errait désœuvré dans les couloirs avait l'étoffe d'un roi. Il lui fit d'ailleurs une offre de service, par le canal de Luynes, qui ne fut pas retenue. Ce geste prouvait bien qu'il prévoyait les fissures qui allaient engloutir Concini. C'est que l'impudence de celui-ci à l'égard du roi frisait le crime de lèse-majesté.

Les mécontents – et ils étaient nombreux – se plaignaient ouvertement de l'excessive importance du Florentin. « Tout le pouvoir du gouvernement de votre État est entre les mains du maréchal d'Ancre et de ses partisans qu'il a introduits près de votre personne afin d'y faire toutes choses à sa fantaisie et être le seul arbitre de la vie, des biens, honneurs et dignité de vos sujets », écrivit le duc de Nevers à Louis XIII dans une lettre publiée et largement diffusée[28]. Dans une remontrance présentée au roi par les princes, ducs, pairs et anciens officiers de la couronne, l'appel contre Concini se fit plus précis encore : « Le remède est entre vos mains et en votre puissance ; si vous n'en usez, le mal se rendra incurable ; il n'est que de votre seule parole[29]. » Louis XIII n'avait pas besoin de ces mises en garde, car si la noblesse détestait ce nobliau étranger qui la narguait de ses richesses et de son pouvoir, le roi, lui, le haïssait.

Il savait bien que jamais Concini n'aurait eu la moindre influence si son père avait encore été en vie. Or, non seulement le ménage Concini avait amassé une fortune si fabuleuse que Leonora, pourtant l'avidité même, considérait que le moment était venu de se replier en Italie sans tenter le sort en demeurant en France, mais l'influence de Concini demeurait sans rivale sur l'esprit de la reine. C'est lui qui gouverne, « conduit, dispose et ordonne de toutes affaires ». On a vu plus haut que Catherine de Médicis avait commis une faute grave en donnant ouvertement la préférence à un cadet, mais elle avait évité l'erreur de distinguer un favori qui aurait pu donner à ses fils l'impression d'avoir remplacé médiocrement leur père. Marie fit également l'erreur de favoriser son cadet. Elle y ajouta la maladresse insigne de permettre l'irrésistible ascension de Concini.

On connaît les délibérations autour de Louis XIII par le journal de Déageant : « Il donna son sentiment du déplaisir qu'il avait de la forme dont on gouvernait, spécialement du peu de compte que l'on tenait de sa personne et de ce qu'on lui laissait aucune part aux affaires importantes du royaume qui se soulevait en divers endroits. » La reine, finalement avertie de ces discussions, parut ébranlée mais pas au point d'écouter Leonora qui, alarmée, lui déclara : « Madame, souvenez-vous que [le maréchal] se perdra et en se perdant il vous perdra, et moi quant et quant [30] » et de s'opposer aux menées de Concini. Louis XIII décida d'agir alors. Agir comment ? Il donnait soit l'ordre d'assassiner le maréchal, soit celui de l'arrêter pour le déférer au Parlement. Louis XIII penchait vers la deuxième solution. On choisit un capitaine des gardes, Vitry, pour exécuter la manœuvre. Convoqué dans la chambre du roi, il répondit à celui-ci qui lui prescrivait d'arrêter Concini : « Mais, sire, s'il se défend, que veut Sa Majesté que je fasse ? » Le roi garda le silence mais ne contredit pas Déageant qui déclara : « Le roi entend qu'on le tue. »

# Un roi presque roi

## 1617-1624

La veille du jour fixé pour l'arrestation – ou le meurtre – de Concini, Louis XIII ne changea rien à ses habitudes. Après avoir rendu visite aux deux reines, il alla aux Tuileries, assista aux vêpres, puis retourna chez sa mère avant de souper et de se coucher à dix heures du soir. Il dormit aussi mal que les nuits précédentes et se leva à l'aube. Vitry arriva au Louvre dès cinq heures du matin, posta ses hommes, renforça la garde et donna ordre de fermer la grande porte d'accès à la cour du palais dès que Concini, qui habitait juste à l'extérieur des murs, l'aurait franchie, afin de le séparer de sa suite. Pour pénétrer dans le Louvre, les piétons passaient, en effet, par cette porte s'ouvrant sur le quai puis, par un pont dormant qui enjambait le fossé, ils atteignaient la seconde porte basse doublée par un guichet. Commença une longue attente que Louis meubla en jouant au billard sans grande application. Enfin, vers dix heures, le maréchal quitta son logis. Vitry, prévenu aussitôt, se dirigea alors vers la porte et croisa Concini sur le pont. Il lui saisit brusquement le bras en s'écriant : « De par le roi, je vous arrête ! » « *A me !* » riposta le maréchal surpris, mettant sa main à l'épée. Le geste et le cri suffirent à Vitry pour constituer un acte de résistance. Trois de ses hommes déchargèrent leurs pistolets et Concini s'écroula.

Au premier étage du palais, Louis XIII entendit les coups de feu. Dans le tumulte qui s'ensuivit, on vint le prévenir que le maréchal et une suite armée montaient l'escalier. Le roi, faisant preuve d'un sang-froid surprenant, dégaina son épée et se dirigea vers son antichambre quand on lui annonça que, bien au contraire, Concini était mort. Se déroula alors une de ces scènes de retournement si fréquentes dans les cours. Le roi, que personne ne venait voir depuis des mois, fut soudain entouré d'une foule enthousiaste. Les courtisans débouchaient de tous les recoins. Même Richelieu accourut de la Sorbonne où il avait appris la nouvelle, nouvelle qui lui fut confirmée par la rencontre de « divers visages qui [lui] ayant fait caresses deux heures auparavant, ne [le] reconnaissaient plus[1] ». Au Louvre, chacun se félicitait, chacun se réjouissait de l'issue de l'attaque, chacun jouait des coudes pour se faire remarquer du jeune roi englouti dans la cohue. Celui-ci grimpa sur un billard, entraînant son frère après lui pour qu'on les pût mieux voir. Le peuple qui avait envahi la cour le réclamait pour l'applaudir : on le hissa donc à la fenêtre. Et il répondit aux acclamations en s'écriant : « Merci, grand merci à vous ! À cette heure, je suis roi ! » Une personne manquait à la fête bien contre son gré : la reine mère.

On avait aussi entendu la décharge des pistolets de sa chambre, et la nouvelle lui parvint immédiatement. La reine se dressa de son siège, affolée, et fit les cent pas autour de la pièce en proie à la plus vive agitation, répétant : « J'ai régné sept ans, je n'attends plus qu'une couronne au ciel. » Elle l'attendrait longtemps. Sa volte-face fut instantanée : elle lâcha Leonora avec une brutalité qui étonna son entourage. À un familier, qui avouait ne pas savoir comment annoncer la nouvelle à la maréchale, elle jeta « qu'elle avait bien d'autres choses à penser, et que si on ne pouvait lui dire la nouvelle, qu'on la lui chantât ». Le malheureux revint, après avoir parlé à Leonora, demander à la reine de bien vouloir la recevoir. Il essuya une deuxième explosion : « Qu'on ne lui parlât plus de ces gens-là, qu'elle le leur avait bien dit ! Qu'il y avait longtemps qu'ils dussent être en Italie[2]. »

Marie n'avait plus qu'une idée en tête : voir Louis, persuadée qu'elle arriverait à lui en imposer et à le remettre à sa place, derrière elle. Celui-ci, conscient de son emprise et incertain d'être capable de lui faire face, se défendait avec énergie de toute entrevue. Par trois fois, elle lui envoya son écuyer demander audience. Par trois fois, il refusa en spécifiant qu'elle n'avait qu'à rester dans sa chambre, cesser de s'occuper de ses affaires et attendre qu'il lui assignât un lieu de retraite. L'obstination de Marie ne lui permettait pas de s'avouer vaincue : elle lui envoya la princesse de Conti, puis Mme de Guercheville, nommée dame d'honneur par Henri IV et que Louis XIII avait toujours aimée, le supplier et l'attendrir en faisant appel à ses sentiments filiaux. Louis refusa avec courtoisie et non sans dignité rappelant que, bien que la reine « ne l'[eût] pas traité comme fils ci-devant, il la traiterait néanmoins toujours comme sa mère », mais quant à la voir, il était trop occupé.

Il n'était cependant pas trop occupé pour prendre les dispositions les plus précises et les plus sévères à son égard. Il refusa à la reine Anne la permission de se rendre auprès de sa belle-mère ; il interdit à son frère et à ses sœurs d'aller la réconforter. On fit abattre le pont qui reliait son appartement au jardin du bord de l'eau et murer deux des trois portes d'accès à sa chambre pour parer à la moindre tentative de fuite. Les archers de la garde royale empêchaient les visiteurs – dont l'ambassadeur d'Espagne – de pénétrer chez l'ex-régente. Seul Bartolini, l'envoyé florentin, réussit à se glisser chez elle en utilisant une issue secrète. Il chercha à la consoler en lui prédisant que le roi reviendrait sur son erreur mais elle en doutait fort, répondit-elle, « *perche conesceva troppo la natura del Re* ». Ce même Bartolini avait pourtant bien jugé la situation dès 1612 et avait rapporté alors dans une de ses dépêches que « les spéculatifs qui connaissent la nature et la complexion de ce roi prétendent que dans quatre ou cinq ans, la reine restera sans aucune autorité auprès de son fils et en voici la raison : c'est que le roi est vif, emporté, volontaire et il

147

ne serait pas impossible que, poussé par des princes ou d'autres qui se trouveront auprès de lui et qui déplairont à la reine, il ne veuille gouverner par lui-même [3] ».

Dix jours plus tard, Louis XIII fit savoir sa décision à sa mère, décision qui avait été négociée entre Luynes et Richelieu, seul membre de l'ex-gouvernement à servir d'interlocuteur à la nouvelle équipe, puisque les principaux intéressés n'avaient pas de rapports directs. Marie de Médicis quittait Paris et obtenait d'être exilée à Blois de préférence à Moulins, de conserver ses revenus et d'être revêtue de l'autorité suprême dans sa résidence. Mais ses filles, et a fortiori le duc d'Orléans, resteraient à Paris sous la protection et l'autorité du roi. Enfin ce dernier acceptait de voir sa mère avant son départ. Les adieux auraient lieu dans l'antichambre de l'appartement de la reine. Toute la cour, bien entendu, se précipita pour apprécier le comportement de la mère et du fils. Celui-ci « intrépide et ne manifestant aucune émotion » d'après l'ambassadeur de Venise, botté et éperonné, ne cachait pas son impatience d'aller à la chasse sitôt la visite terminée. Il était accompagné de son frère cadet et de Luynes. Tenant son chapeau à la main, il déclara à la reine avec le plus grand calme : « J'ai désiré vous soulager de la peine que vous preniez dans mes affaires ; il est temps que vous vous reposiez et que je m'en mêle ; c'est ma résolution de ne plus souffrir qu'un autre que moi commande en mon royaume. Je suis roi à présent... vous aurez de mes nouvelles à votre arrivée à Blois [4]. » La régente déchue, défaite, au bord des larmes, récita à son tour un petit compliment préparé à l'avance mais, soit qu'elle voulût éprouver son fils, soit que dans son opiniâtreté habituelle elle ne pût s'empêcher de tenter de gagner un dernier avantage, elle lui demanda la grâce « que je veux me promettre que vous ne me refuserez pas, qui est de me rendre Barbin, mon intendant* ». Louis

---

* Barbin était beaucoup plus qu'un intendant. Mis en place grâce aux Concini, il exerçait non seulement la charge de surintendant des Finances sous le nom de contrôleur général, mais était

garda le silence, comme le lui avait conseillé Luynes qui
« appréhendait que le monarque ne se laissât attendrir par
les larmes de sa mère[5] ». Il ne se sentait pas encore assez
sûr de lui pour entamer une discussion improvisée avec la
reine mère. Marie s'acharna pourtant et se mit à pleurer :
« Ne me refusez point cette dernière prière que je vous
fais. » Silence. « Peut-être est-ce la dernière que je vous
ferai jamais. » Toujours pas de réponse. « Or, sus ! » s'écria
alors la reine qui s'approcha de Louis pour l'embrasser.
Celui-ci s'inclina devant elle et se retira, toujours sans mot
dire. Il avait appris à se protéger[6].

Marie sortit alors et gagna la cour pour entrer dans son
carrosse. Elle ne pleurait plus puisqu'il n'y avait plus personne à attendrir. Cette insensibilité fut discutée : était-ce
dissimulation ou un désir de vengeance si enflammé
qu'elle en perdait le sentiment de pitié, même pour elle ?
Quelques dames l'accompagnèrent jusqu'à Bourg-la-
Reine. Mme de Guercheville et la femme de son écuyer,
Mme de Bressieux, la suivirent dans son exil ainsi que
Richelieu, qui y exerça les fonctions de chef de son conseil.
Louis XIII se rendit dans la petite galerie du bord de l'eau
pour regarder la théorie des quinze carrosses traverser le
Pont-Neuf, tourner à gauche le long du quai et enfiler la
rue Saint-Jacques. Étonnant spectacle, nota Richelieu, que
de « voir une grande princesse, peu de jours auparavant
commandant absolument à ce grand royaume, abandonner son trône et passer, non secrètement et, à la faveur
des ténèbres de la nuit, cachant son désastre, mais publiquement en plein jour à la vue de tout son peuple[7] ».
Cette humiliation imposée par son fils allait aiguillonner
pendant de longues années sa passion de revanche. Le roi,
dès le cortège disparu, laissa éclater sa joie, au dire des

plus puissant que tout autre. D'après Arnauld d'Andilly (*op. cit.*, IX,
p. 427) : « Il n'avait point d'acquis mais c'était un homme d'un très
grand sens et très judicieux qui avait les mains très nettes et qui ne
se prévenait pas, ce qui est une qualité si rare que je l'ai remarquée
en peu de personnes. »

ambassadeurs, et donna avec un grand sourire, « *con gusto particolare* », l'ordre de monter à cheval et de piquer vers le bois de Vincennes. Il n'en avait cependant pas tout à fait fini avec sa mère.

Enfin devenu roi – selon sa propre expression –, il voulut honorer la mémoire de son père et effacer le souvenir de la régence. Il rappela au pouvoir les vieux ministres d'Henri IV – les Gérontes – et s'initia scrupuleusement à son métier. Le sérieux du roi était manifeste. Il assistait maintenant aux réunions quotidiennes du conseil et, s'il n'y parlait pas souvent, il écoutait et interrogeait avec intelligence. Pontchartrain l'observe avec satisfaction : « Voilà le roi qui tient en main les rênes de son État ; c'est lui qui le conduit, qui ordonne, qui voit, qui reçoit les ambassadeurs, qui rédige les réponses. Il emploie gaiement son temps à cela une partie de ses matinées, il est véritablement jeune, mais il a du bon sens et du jugement. » Les Vénitiens enchérissent : « Il est d'esprit capable et animé de beaucoup de résolution dans toutes les affaires [...] il fait preuve de beaucoup d'intelligence pour se mettre au fait des matières qui sont traitées. » Sully, qui n'était guère louangeur, le dit « fin, avisé et de facile compréhension[8] » et apprécie sa prudence, le temps de réflexion qu'il se donne avant de se décider et le fait qu'il se tient à sa décision. Il suivait généralement la majorité du conseil, fort conscient de son manque de connaissance. Donc, sa conduite politique était irréprochable et s'il n'avait pas le brillant et la rapidité de son père, ni à plus forte raison son expérience, il se montrait digne de lui succéder. En revanche, dans le domaine de sa vie intime, rien ne rappelait le Vert-Galant. Sur le plan conjugal, il ne se passait rien, toujours rien. « Nous sommes trop jeunes », répondait le roi à qui lui suggérait de remplir son devoir auprès de la reine, et il allait souper avec Luynes.

Faisait-il davantage que de partager son repas ? Des rumeurs circulaient, les ambassadeurs parlaient d'« affection extrême » et d'« amour extraordinaire », mais le naturel froid et vertueux du roi n'invitait ni aux confidences ni aux indiscrétions. Toujours est-il que chez Luynes et chez Luynes seulement, le roi trouvait une chaleur, une facilité qui le mettait à l'aise. Le nonce, tout en remarquant que Louis XIII libre de tout vice ne se détournait pas du « sentier de l'innocence », faisait cependant de l'esprit : « *Ora Luynes sara l'Ancre del Re.* » Effectivement, comment résister au rapprochement avec Concini ? Honneurs, charges, dignités s'accumulaient sur la personne de Luynes qui hérita des immenses richesses des Concini. Il reçut les 2 millions de livres de créances trouvées dans la poche du cadavre, se fit attribuer le gouvernement de Normandie, les places de Quillebœuf et de Pont-de-l'Arche. Cependant l'essentiel de la fortune des Concini appartenait à Leonora, mariée sous le régime de la séparation de biens, d'où l'acharnement du roi et de Luynes à obtenir sa condamnation à mort et la confiscation de ses richesses.

Le procès de Leonora était aussi une manière d'éclabousser la mère du roi. Tout ce que l'on sait des combinaisons financières malodorantes de Marie de Médicis vient de l'étude des pièces du procès. Cela gênait-il le roi ? Rien ne le donne à penser. Au contraire, mener un matricide au deuxième degré l'arrangeait. Rien ne donne non plus à penser que Louis fût retenu par le fait que les charges contre Leonora ne justifiaient pas une condamnation à mort. Son ingérence dans les affaires du gouvernement ne méritait pas qu'on lui coupât la tête. Il fallut l'accuser de sorcellerie mais ses aveux et ses déclarations ne donnèrent aucune prise à ses juges. Finalement, après que Luynes eut fait très forte pression sur la cour de justice, en promettant notamment – mais « jamais personne ne fut trompeur au degré de Monsieur de Luynes [9] – que le roi exercerait son droit de grâce en cas de condamnation à mort, elle fut reconnue coupable et criminelle de « lèse-majesté divine et humaine », ce qui permettait, de façon assez douteuse, d'englober l'accusation de sorcellerie et donc de l'exécuter puisque l'intelligence avec le Diable était impardonnable. Le roi ne témoigna d'aucune pitié et l'exécution eut lieu le 8 juillet 1617. Le manque de générosité envers une ennemie vaincue, la prodigalité à l'égard d'un favori incapable n'auguraient pas d'un règne de mesure et de clémence qui rappellerait celui du bon roi Henri.

Richelieu, écrivant avec la liberté que donnent les tiroirs secrets, nota dans son journal que le verdict « fit voir à tout le monde que [Luynes et ses amis] n'avaient poursuivi cette pauvre affligée que pour couvrir la pauvreté de leurs biens ». En effet, le roi fit attribuer à Luynes les quinze millions de livres qui constituaient la colossale fortune de Leonora par lettres patentes que la chambre des comptes hésita à faire enregistrer. Elle le fit sur l'ordre exprès du roi qui déclara que le don « était fondé sur des raisons très considérables et fait avec mûre délibération à une personne que nous avons grande occasion d'aimer pour les signalés services qu'elle nous a rendus et nous rend journellement ».

Enfin, le roi établit Luynes. Il aurait voulu lui faire épouser sa demi-sœur, Mlle de Vendôme, qui d'après le cardinal de Retz avait « un sérieux qui n'était pas de sens mais de langueur, avec un petit grain de hauteur [10] ». Peu étonnant qu'elle refusât une telle mésalliance avec dignité ; le roi se tourna alors vers le duc de Montbazon, lui demanda et obtint la main de sa fille Marie. Marie de Montbazon, la future duchesse de Chevreuse, elle, ignorait la langueur et deviendrait un des « diables » de la cour, pour reprendre l'expression de Louis XIII.

La faveur de Luynes allait avoir des répercussions sur la situation de Marie ; du fond de son exil, elle tira profit de la jalousie provoquée par l'incroyable complaisance du roi envers un homme qui ne brillait ni par le caractère ni par les capacités. Bassompierre raconte qu'à la cour on le comparait, lui et ses deux frères, « à trois potirons venus en une nuit » tant ils étaient soudainement gonflés d'importance [11]. Luynes cumulait les charges immenses de connétable et de garde des Sceaux, et Condé ironisait en assurant qu'il était en effet propre aux deux fonctions

Catherine de Médicis à vingt-neuf ans. Malgré la robe d'apparat, la reine semble plus modeste et attentive que triomphante, attitude qu'elle conservera toute sa vie. (Tableau anonyme du XVI<sup>e</sup> s.)

© Erich Lessing / AKG Paris.

Henri II, par François Clouet.
Morose, énigmatique, marqué
quatre ans de captivité, il tom
à douze ans, sous le charme
Diane de Poitiers, et ne s'en
jamais. (Paris, Musée du Louvre.)

D'une beauté et d'une avidité
incomparables, Diane de Poitiers
fut une favorite éhontée.
(Lithographie du XIXe s., d'après un portrait
du XVIe s. Paris, collection privée.)

Souvent séparée de ses enfants, Catherine réclamait sans cesse des portraits des petits princes. Elle préférait « les crayons faits au vif » qui lui semblaient plus fidèles.
Ici, Charles IX à deux ans, muni d'un énorme hochet. (Chantilly, Musée de Condé.)

h d'Autriche, par François Clouet.
uce et pieuse, l'épouse de Charles IX
oignée du fracas et des remous qui
déchiraient les derniers Valois.
(Chantilly, Musée de Condé.)

Charles IX en 1563, par François Clouet. Incapable de se plier à la discipline exigée par son rôle de roi, souvent accablé de crises nerveuses, il demeura toute sa vie sous la domination de sa mère. (Vienne, Kunsthistorisches Museum.)

l de Coligny. Son influence grandissante
Charles IX provoqua le courroux de la
ne mère. L'attentat contre lui déclencha
les horreurs de la Saint-Barthélemy.
(École française du XVIᵉ s. Valenciennes,
Musée des Beaux-Arts.)

Henri de Lorraine, duc de Guise.
Follement populaire à Paris, il eut la
témérité de défier Henri III.
(École française du XVIᵉ s. Paris, Musée du Louvre.)

Catherine de Médicis se fit toujours représenter
vêtue de noir sauf pour une collerette blanche,
« plus en ministre qu'en reine ».
(École française du XVIᵉ s. Paris, Musée du Louvre.)

*Bal au Louvre à l'occasion du mariage du duc Anne de Joyeuse.* Les noces du mign
d'Henri III furent l'occasion d'un des bals les plus fastueux du règne. On distin
lourde silhouette de Catherine assise de dos. Le roi est debout à l'extrême gau
(École flamande du XVIᵉ s. Paris, Musée du Louvre.)

... de Médicis, par Frans Pourbus le Jeune, dans l'éclat de ses débuts, avant de ... r la plus morose des épouses et la moins caressante des mères. ... e, Galerie des Offices.)

Portrait de Jeanne d'Albret, reine de Navarre. Huguenote convaincue, femme austère aux principes inflexibles, elle accepta à contre-cœur le mariage de son fils avec Marguerite de Valois.
(École française du XVIᵉ s. Paris, Musée du Louvre.)

Henri de Navarre à vingt-tr[...]
À l'opposé de ses cousins [...]
il était vif, gai, à la fois éne[...]
et modéré, grand mangeu[...]
poule au pot et grand tro[...]
de jupons.
(Lithographie du XIXᵉ s., d'après [...] portrait du XVIᵉ s. Paris, Biblioth[...] nationale de France.)

*Mariage d'Henri IV avec Marguerite de Valois en 1572.* Le mariage eut lieu en ré[...] devant la cathédrale pour concilier la différence de religion des deux époux. Cette gravure du XIXᵉ s. donne une version plus conventionnelle de la cérémon[...]
(Gravure du XIXᵉ s. de A. Regnier. Paris, Bibliothèque nationale de France.)

*IV part pour la guerre d'Allemagne et confie à la reine le Gouvernement de son royaume* *mars 1610,* par Pierre Paul Rubens. Le roi confie à Marie de Médicis un orbe ré de fleurs de lys, symbole de la puissance royale, et pousse le dauphin vers sa , suivie par la Générosité qui va nu-pieds et la Vigilance, un bijou en forme d'œil les cheveux. (1621-1625. Paris, Musée du Louvre.)

*Henri IV jouant avec ses enfants au moment où l'ambassadeur d'Espagne est admis en présence*, par Jean Auguste Dominique Ingres. Indifférent à la surprise de l'ambassadeur, au détachement de Marie de Médicis et à la désapprobation de la suivante, le roi-papa s'amuse. (1817. Paris, Musée du Petit-Palais.)

Louis XIII au moment de son mariage, en 1616, d'après Frans Pourbus le Jeune. Timide et maladroit, il montra la plus grande répugnance au mariage avec sa cousine, Anne d'Autriche. (Châteaux de Versailles et de Trianon.)

e d'Autriche, par Pierre Paul Rubens. La reine en grand costume de cour.
.trairement à son époux, elle aimait l'ordre, l'apparat et la conversation.
. Paris, Musée du Louvre.)

*Louis XIII couronné par la Victoire*, par Philippe de Champaigne. L'image d'un roi triomphant serait banale pour tout autre que Louis XIII qui dut attendre ses vingt-neuf ans pour se débarrasser définitivement de sa mère. (1635. Paris, Musée du Louvre.)

Richelieu en 1635, par Philippe de Champaigne. Marie de Médicis força Louis XIII à choisir entre elle et le cardinal. Le roi n'hésita pas : « C'est le plus grand serviteur que la France ait eu. Je ne saurais me passer de lui. » (Paris, Musée du Louvre.)

Anne d'Autriche et son fils Louis, dauphin de France. Elle eut toujours soin de lui donner la première place. Ici, le dauphin est placé sur une table afin d'être juste au-dessus d'elle. Le geste doux de l'enfant jouant avec les doigts de sa mère illustre le naturel de leurs rapports. (Tableau du XVIIᵉ s. Collection Blunt, Châteaux de Versailles et de Trianon.)

*d'Autriche et ses enfants en orants avec saint Benoît et sainte Scholastique,* par ppe de Champaigne. La dévotion de la reine paraissait quelque peu excessive. fiez-vous, lui disait Mazarin, ce faste de piété, à la façon de l'Espagne, n'est pas ise en France. » (1646. Châteaux de Versailles et de Trianon.)

Mazarin, d'après Philippe de Champaig
Le cardinal, fort de l'entière confiance
d'Anne d'Autriche, apprit son métier de
roi à Louis XIV. (Châteaux de Versailles et de Tri

Louis XIV enfant. Il fut un enfant heureux, élevé entre un ministre tout
dévoué à sa gloire et une mère qui lui témoignait une tendresse infinie.
(Tableau du XVIIᵉ s. Collection Tourin, Châteaux de Versailles et de Trianon.)

Henriette d'Angleterre, vers 1635, par Anthonis Van Dyck. Épouse de Monsieur, duc d'Orléans, elle sut charmer le roi et fut une saison la reine de la cour. (Florence, Palazzo Pitti, Gall. Palatina.)

© AKG Paris.

Marie Mancini, vers 1661, par Jacob Ferdinand Voet. Nièce de Mazarin, elle inspira une grande passion au roi. (Berlin, SMPK, Gemaeldegalerie.)

Louis XIV, par Charles Le Brun. Anne d'Autriche l'avait élevé en lui donnant le sen
qu'il était le maître. Il usa de cette prérogative sans réticence. (Châteaux de Versailles et de T

étant « bon garde des Sceaux en temps de guerre et bon connétable en temps de paix ». Peu étonnant que, dans ces conditions, les grands, envieux et irrités – Arnauld d'Andilly parle de la « haine » que l'on portait à M. de Luynes –, se tournèrent vers la reine mère qui rongeait son frein en cultivant ses plates-bandes.

Marie voulait de toutes ses forces revenir au pouvoir mais cette prétention n'était appuyée d'aucun talent politique. Elle dépendait – encore qu'on pût douter qu'elle le savait – entièrement de Richelieu. Or les ambitions de celui-ci ne coïncidaient pas avec celles de la reine dont il était en principe le serviteur. Lui aussi voulait revenir au pouvoir, mais il souffrait de deux handicaps. D'abord, son cheval n'était pas le bon. L'avenir appartenait à Louis XIII, lequel se méfiait et se méfierait toujours des amis de sa mère. Certes, Richelieu pouvait à force d'habileté rapprocher la mère et le fils mais cela ne lui ouvrirait jamais les portes du cabinet intérieur du roi. Le fait qu'il correspondît avec les ministres et s'engageait à les prévenir d'une éventuelle cabale jouait contre lui. Ce rôle équivoque inquiétait Louis XIII d'autant que, second désavantage, sa supériorité intellectuelle, reconnue de tous, faisait peur autant à lui-même qu'à son médiocre entourage. « Il devint odieux parce qu'il avait trop de mérite. » Que faire ? L'intelligence est un atout dont il est difficile de se débarrasser. Il ne fut donc pas mécontent d'être éloigné de Blois, sur l'ordre du roi, et renvoyé d'abord dans son évêché à Luçon, puis exilé en terre pontificale, en Avignon. Cela ne le rapprochait pas du pouvoir mais du moins mettait une distance appréciable entre lui et Marie au moment même où celle-ci se mettait en tête de s'enfuir de Blois.

Le départ de Richelieu privait la reine d'un conseiller modéré et surtout réaliste : quel que fût le nombre de mécontents qui mettaient leurs espoirs dans le retour de la reine – grands seigneurs agacés par Luynes, représentants des pays catholiques, Espagne, Toscane et Vatican, qu'elle avait toujours soutenus –, quelque désagréables que pussent être les tracasseries dont on l'abreuvait, elle n'avait aucun intérêt à attaquer le roi, son fils. Malheureusement pour elle son entourage, dominé par l'abbé Ruccelaï, un Florentin parent des Médicis, était, à son image, excessif et irréfléchi. Ruccelaï s'entremit auprès du duc d'Épernon. L'ancien mignon d'Henri III, rallié aux Bourbons, avait été nommé lieutenant général des armées, mais sa fidélité à Louis XIII vacillait parce qu'il ne le jugeait pas suffisamment attaché à la cause catholique et ultramontaine, et il offrit ses services à la reine décidée à s'enfuir et à regagner le pouvoir par la force.

Le 22 février 1619, dans l'obscurité du petit matin, on entre dans le romanesque et le ridicule. Marie, qui n'a jamais été svelte, pèse maintenant quarante-six ans de gourmandise. Alourdie de ses cassettes remplies de bijoux, qu'elle a fourrées dans ses poches, elle parvient à enjamber la barre d'appui de sa chambre et, agrippée à une échelle de corde, commence une glissade délicate vers la terrasse du château. Elle se retient mal et touche terre si pesamment qu'elle refuse de gagner le pied de la muraille de la même manière. On la roule alors, elle et ses diamants, dans un paquet de manteaux ficelés serré. On accroche le tout à une corde que l'on fait descendre bien doucement. Marie retrouve alors à quelques pas le carrosse qui doit la mener au grand galop vers Loches où l'attend Épernon. Elle est libre, mais pour quoi faire ?

Ses intentions étaient imprécises. Ses partisans se défiaient les uns des autres. Chacun ne songeait qu'à soi. D'ailleurs, Louis XIII avait certes des opposants, mais personne en France ne songeait à risquer la guerre civile pour ramener Marie de Médicis aux affaires. Et au pire, si l'on en venait aux armes, les forces du roi domineraient aisément celles du duc d'Épernon. La comédie était finie avant même le lever du rideau. Épernon lui-même, le premier moment d'excitation passé, conseilla à la reine de traiter. Louis XIII, qui avait pris assez d'assurance pour se montrer enfin généreux, feignit de croire que Marie avait été bernée par de mauvais conseillers : « On ne s'est point contenté d'avoir tâché de vous imprimer une mauvaise créance de mes affaires, on s'efforce même de vous donner des appréhensions de mes armes, comme s'il était croyable que je les voulusse tourner contre vous [...] vous pouvez choisir telle qu'il vous plaira de vos maisons ou des miennes pour y vivre avec une entière liberté [...]. Aidez seulement à mon bon naturel par une vraie correspondance de volontés[12]. » Marie, elle, répugnait à céder, voyant dans un geste de bonne volonté un signe de faiblesse ; or ses arguties et ses prétentions commençaient à lasser ennemis et alliés.

Dans le désordre et la confusion ambiants, Richelieu apparut comme l'homme providentiel, seul capable de calmer la reine. Rappelé d'urgence par le roi, il se mit immédiatement à l'œuvre. Il conseilla d'« approcher le roi mais avec un amour et confiance l'un de l'autre » et d'éviter de maintenir un parti. Si, malgré la franchise de cette attitude, on faisait des misères à Marie, « l'injustice de ce procédé lui donnerait une grande puissance ». Une fois de plus, la clarté de son raisonnement eut prise sur la reine. Elle renvoya ses autres conseillers et redonna à Richelieu la première place dans son conseil. Il réussit effectivement à imposer la paix entre les deux partis. La reine obtiendrait, par le traité d'Angoulême, le gouvernement de l'Anjou et conserverait ses charges, ses revenus et ses dignités. La proposition peut étonner par sa générosité, mais c'est que Richelieu avait fort habilement joué de la tradition du douaire. Les reines douairières recevaient à la mort de leur époux d'abord la restitution de leur dot en argent, puis des domaines en biens propres qui devaient retourner à couronne à leur décès[13]. Il était donc normal que Marie acquît une réelle puissance territoriale. De plus, elle profitait de ce que le roi tenait à ne pas donner le spectacle d'une violente querelle de famille à son royaume et à une Europe fascinée par les événements. Il voulait clore le chapitre et la faire revenir à la cour. La reine mère, en revanche, ne se hâtait toujours pas d'accepter les avances limitées de son fils. Rentrer à Paris sans retrouver sa place au conseil constituait pour elle une insupportable avanie.

Cependant, après des mois de négociations menées par Richelieu et Luynes, une entrevue devait marquer la fin des hostilités. La rencontre eut lieu au château de Couzières, à trois kilomètres de Tours, chez le duc de Montbazon, le beau-père de Luynes. Mère et fils s'avancèrent l'un vers l'autre. Quelques paroles échangées avec une retenue évidente, sous le regard attentif des deux parrains, montrèrent que ces deux rancuniers n'avaient rien oublié de leurs différends. Ils menaient chacun pour leur compte « une guerre de Jalousie, de Soupçons et de Craintes, explique le nonce. La maladie est si profondément enracinée dans leur cœur que les remèdes ne parviennent pas à l'atteindre[14] ». De plus, un élément nouveau contribuait à la mauvaise humeur de la vieille reine : depuis son départ, Louis XIII était heureux en famille. Il avait d'excellents rapports avec son frère Gaston et, plus important encore, Anne était manifestement devenue l'épouse du roi et les deux jeunes gens ne cachaient pas leur plaisir d'être ensemble. Dans la chaleur de l'arrière-saison, ils s'adonnaient à de longues baignades et à des parties de chasse dont Marie était exclue. Et le matin, Anne apparaissait radieuse, souriante et affirmait son rang devant sa belle-mère avec une aisance qui exaspérait cette dernière.

Ce développement dû à Luynes fut rapporté en détail par Héroard : le 25 janvier précédent, le roi se met au lit comme d'habitude quand, sur le coup de onze heures, Luynes veut le persuader d'aller coucher avec sa femme. Le roi « résiste fort et ferme, jusqu'aux larmes ». Luynes ne se laisse pas faire, il empoigne le roi, précédé par le valet de chambre qui porte le flambeau, le mène dans la chambre d'Anne. Là, il le met au lit, renvoie la cameriste espagnole, Stefanilla, sort et referme la porte derrière lui. Tous les ambassadeurs envoient des relations détaillées et enthousiastes : « Le roi, écrit Contarini, a été un valeureux champion et a fait de grandes promesses d'amour et de fidélité à son épouse[15]. » Peu étonnant que celle-ci, adoucie et satisfaite, témoigne au roi une tendresse qu'il lui rend avec ferveur et qui irrite Marie, peu préparée à trouver à la fois une rivale et un fils triomphant.

La réconciliation était vouée à l'échec. Aucun lien affectif n'unissait la mère et le fils. Louis XIII voulait respecter les apparences mais ses sentiments n'étaient pas engagés ; Marie n'avait jamais eu d'attachement pour son enfant, elle n'allait même pas tenter d'en faire parade. Or cette froideur paralysait Louis. Il lui avait écrit dans un moment de grande sincérité : « Je ne puis me voir aimé que je n'aime encore davantage[16] », mais cette mère hautaine et inflexible ne pouvait ni ne voulait comprendre. Obsédée par la volonté de revenir au conseil, elle refusa donc obstinément de suivre la cour à Paris pour y tenir le rôle de reine douairière, de régente à la retraite. Et Richelieu ? Richelieu aurait tenté peut-être de la convaincre de céder au roi s'il avait discerné quelque avantage à ce retour à Paris. Mais il n'en voyait aucun. Il avait espéré être récompensé de ses bons offices par le chapeau de cardinal. Malgré les assurances de cette planche pourrie de Luynes qui lui avait laissé croire que le roi l'appuierait auprès du pape, il ne fut pas de la fournée 1619. Les ministres lui faisaient grise mine. Pourquoi dans ces circonstances traîner son oisiveté dans Paris ? Il préféra la dignité d'un retour à Luçon et, fatigué de la mauvaise humeur de Marie de Médicis, abandonna momentanément son rôle douteux de gardien. La reine s'en fut alors à Angers prendre possession de son nouveau fief.

La dégradation des rapports entre mère et fils continua l'année suivante. Marie rejetait la possibilité même d'un retour à la cour, déclarant qu'elle ressentait « du dégoût » à l'idée de regagner ce Louvre où elle avait été tenue prisonnière. Elle renvoya à plusieurs reprises les représentants du roi chargés de la convaincre de revenir. La libération de Condé, qu'elle avait fait emprisonner en 1616, lui sembla une injure personnelle. Quand Richelieu la rejoignit, à sa demande, à Angers, il se rendit compte que tout espoir d'accommodement était absurde. Marie ne voulait pas se réconcilier avec son fils qui, de son côté ne savait que faire pour la persuader. Situation paradoxale : Louis XIII avait tous les atouts en main et ne parvenait cependant pas à imposer sa volonté à sa mère qui, malgré sa débâcle, se conduisait comme si elle jouissait encore de sa puissance entière. Elle refusait d'*obéir* à son fils, refusait d'admettre que lui, et lui seul, jouissait maintenant de l'autorité suprême, celle donnée par le droit et la force, et que si elle pouvait se permettre de résister, c'était que le roi hésitait précisément à user de la force contre elle. Paradoxale aussi était devenue la situation de Richelieu, pris entre les deux adversaires.

Il ne nourrissait aucune illusion sur le rapport objectif des deux partis, mesurant parfaitement la faiblesse réelle de la position de la reine. Il imaginait trop bien le discrédit qui retomberait sur ceux qui rallumeraient la guerre civile et pourtant il ne se retira pas de la partie, car se retirer serait abandonner tout espoir de vie politique. Mais comment rester au service de Marie sans jouer son jeu et la conforter, malgré lui, dans un rôle de factieuse ? Bien des années plus tard, il avoua qu'il dut « céder à la tempête [...] plutôt que de faire valoir ses raisons ». Il demeura donc à ses côtés alors que s'organisa la deuxième rébellion de Marie, qui attira, comme l'année précédente, tous les mécontents autour d'elle. Bien qu'il eût pris une part active dans ses préparatifs, il eut l'honnêteté de la mettre en garde fort clairement : « Il ne se trouvera aucun de vos fidèles sujets, lui prédit-il, qui vous conseillera de vous bander contre votre fils, ni de maintenir les mécontents dans leurs opinions. [...] En toute affaire, avant d'y entrer, il [faut] considérer comment en sortir. [...] Il plaira [à Sa Majesté] de me pardonner et de considérer que les armes ni la force ne triompheront jamais d'un roi qui a les anges de Dieu pour gardes [17]. » Il s'expliquera mieux encore dans ses Mémoires : « Je reconnus que tout parti composé de plusieurs corps qui n'ont aucune liaison que celle que leur donne la légèreté de leurs esprits, qui leur faisant toujours improuver le gouvernement présent, leur fait désirer du changement sans savoir pourquoi, n'a pas grande subsistance, que ce qui ne se maintient que par une autorité précaire n'est pas de grande durée[18]. » Sur quoi donc comptait Richelieu dans ces circonstances ? Sur son immense supériorité sur Luynes, méprisable adversaire, car il était convaincu, à juste titre, que quelle que fût l'issue de la guerre entre la mère et le fils – car c'est bien ainsi que l'opinion caractérisait la situation – les dispositions définitives seraient arrêtées entre le favori et lui-même.

Quels étaient les mécontents qui nourrissaient les illusions de Marie ? Une coalition bien disparate en effet : le duc d'Épernon, le duc de Longueville, le duc de Montmorency, les frères Vendôme, tous excédés par le gouvernement Luynes. Ces princes s'agitaient de la Normandie au Languedoc, appuyés, malgré des différences inconciliables, par des soulèvements huguenots à l'Ouest et dans le Midi. Luynes, qui ne se distinguait pas par la hardiesse, voulait temporiser, mais Condé, tout frais libéré, poussait à l'action et Louis XIII, véritablement courageux, lui, et déterminé lorsqu'il s'agissait de guerre militaire et non de guerre psychologique, déclara : « Parmi tant de hasards qui se présentent, il faut marcher aux plus grands et aux plus prochains, et c'est la Normandie. Je veux y aller tout droit et n'attendre pas à Paris de voir mon royaume en proie et mes fidèles serviteurs opprimés. J'ai un grand espoir dans l'innocence de mes armes. [...] Allons ! »

La campagne tourna à la promenade militaire. Comme l'avait prévu Richelieu, l'opposition voulait intimider le roi mais non se précipiter dans une guerre civile. Rouen lui ouvrit ses portes. Louis XIII s'empara de Caen avec facilité, puis continua le long de la Loire. Il ne pouvait plus reculer : les troupes de sa mère lui barraient le passage du fleuve. Il les attaqua donc aux Ponts-de-Cé. Celles-ci se liquéfièrent devant l'armée royale. « Chez tous, la peur était si absolument maîtresse du cœur que la raison n'y avait point de lieu[19]. » Marie vaincue rassembla ses pierreries et s'apprêtait à fuir quand Richelieu s'entremit pour rétablir la paix entre elle et le roi. Sa tâche fut facilitée par le fait que Louis XIII, magnanime dans la victoire, ne voulut pas écraser sa mère, mais au contraire l'adoucir et la convaincre enfin de revenir auprès de lui. Elle était décidément trop dangereuse en province, libre de fomenter intrigues et complots. De plus, l'éventualité d'une intervention des Pays-Bas espagnols et de l'Angleterre ne pouvait pas être écartée. Sitôt signé le traité d'Angers, qui la rétablissait une fois de plus dans ses prérogatives, eut lieu une autre scène de retrouvailles. « Je vous tiens, vous ne m'échapperez plus, dit Louis XIII à sa mère. – Vous n'aurez pas de peine à me retenir, Monsieur, parce que je suis persuadée que je serai toujours traitée de mère par un fils tel que vous. » Dorénavant les épées seraient mouchetées.

Tout le monde y gagnait et Richelieu pouvait se féliciter d'avoir remporté un pari fort incertain. Conscient de l'immense avantage du pouvoir légitime, car enfin « ceux qui combattent contre une puissance légitime sont à demi défaits par leur imagination ; que les pensées qui leur viennent [...] leur représentant des bourreaux au même temps qu'ils affrontent les ennemis rend la partie fort inégale, y ayant peu de courages assez ferrés pour passer au-dessus de ces considérations avec autant de résolution que s'ils ne les connaissent pas [20] » et déterminé de rester dans le camp du roi, Richelieu allait faire le nécessaire pour cimenter cette deuxième réconciliation. Au nom du réalisme politique, il fit des avances à Luynes et leur entente se scella par un mariage entre une de ses nièces et un neveu de Luynes. Marie amorça une lente remontée vers le pouvoir puisqu'elle s'engageait à vivre en bonne intelligence avec la cour et tout particulièrement avec Luynes, moyennant quoi, lorsque le roi le jugerait opportun, elle retrouverait sa place au conseil.

La famille royale ne revint cependant pas ensemble à Paris. Louis XIII poursuivit sa campagne en se dirigeant vers le Midi pour régler les affaires du Béarn. Le Béarn et la Navarre, l'ancien royaume d'Henri IV, n'étaient que théoriquement réunis à la France, et bien que celui-ci y eût restauré la religion catholique et surtout stipulé que les pasteurs devaient, moyennant une indemnité, rendre au clergé les biens jadis confisqués, ses dispositions n'avaient pas été appliquées. Contre l'avis d'une partie du conseil, Louis XIII décida de se rendre sur place. Il ne s'agissait pas de rallumer la guerre civile mais d'assurer son autorité sur l'ensemble de son royaume. Il réussit au-delà de toute espérance, accepta les excuses des magistrats palois qui enregistrèrent les édits de restitution et revint à toute allure, en jeune homme pressé, à Paris où d'autres problèmes l'attendaient : l'élection de Maximilien de Bavière à la couronne du Saint Empire consacrait le triomphe de la maison d'Autriche en Europe centrale et la domination de l'Espagne sur les passages des Alpes laissait craindre aux Bourbons l'encerclement. L'empire de Charles Quint semblait se reconstituer et, en combattant les protestants, Louis XIII faisait le jeu de l'Espagne et de l'Autriche. Comment concilier sa responsabilité de roi catholique et l'avantage indéniable de soutenir les princes protestants à l'étranger ? Il faudra vingt ans et une longue série de guerres pour sortir de ce dilemme. En attendant, l'atmosphère à Paris, où Marie avait recouvré ses appartements au Louvre, n'allait guère laisser de liberté d'esprit au roi.

La reine mère était loin d'avoir retrouvé sa situation d'antan et elle en souffrait bruyamment. D'abord, elle devait compter avec la reine régnante qui ne cherchait pas à lui rendre des politesses superflues. Forte de son bon droit*, Anne s'attribuait la première place, à la fureur de sa belle-mère qui jugeait que le roi avait toute latitude pour transgresser la coutume en sa faveur. Ensuite, elle n'était toujours pas admise au conseil, malgré la tradition qui accordait un siège à la mère du roi et les vagues pro-

---

* Cosandey, *op. cit.*, p. 114. Les juristes de l'époque accordaient assez d'importance à la question du rang entre reines, pour en délibérer. Ils conclurent en faveur des reines régnantes « pour l'autorité vive et présente des rois, leurs maris, en tous lieux, actes, et cérémonies publiques ».

messes de Louis XIII. Le gouvernement s'y était opposé, estimant « qu'elle n'aurait pas sitôt mis le pied dans le conseil qu'elle voudrait partager avec le roi son autorité, qu'elle se donnerait la gloire des bons conseils et rejetterait le blâme des mauvais événements sur la violence des principaux ministres[21] ». Marillac, le futur garde des Sceaux, un homme très proche de Marie, remarquait que « le roi aime la reine sa mère mais il la craint : ce qu'il refusera de lui donner d'autorité sera par jalousie de la sienne et non pas faute d'estime et de bon naturel[22] ».

Cependant, la reine dépérissait d'ambition frustrée. Contarini la trouva métamorphosée avec un « visage assombri par mille funestes et ennuyeuses pensées[23] ». Richelieu conseillait la patience dans les circonstances : « Il n'est pas de la France comme des autres pays. En France, le meilleur remède qu'on puisse avoir est la patience ; d'autant que nous sommes si légers qu'il est impossible que les établissements que nous faisons soient de durée [...]. Les autres nations ayant plus de plomb que nous demeurent plus fixement en l'assiette en laquelle elles se mettent[24]. » Le moment n'était pas venu de s'affirmer et de mettre le roi sur la défensive. Louis XIII faisait face à des difficultés graves.

Au printemps 1621, l'agitation protestante reprit avec violence. On songea alors à mener une deuxième campagne. Il ne s'agissait plus des querelles de dogme du siècle précédent mais des droits d'une minorité face à l'autorité de l'État. Craignant donc leurs agissements, le gouvernement avait fait défendre aux protestants de s'assembler. Ceux-ci réagirent en organisant une assemblée à La Rochelle, qui s'arrogea le pouvoir d'imposer des taxes pour lever une armée et demandèrent l'appui du roi d'Angleterre. Louis XIII et son conseil mesuraient bien la portée de cette manifestation : « [Les huguenots] récalcitrent et ne veulent pas obéir et de jour en jour, ils sont plus insolents. [...] Je ne sais ce qu'il va advenir de nous, disait le chancelier de Sillery. Le mal est dans notre sang, dans nos entrailles[25]. » Les Vénitiens dépeignaient maintenant dans leurs dépêches un souverain aussi déterminé à se faire obéir qu'à apprendre son métier. « Le roi est maintenant plus rigide que d'habitude dans sa volonté d'être obéi et de faire prévaloir son autorité par la force [...]. Il a donné ses faucons et s'est privé de ses chiens. Il a déclaré qu'il ne voulait plus s'appliquer à la chasse aux animaux, mais à celle des hommes et des forteresses [...]. Il se livre avec une extraordinaire application à l'étude des mathématiques ; il est penché une bonne partie du temps sur des plans de forteresse, il se plaît à mettre des canons en batterie [26]. » Mais il ne pouvait cependant pas partir aux armées sans s'assurer de ses arrières familiaux. Valait-il mieux emmener sa mère afin de pouvoir la surveiller ou risquer de la laisser intriguer à Paris ? Après de longues hésitations, il l'obligea à le suivre. « Ses anciens soupçons ne sont pas encore effacés [27]. » Anne, nommée régente, resterait au Louvre pour expédier les affaires courantes.

En 1621, Louis XIII avait vingt ans et projetait enfin une image de maturité. Il avait réussi à museler sa mère et appris à s'appuyer sur son épouse. Et surtout, l'adolescent fragile, méfiant, peu sûr de lui s'était transformé. « Le roi continue à jouir d'une excellente santé. [...] Il a des attentions non seulement pour les capitaines, mais aussi pour les simples soldats. Il est souvent tout armé, l'épée ne le quitte pas [28]. » Des dissensions s'élevaient entre lui et Luynes : le premier « plein de courage et de résolution » s'irritait des lenteurs et des hésitations du second « fatigué et plein de doutes [29] ». Les gènes d'Henri IV semblaient s'affirmer enfin.

Cependant malgré l'énergie du roi et de son armée, les affaires militaires allaient mal. Au lieu de s'acharner à vaincre la résistance de La Rochelle, Luynes obtint de continuer la campagne en Guyenne et de ne laisser qu'un minimum de troupes devant la ville. Mauvais calcul. Les troupes royales piétinaient devant Montauban encerclée et durent se résoudre à lever le siège. Louis XIII ne pardonna pas cet échec à Luynes. « Je lui ferai rendre gorge de toutes les choses qu'il m'a prises », clama-t-il, menaçant. Il n'en eut pas le temps. Luynes succomba quelques jours plus tard à la scarlatine. L'oraison funèbre prononcée par Louis XIII à l'annonce de la mort de cet homme qui avait tant compté pour lui fut brève et non dénuée de justesse : « Il manquait quelque chose à M. de Luynes. » Ce quelque chose ne manquait pas à Richelieu. Il se mit à l'œuvre immédiatement.

Le vide laissé par cette mort ne garantissait pas le retour en grâce de Marie. Le prince de Condé ou l'un des ministres qui par leur fonction ne quittaient pas le roi auraient pu se hisser au rang de nouveau favori, car l'entourage savait bien que la nature du roi, malgré son récent épanouissement, était « de se mettre toujours sous quelqu'un bien qu'il redoutât l'autorité de qui le gouvernait[30] ». Plus grave pour les desseins de Richelieu, le roi demeurait « plein du soupçon que [sa mère] ne le veuille assujettir, comme du vivant de Concini. Lorsque l'on voit auprès d'elle l'évêque de Luçon, on peut redouter que celui-ci ne prenne pied trop en avant ; car sa cervelle est ainsi faite qu'il est capable de tyranniser la mère et le fils[31] ». Richelieu ne se laissa pas décourager et, inspirant une série de pamphlets à la gloire de Blanche de Castille et de Catherine de Médicis, il réussit à créer un mouvement d'opinion assez favorable à la reine mère pour que Louis XIII cédât à moitié et l'invitât à participer à certains conseils. « Elle reconnut bien, dit Richelieu, qu'on était en garde d'elle, qu'on ne lui faisait voir que la montre de la boutique et qu'elle n'entrait pas au magasin ; mais elle ne fit pas mine de le reconnaître, espérant de surmonter ces difficultés par sa bonne conduite[32] ». Richelieu, lui, était toujours exclu, mais il ne s'en inquiétait guère car Marie se trouvait complètement sous son influence et suivait sans broncher tous ses conseils. Louis XIII, rassuré par le calme et la soumission apparente de sa mère, se rapprocha d'elle au moment même où un drame conjugal l'ébranla.

La jeune reine avait commis une imprudence. Elle s'amusait à faire des glissades avec ses dames en passant le soir dans la grande salle du trône quand elle heurta un meuble dans l'obscurité et tomba. Or elle était enceinte. Le lendemain, elle faisait une fausse couche, pour la troisième fois. Louis XIII, de façon assez enfantine, ne lui pardonnera pas. Finie l'intimité, terminées les promenades, les soirées à écouter ses violons, il retomba dans sa manie de la chasse, s'y adonnant entièrement « au point qu'il [n'avait] cure ni du soleil ni de la pluie, ni de la nuit ni du jour, ni du chaud ni du froid, ni de manger ni de dormir[33] ». Le court moment où il avait pu rappeler son père s'était estompé. La rancune Médicis réapparut indéracinable, car le roi, d'après Richelieu, était d'humeur telle « qu'il fallait être dans sa haine ou dans sa confiance, et [...] on ne tombait pas de ses bonnes grâces par degrés, mais par précipices[34] ». Et Anne, qui n'avait pas l'avantage d'être conseillée par Richelieu, ne se hissera jamais hors du trou. Comme Louis ne pouvait être mal avec les deux reines à la fois, il se rapprocha de sa mère et appuya enfin la candidature de son conseiller au cardinalat. Marie, forte de ce premier succès, s'agita alors pour obtenir que son directeur politique entrât enfin au conseil. Louis XIII résistait, s'entêtait, mais isolé, sans appui, il ne tint pas longtemps tête à sa mère qui s'enferma au Luxembourg et refusa de venir à la cour avant d'avoir obtenu gain de cause.

Le roi, redoutant une crise, céda donc et invita Richelieu « afin que le monde connaisse qu'il voulait vivre [avec sa mère] en toute confiance, non de façon apparente, mais bien réellement[35] ». Personne ne se trompa sur la portée de la nomination. Ce n'était pas la reine qui revenait au pouvoir mais Richelieu qui y accédait. « Le cardinal domine la reine, on estime que par sa valeur il est le personnage le plus intelligent et le plus perspicace du royaume, capable des plus grandes choses, amateur de richesses, ambitieux des honneurs, voulant être seul à commander [...] on peut croire que dans peu de temps, il sera le seul pilote du vaisseau de toutes les affaires[36]. » Marie « se réjouit avec une allégresse incroyable, en voyant que toutes les affaires sont dans sa main ». Elle oubliait

que Louis XIII n'avait plus besoin d'elle et n'avait peut-
être pas remarqué que Richelieu avait des qualités
d'homme d'État incomparables, et une ambition qui ne
connaissait ni frein ni mesure.

# Triomphes, duperies et déroutes

## 1622-1643

La guerre entre mère et fils fit place à un triumvirat, constitué par le roi, la reine et le ministre, mais un triumvirat instable parce que ses trois éléments dépendaient les uns des autres dans une relation variable. Le roi pensait avoir besoin de sa mère pour la tranquillité de son gouvernement, Richelieu avait besoin de Marie tant que l'entière confiance du roi lui manquait et Marie était convaincue, à tort, qu'elle n'avait besoin de personne. Aucun des trois dirigeants n'exerçait une autorité indiscutable sur les deux autres. Louis XIII, qui aurait dû sans conteste occuper l'angle supérieur du triangle, tremblait trop devant sa mère et s'appuyait trop sur son ministre pour agir en maître ; Richelieu mesurait trop la fragilité de la faveur pour se sentir au-dessus de toute atteinte, et la domination de Marie était limitée par son ignorance et sa vanité. De plus, il ne faut pas sous-estimer l'importance de deux autres personnages – Anne d'Autriche et Gaston d'Orléans –, lesquels s'unissaient par moments pour se dénoncer à d'autres, s'alliaient et se désalliaient avec la reine mère selon les circonstances et jouaient le plus souvent contre le roi et Richelieu.

Revenons un instant en arrière pour évoquer la situation familiale du grand ancêtre de Louis XIII. Saint Louis aussi s'était trouvé pris entre sa mère et son épouse. Il avait beau être l'élément dominant de deux paires, il n'avait pas toujours réussi à aplanir les heurts entre les deux femmes. Mais la situation des deux rois était absolument inverse. C'était bien évidemment avec sa mère que Saint Louis entretenait le rapport le plus complexe et le plus enrichissant, caractérisé par une association certes professionnelle mais colorée d'affection, de reconnaissance et de respect. Blanche l'assistait constamment dans son rôle ; il lui confiait les tâches les plus importantes ; ils discutaient ensemble des décisions à prendre et surtout elle se substituait à lui qu'il tombât malade ou qu'il s'absentât. Avec sa femme, il avait une relation plus élémentaire. La naissance de onze enfants en vingt ans témoigne de leur entente, quoiqu'il semble qu'en dehors d'une attraction sensuelle ils aient eu peu d'intérêts communs. Marguerite ne suivit pas Louis sur le plan religieux et n'était pas loin de considérer que sa piété excessive ne convenait pas à un roi, et jamais Louis ne songea à confier de vraies responsabilités politiques à Marguerite, ni avant ni après la mort de Blanche.

À la différence de son aïeul, Louis XIII n'avait pas besoin de sa mère, il la craignait. Et s'il accepta, avec réticence, de l'associer au gouvernement, ce fut avant tout pour la contraindre à la loyauté. Mais curieusement le crédit de la reine mère n'en souffrit pas. Bien au contraire. Cette femme, qui avait suscité des réactions si violentes chez son fils, fut accueillie au conseil avec les marques de considération les plus sincères. Elle, qui n'avait jamais eu la tête politique, fut consultée, écoutée, obéie. Enfin elle, qui avait dilapidé le trésor amassé par Henri IV, reçut les subsides les plus généreux. Que s'était-il passé ? Comment expliquer ce retour glorieux ? Louis XIII ne s'était pas soudain découvert des trésors d'affection filiale, mais il avait mûri et tenait absolument à donner une image convenable de sa famille. Or il était impensable, dans ces conditions, de ne pas traiter sa mère avec respect et de ne pas lui accorder la place au conseil qui lui revenait de droit. Ajoutons à cela le fait, mentionné plus haut, qu'il se trouvait de nouveau mal à l'aise avec la jeune reine – et sur le plan personnel et sur le plan politique car il se méfiait de son attachement à l'Espagne –, et que sa mère lui servait – bien dangereusement, nous le verrons – de soutien et de porte-parole dans son ménage. Et puis, elle semblait avoir changé. Ses interventions rationnelles et énergiques s'avéraient fort utiles. C'est qu'elle se préparait au conseil par de longues conversations avec Richelieu et que ce dernier avait alors tout loisir de développer et de préciser des opinions que la reine reprenait à son compte. Louis XIII distingua la source de la sagesse de sa mère. Après des années de méfiance, il reconnut finalement le dévouement de Richelieu et ne reviendra plus sur son jugement. Il le fit alors entrer au conseil.

Ainsi, de 1625 à 1627, la situation de Marie demeura cruciale puisque Richelieu, dans sa prudence, peu assuré de son influence sur le roi, faisait passer ses vues politiques par son intermédiaire. Il prenait toujours soin, douloureusement conscient de la précarité de sa situation, d'inclure Marie dans ses interventions directes. Lui et lui seul mesurait sa vulnérabilité. La cour le jugeait tout-puissant. « Le roi, rapportait Zorzi, l'ambassadeur vénitien, ne parle et ne pense que si le cardinal lui en fournit la matière et la méthode, si bien que tout dépend de sa main[1]. » Le roi, il est vrai, donnait à son ministre les assurances les plus claires de sa confiance, le remerciant toujours dans les termes les plus chaleureux : « Je vois bien que vous méprisez tout pour mon service... mais assurez-vous que je vous protégerai contre qui que ce soit et que je ne vous abandonnerai jamais. *La reine mère vous en promet autant*[2]. » Cette dernière phrase justement ne rassurait pas Richelieu qui, lui, connaissait la reine mère mieux que quiconque et s'en méfiait, comme de toutes les femmes d'ailleurs : « Ces animaux sont étranges. On croit, disait-il, qu'ils ne sont capables d'aucun mal, parce qu'ils ne sont capables d'aucun bien : mais je proteste en ma conscience qu'il n'y a rien qui ne soit si capable de perdre un État[3]. »

Outre sa sagesse politique toute neuve, un autre élément

contribuait à la gloire retrouvée de Marie : sa propre assurance et son goût du faste dans une cour aux allures modestes. Louis XIII n'avait le sens ni de la fête ni du décor ; ses vêtements convenaient davantage à un vieux gentilhomme ruiné qu'à un roi, alors que Marie, revenue en grâce, laissa libre cours à son penchant pour le luxe, les bâtiments et la décoration. Et à force de jouer le rôle de reine triomphante, elle le devint. Elle projetait une image de puissance.

Comme sa tante Catherine, elle avait voulu très tôt avoir son propre palais parisien. En 1611, elle avait acheté, au duc de Luxembourg, son hôtel particulier, situé rue de Vaugirard – la rue portait déjà ce nom mais orthographié *Vaulx Girard* – et le grand parc qui l'entourait. Petit à petit, elle allait arrondir ce domaine et elle finit pas posséder vingt-quatre hectares d'un seul tenant dans ce quartier neuf, aéré, beaucoup plus agréable que celui, si encombré et si malsain, du Louvre. Elle avait immédiatement fait dessiner les jardins et planter des arbres à profusion – trois ormes de l'époque, dit-on, subsistent encore – et, quoiqu'elle eût aménagé et meublé l'hôtel à son goût, elle était déterminée à bâtir un nouvel ensemble. L'ancien existe toujours, c'est le Petit-Luxembourg, résidence du président du Sénat, et le nouveau fut construit en alliant l'influence florentine à la tradition française sous la direction de Salomon de Brosse. Le chantier, interrompu pendant la disgrâce de la reine, avait repris sous la direction efficace de Richelieu, et en 1625, Marie de Médicis emménagea dans un palais qui faisait l'admiration générale. Autant le Louvre était sombre, sale, sinistre, autant le Luxembourg, gai, admirablement meublé, ensoleillé – les fenêtres donnaient sur un immense jardin où fontaines, bassins et jets d'eaux ornaient les allées nouvellement créées – semblait délicieux. Mais ce succès ne lui suffit pas. Pour souligner sa superbe, proclamer un retour au pouvoir qu'elle jugeait irréversible, assurer son emprise sur une famille qu'elle croyait définitivement soumise, la reine s'empara d'une arme nouvelle et invincible, le pinceau de Rubens.

Marie fit appel au peintre pour la décoration de sa grande galerie. Choix surprenant que cet artiste anversois dans ce siècle si italien, mais Rubens avait déjà une réputation glorieuse dans toute l'Europe. Dans sa jeunesse, comme peintre officiel de la cour de Mantoue où régnait la sœur aînée de la reine, il avait assisté à Florence aux fêtes qui avaient célébré ses fiançailles. Depuis 1611, il était revenu à Anvers où il avait organisé un immense atelier pour faire face à toutes ses commandes. Il se trouvait à la tête d'une véritable entreprise puisqu'il lui arrivait d'employer plus d'une trentaine d'aides. Tout l'intéressait : l'histoire, la littérature, les événements politiques du jour. Il se lia avec un érudit provençal qui le mit en rapport avec un abbé de Saint-Ambroise, trésorier de la reine. Celui-ci vanta Rubens à Marie. Le représentant des Pays-Bas espagnols eut vent de l'affaire et appuya cette candidature avec enthousiasme – un homme aussi avisé que Rubens pouvait tirer d'immenses avantages des longues heures d'intimité réservées à un portraitiste – et Marie fit enfin venir le peintre, afin de discuter de la commande, convaincue, à juste titre, qu'il avait assez de finesse pour comprendre ses vues. Il s'agissait non pas d'un seul tableau mais de vingt-quatre toiles qui devaient retracer une « Histoire de Marie de Médicis ».

Toutes les questions que l'on se pose sur les nouveaux rapports de la mère et du fils, sur la manière dont elle a digéré ses humiliations passées, sur l'interprétation de son rôle depuis la régence resteraient sans réponse – en l'absence de correspondance ou de journal – si Rubens ne s'était fait son interprète et son historien dans cet ensemble réalisé sous sa pointilleuse direction car elle s'était réservé le dernier mot sur la conception des toiles grâce à un contrat extrêmement précis. Récrire l'histoire est un sport familier aux gouvernants. Certains le pratiquent modestement à coups de mémoire, d'autres plus assurés maquillent photos et documents, exigent la révision de manuels ou la destruction de témoignages, Marie, elle, prit à son service un génie et lui commanda sans vergogne une

*Histoire de Marie de Médicis* si faussée, si orgueilleuse, si sublime que les deux derniers tableaux évoquent en toute simplicité l'Assomption et le Couronnement de la Vierge.

Rubens était un artiste trop intelligent pour ne pas discerner l'immense peine à satisfaire une reine qui exerçait un contrôle politique sur son œuvre. Deux difficultés majeures le troublaient : comment traiter l'expulsion de la reine après l'assassinat de Concini, suivie par la guerre entre mère et fils, et comment figurer le roi ? Le représenter avec l'éclat conventionnel dû au souverain répugnait à la reine mère, mais suivre ses recommandations et le peindre en fils ingrat, en personnage falot et retors était impossible à Rubens qui ne tenait pas à offenser le roi de France. Il s'en tira en omettant certains incidents après de longues négociations avec la reine et en usant avec une virtuosité rare du maniement d'emblèmes, d'allusions mythologiques ou religieuses difficiles à saisir pour le profane. Les toiles achevées pouvaient donc se « lire » différemment selon que l'on comprenait ou non la portée de tel ou tel symbole ou du placement des principaux personnages. Le sens des tableaux où se mêlaient princes et divinités mythologiques était si enterré – il fallut de longues explications à Marie avant qu'elle ne se déclarât satisfaite – que lorsque Louis XIII vint les voir pour la première fois, un conseiller de la reine, Claude Maugis, en l'absence de l'artiste, les lui montra « en lui masquant et en lui dissimulant le sens véritable des toiles avec une grande habileté ». Autrement dit, dans le palais de sa mère, avec le plein accord de celle-ci, on trompa le roi qui faisait preuve d'une ignorance somme toute naturelle chez un profane.

En admettant qu'on eût si bien doré la pilule à Louis XIII – et le fait qu'il commanda à son tour une série à Rubens tendrait à le prouver – qu'il admira sincèrement l'ensemble de l'œuvre, pouvait-on imaginer que d'autres courtisans, à l'œil plus vif, ne remarqueraient pas l'inhabituelle pose du dauphin, vu de dos, lors du couronnement de sa mère, son absence lors de la cérémonie de l'octroi de la régence – octroi qui eût été impossible sans la déclaration du petit roi au Parlement – et leurs positions respectives dans le tableau de la réconciliation : la reine assise recevant l'hommage de son fils agenouillé devant elle ? Comment douter de la terrible assurance de la reine, qui osa faire représenter Leonora Galigaï dans une des toiles et conclura le cycle par son autoportrait en reine triomphante ? Le désir d'écraser Louis crevait les yeux. Elle seule tenait les emblèmes du pouvoir et de la justice dans les mains. Dans l'esquisse de la toile qui devait commémorer le rapprochement de la mère et du fils, Rubens avait prévu un personnage armé d'une balance qui mettait en fuite les ennemis de la France. Or la balance symbolisait Louis XIII, Louis le Juste, né sous le signe de la Balance. La reine fit disparaître l'instrument qui désignait son fils victorieux dans le tableau définitif et se l'appropria. La série n'avait pas été commandée pour la justifier mais pour la venger. Ajoutons que la profusion d'emblèmes de fécondité ne pouvait que blesser le jeune couple stérile.

L'entreprise de Rubens était si efficace que la galerie du Luxembourg fut inaugurée avec un faste incroyable dès mai 1625. Véritable triomphe de la désinformation et de la propagande. Toute la cour, menée par Louis XIII, s'extasia devant la *Félicité de la Régence*. Pour le moment l'effronterie de la reine semblait avoir gagné la partie. Elle risquait cependant de se brûler à cette flamme allumée en son seul honneur. Nier la solidarité qui la liait à son fils, c'était saper le fondement même de son autorité. La responsabilité de la régence ne lui avait pas été confiée en vertu de son mérite mais en raison de sa qualité de mère du roi. Exclure ou avilir ce dernier mettait donc en question sa propre légitimité. Catherine, elle, n'avait jamais oublié que son pouvoir dérivait de celui de son fils, si jeune et si incapable fût-il, et, comme nous l'avons vu, avait toujours pris soin de publier les marques extérieures de ce rapport. L'iconographie de Marie, bien au contraire, la représentait moins en veuve et mère protectrice qu'en femme forte et triomphante. Abandonner les voiles du deuil pour se faire peindre chevauchant un cheval blanc et tenant un bâton de maréchal, comme elle le fit dans *Le Triomphe de Juliers*, créait une image inintelligible et troublante de son rôle[4]. Tout à sa revanche éclatante, la reine ne s'en soucia pas. Cette mère qui s'imagina mère régnante à perpétuité, oubliant ses faiblesses et ses trahisons, s'enhardit jusqu'à jouer un rôle classique de gardienne de la moralité de la cour.

Sa belle-fille, cette impertinente qui avait cru un moment la supplanter, eut l'imprudence de susciter la passion du séduisant Buckingham, le favori de Charles Ier d'Angleterre. Par la faute de la duchesse de Chevreuse – laquelle n'était autre que Marie de Montbazon, la veuve remariée de Luynes, devenue la meilleure amie d'Anne – toujours prête à favoriser intrigues et aventures, la reine se trouva seule un instant avec le jeune homme, dans le jardin de l'évêché d'Amiens. (Toute la cour s'était déplacée, en effet, pour accompagner la sœur du roi, Henriette, qui s'embarquait épouser le roi d'Angleterre et avait fait halte à Amiens.) Anne, dès qu'elle se vit isolée, appela ses femmes, mais le mal était fait : il fallut défendre la reine devant l'opinion et, plus grave encore, devant le roi. La perfidie était trop tentante pour que Marie n'y cédât pas : « Ce n'est rien, dit-elle au roi, quand la reine aurait voulu mal faire, il lui aurait été impossible, y ayant tant de gens autour d'elle qui l'observaient[5]. » Après cela, elle pouvait se donner des airs de consolatrice, elle venait de lui dérober son appui naturel.

Anne n'avait cependant pas mesuré le danger. La voilà qui se mêla imprudemment d'empêcher le mariage de Gaston, son beau-frère, incident sur lequel nous reviendrons et qui permit à l'influence de sa belle-mère de s'enraciner plus fortement encore. Désormais, Marie fut nommée régente lors des absences du roi, le conseil se tint dans sa chambre et c'est elle qui reçut les ambassadeurs et les généraux, elle encore que recherchaient tous ceux qui voulaient s'approcher du roi. C'est dire que l'exil, Blois et les Ponts-de-Cé avaient disparu de la conscience de la cour.

Avoir d'une certaine manière réglé son compte à sa

174

belle-fille ne suffit pas à Marie. Elle ne ferma pas les yeux sur les mouvements de cœur – on n'ose dire de corps, étant donné sa timidité – de son fils. Ces mouvements se dirigeaient le plus souvent vers de beaux jeunes gens. Le roi, c'est clair, n'aimait pas les femmes. Personne ne doutait que ses passages, toujours courts et espacés, dans le lit conjugal n'étaient dictés que par le besoin d'avoir un héritier. Il aura deux attachements féminins – Marie de Hautefort et Louise de La Fayette –, attachements dont la pureté ne sera jamais mise en doute, alors que son faible pour les garçons prêtera à discussion et à médisance. Couchait-il ou ne couchait-il pas ? Nul ne le savait avec certitude mais, dès qu'un des jolis favoris se mêlait de politique, Richelieu et Marie de Médicis se concertaient et s'arrangeaient pour se débarrasser de l'imprudent. Ainsi un jeune officier, Toiras, qui fit un instant figure de mignon, fut éloigné de la cour par Richelieu après qu'il eut déclaré son aversion au mariage de Monsieur, mariage désiré par la reine mère. Son successeur, Baratte, dura plus longtemps. Le Vénitien, Morosini, définit son rôle sans ambages : il ne quittait pas Louis XIII, et cela « non pour les affaires d'État mais pour les chasses et les inclinations particulières du roi ». Mais loin de se contenter des bontés royales pour lui, Baratte voulut aussi l'influencer et lui fit, dit-on, « des représentations [...] sur la Normandie et la Bretagne [...] qui pour le présent sont à l'entière disposition de la reine mère et du cardinal[6] ». Erreur d'autant plus fatale qu'il était tombé indiscrètement amoureux d'une fille de la maison de la reine et déclarait vouloir l'épouser. Quelques jours après, Richelieu et Marie, profitant de l'indignation de Louis devant cette « trahison », réussirent à le convaincre d'éloigner l'indiscret. Dans toutes ces instances, Marie n'agissait qu'en termes de politique, politique personnelle s'entend, puisque toujours seul son intérêt la guidait.

Cependant l'équilibre du triumvirat fut ébranlé au cours des ans parce que le rapport entre Louis XIII et Richelieu se fit plus direct. L'admiration et la confiance du souverain pour le ministre grandissaient chaque jour. Rassuré par les précautions prises par ce dernier pour ne jamais le heurter et toujours lui donner le sentiment qu'en dernière instance le choix de la politique lui revenait, le roi multipliait les marques d'amitié – il terminait toujours ses lettres par un « Assurez-vous pour toujours de mon affection qui durera éternellement ». Quoique les observateurs professionnels s'accordassent pour juger que « le cardinal agit et fait tout à sa guise sans le conseil de personne, et [que] toutes choses [lui] réussissent », Richelieu gardait la tête froide et se plaignait à un ami que son maître refusait souvent les avis qu'il lui donnait : « Je tombe tous les jours en pareil inconvénient, et m'estime heureux quand de quatre propositions, deux lui sont agréables. » De plus, Richelieu se sentait toujours à la merci d'une saute d'humeur. « Tantôt le roi a d'extrêmes satisfactions de moi, tantôt qu'il en prend quelque dégoût. [...] J'ai bien plus à craindre diverses cabales qui n'ont d'autre but que de me perdre : la cohorte des grands, des femmes, des étrangers [7]. » On a pu le comparer à un président du Conseil de la IVe République, soumis aux caprices de l'Assemblée. De son propre aveu, torturé par le souvenir de l'image du cadavre de Concini déchiré par la foule qui lui rappelait la capacité de violence de Louis XIII, il prenait garde à ne pas recevoir d'excessives marques publiques de reconnaissance. Gouverner dans ces conditions d'insécurité n'était pas aisé et il n'avait plus le temps de consacrer beaucoup d'attention à la reine dont l'entourage lui devint de plus en plus hostile.

Une fois le Luxembourg terminé, Marie tourna ses énergies vers les causes catholiques qui lui avaient toujours été chères. Elle se concentra d'abord sur les œuvres de bienfaisance, puis, influencée par le cardinal Pierre de Bérulle, le fondateur de l'ordre des oratoriens, qui la guidait et la conseillait, sur les questions de politique étrangère liées aux intérêts de l'Église. Bérulle prit alors une importance grandissante. Ce n'était pas un nouveau venu. Très lié à Richelieu, à qui il devait son chapeau de cardinal, il joua un rôle politique, avec l'accord de celui-ci, au moment du mariage d'Henriette de France, du règlement de différents problèmes avec l'Espagne et lors de la reprise de la guerre contre les protestants. Un autre homme qui eut une grande influence sur elle fut Michel de Marillac. Il faisait une honorable carrière administrative quand l'amitié de Bérulle et la protection de Marie le firent sortir des rangs. Ce catholique intransigeant, jadis fort proche de la Ligue, entra au conseil du roi et fut nommé garde des Sceaux en 1626. Son frère Louis fit également une carrière brillante et obtint la charge de maréchal de France malgré la piètre opinion de Richelieu de sa valeur militaire : « S'il avait le ton et la morgue d'un homme de commandement [...] il était beaucoup moins soldat et capitaine sur le terrain que sur le papier. »

Avant même que de vraies divergences politiques ne se fissent jour, Richelieu observait avec méfiance les protégés de cette reine qu'il avait lui-même si longtemps pratiquée. Il mesurait combien il perdait à ne plus avoir le loisir de la voir longuement en particulier, de lui expliquer ses initiatives, de lui suggérer une ligne d'action mais, en raison de la lenteur, de l'obstination et de la méfiance de Louis XIII, « les quatre pieds carrés du cabinet du roi » constituaient un champ de bataille qu'il lui fallait reconquérir tous les matins. Seul le sacrifice de tout repos lui aurait permis de diriger en douceur la mère et le fils.

Nul ne pouvait douter que, dès 1628, Richelieu fût devenu véritablement le conseiller privilégié du roi. La reine, loin de s'en réjouir, y vit une entrave à sa toute-puissance car, comme le rapportera, une génération plus tard, Saint-Simon, le fils d'un favori bien informé de Louis XIII, « elle voulait gouverner, elle ne songeait qu'à se rendre peu à peu tout à fait maîtresse, à quoi un premier ministre en titre et en capacité devenait un grand obstacle ». La tension monta entre les trois premiers personnages du royaume. Marie se mit en tête – car il est impossible de sous-estimer la prudence de Richelieu en ce qui concernait les apparences – que le ministre la méprisait, qu'elle ne lui avait servi que de « marotte » pour reprendre l'expression de son fils Gaston, toujours prêt à exciter la discorde autour de lui. Elle confia même à un proche dans un accès de rage : « Je suis réduite à néant ! Monsieur le cardinal a tout le pouvoir. » Mais il serait absurde de réduire la crise à des querelles de personnes. Un véritable choix politique se posait alors à la France : sacrifier ou non la défense des intérêts français en Italie à la guerre religieuse contre les protestants ? C'est sur cette question que se fera le clivage des deux partis.

En 1628, la question n'avait rien d'abstrait. À la mort du duc de Mantoue, ses possessions furent léguées au duc de Nevers, un prince français. Mais l'héritage fut contesté : la possession du duché était essentielle à l'accès des cols des Alpes et l'Espagne s'opposait à ce que la France en jouît. Le roi de France de son côté faisait face à une révolte protestante à la fois dans le Midi, dans le Poitou et en Normandie. Il choisit de se battre en Normandie et d'assiéger La Rochelle avant d'affronter ses adversaires dans le Midi. Or la citadelle tomba en décembre 1628. Cette victoire obligeait le roi à choisir entre poursuivre la lutte contre les protestants ou rediriger ses troupes vers l'Italie. Un conseil donna l'occasion à Richelieu d'exposer le problème. Pour lui, la lutte contre les protestants devait mener au respect absolu du pouvoir royal mais non viser à l'éradication de l'hérésie. Il s'agissait donc d'une question politique et non religieuse. En ce qui concernait la question de l'Italie, son seul objectif consistait à limiter le pouvoir de l'Espagne. L'équilibre de l'Europe étant essentiel à ses yeux, allait-il donner la priorité à l'affermissement de l'autorité royale en France ou renforcer l'influence de la France en dehors de ses frontières ? Le ministre ne se déclara pas et laissa Louis XIII absolument maître de la décision. Celui-ci prit le parti d'intervenir dans les Alpes en se mettant lui-même à la tête des armées et d'envoyer Richelieu en terminer avec l'agitation des protestants en Languedoc.

Ce choix irrita Marie et ses conseillers. Le fait d'être régente en l'absence du roi ne suffit pas à la calmer. Désormais viscéralement opposée à Richelieu, incapable de jauger les avantages d'une politique réfléchie, trop gonflée de vanité pour mesurer les ressources intellectuelles et psychologiques du cardinal, elle allait s'acharner – au point de forger une alliance avec Anne – à saper la situation de son ancien protégé.

Que la politique choisie eût été un succès complet – Richelieu, victorieux sur le terrain, promulgua un édit de pacification, la grâce d'Alès, le 27 juin 1629, qui maintenait les privilèges accordés par l'édit de Nantes mais supprimait les avantages politiques et militaires des réformés, tandis que Louis XIII, par sa victoire au pas de Suse, rétablit le duc de Nevers dans ses droits – n'eut aucun effet sur la reine qui accueillit le cardinal à son retour à Paris avec une froideur telle qu'il offrit sa démission au roi. Celui-ci la refusa et tenta de raccommoder la reine et le ministre. Quelques mois plus tard, la situation dans les Alpes se dégrada, rendant nécessaire une nouvelle intervention militaire. Le problème de la régence se posa et s'avéra insurmontable. Nommer à nouveau Marie aurait été imprudent, nommer Anne aurait exaspéré la reine mère, et d'ailleurs le roi n'avait pas plus confiance dans son épouse que dans sa mère. Louis XIII se trouvait, comme toujours, en situation de faiblesse dans son cercle familial.

Le roi avait maintenant trente ans, jusqu'à présent son gouvernement avait été judicieux. Pourquoi, peut-on se demander, se montrait-il toujours aussi craintif et puéril devant sa mère ? Que redoutait-il ? Sa méchanceté qui perçait dans ses discours, une violence rarement bridée, son mépris toujours prêt à affleurer ou encore ses insondables facultés d'intrigue ? Les armes ne manquaient cependant pas au souverain pour secouer le joug. Avec un ministre aussi capable, aussi loyal et attentif que Richelieu à ses côtés, il n'avait plus besoin de cette mère qui avait toujours été malfaisante à son égard. Et pourtant, il tremblait. Malgré son désir de se porter à la tête de ses troupes, il dut se résoudre à ne pas quitter Paris tellement il craignait de la laisser en arrière et ce fut Richelieu qui commanda l'armée à sa place.

Les premiers succès posèrent de nouveau le problème fondamental de la direction de la politique française et toujours dans les mêmes termes. Une fois encore, Richelieu demanda au roi de choisir : attaquer, et ainsi écarter la menace d'encerclement de la France par les Habsbourg, mais « dans ce cas-là, il [fallait] quitter toute pensée de repos, d'épargne et de règlement du dedans du royaume », ou se concentrer sur les problèmes intérieurs, soit l'unité religieuse et la mise en œuvre de grandes réformes administratives. Entre ces deux conceptions politiques, Louis XIII penchait vers l'action militaire et la prédominance de la politique extérieure. Il décida donc de partir pour le front malgré une fièvre persistante afin de combattre à la tête de ses armées... mais emmena les deux reines avec lui. Elles demeureraient à Lyon alors que lui se dirigerait sur Grenoble.

Marie de Médicis, on l'imagine aisément, ne faisait de vœux ni pour une victoire, qui aurait justifié le pari de Louis XIII, ni même pour sa guérison. En effet, l'état du roi s'aggrava si précipitamment qu'il dut quitter l'armée et se réfugier Lyon. Le mal fit de tels progrès que dans toutes les églises on commença à dire des prières pour son âme. Gaston d'Orléans se voyait déjà la couronne sur la tête, Marie avait prévenu les fidèles qu'elle comptait nommer ministres et Richelieu prit ses dispositions pour fuir au plus vite et se mettre à l'abri des vengeances qu'il n'imaginait que trop bien. Premier coup de théâtre d'une année qui en sera prodigue : le roi se remit quasi miraculeusement. Dès qu'il eut repris connaissance, Marie, toute décontenancée, se précipita à son chevet, flanquée d'Anne d'Autriche, et sans vergogne essaya d'obtenir du convalescent qu'il chassât son ministre. Ce dernier, cependant, ne se laissait pas détourner de ses responsabilités. Il continua l'offensive contre les Espagnols, reçut de nouvelles propositions de l'ennemi, apportées par un Romain, un certain Giulio Mazarini, et signa un accord qui « outre qu'il [don-

nait] un grand avancement et suite aux affaires, [c'était]
avec tant d'honneur et de gloire qu'il n'y [avait] guère
d'exemple de pareille chose[8] ». Là-dessus, toute la cour
regagna Paris.

Marie ne participa pas à l'euphorie et continua de dresser ses batteries. Louis ne lui avait rien promis quant à
Richelieu mais il l'avait écoutée, ce qui, dans son esprit,
valait une demi-promesse. L'obstination de la reine à rui-
ner un ministre qui ne cherchait pas à lui être hostile,
lui témoignait les marques extérieures du respect le plus
profond et, de surcroît, menait les affaires de façon raisonnable et victorieuse défiait toute logique. Politique si
absurde, si destructrice – en fait elle sera suicidaire –, que
la seule explication psychologique valable serait la volonté
d'écraser son fils à tout prix. À cet égard Marie se conduit
à l'opposé de Catherine, la reine précédente. Catherine
ne détestait pas ses fils, elle n'avait pas – à juste titre –
confiance dans leurs capacités. Elle voulait couvrir leurs
défaillances, les protéger, agir à leur place pour leur bien
et celui du pays. Mais si Catherine était la chienne qui
défendait ses petits, Marie était celle qui ne voulait pas
lâcher son os. On ne peut imputer l'acharnement de cette
dernière qu'à la stupidité et à la haine, explications peu
satisfaisantes mais qui s'imposent dans les circonstances.

Le drame entre les trois personnages va se dénouer en
quelques jours. Quittant un Louvre rendu inhabitable par
des travaux, Louis XIII s'installa provisoirement rue de
Tournon, dans un hôtel jouxtant le palais de Marie et le
Petit-Luxembourg où logeait le cardinal. Le conseil devait
se tenir dans la chambre de Marie pendant cette période
intermédiaire. Le fait n'était pas inhabituel et soulignait
qu'on ne pensait pas à l'écarter. Mais ce conseil fut précédé par de multiples et mystérieuses réunions. La reine
convoquait Louis XIII à d'interminables conversations.
Lorsqu'il la quittait, elle faisait venir ses conseillers privés
avec lesquels elle préparait un lourd dossier contre Richelieu : la liste de ses biens, leurs origines, les charges et
autres avantages donnés à ses proches. Paradoxalement, la

nièce de Richelieu, Mme de Combalet, avait remplacé la Galigaï comme dame d'atour de la reine et se trouvait toujours en place. Impossible d'imaginer qu'elle ne se sût pas visée et qu'elle ne tînt pas le cardinal au courant de toute cette activité. Comment imaginer que le secret pût régner sur ces conciliabules ?

N'attendant pas que le couperet s'abatte sur sa nuque, Richelieu réagit en offrant une fois encore sa démission au roi. Ce dernier la refusa derechef. Usant d'une autre voie, le ministre composa une longue lettre à la reine où il demandait – sous le couvert de mille circonlocutions dans des termes dont la flatterie frôlait la bassesse – d'être absous des crimes et des soupçons dont l'avait chargé un tribunal sans lui faire la justice de l'entendre. Il terminait en lui assurant : « Je n'aurai plus de regret de sortir de la cour ni du monde où je meurs mille fois le jour depuis que Votre Majesté a fait semblant que je ne sois plus moi-même, c'est-à-dire, Madame, de Votre Majesté le très humble, très fidèle et très obligé serviteur. » Bien entendu, la lettre n'eut aucun effet bénéfique. Au contraire. Le 10 novembre 1630, la reine retint le cardinal après le conseil et lui retira toutes les fonctions qu'il exerçait dans sa maison. Ne se contentant pas de le chasser, elle congédia toutes les personnes, y compris sa nièce, qu'il lui avait recommandées. Enfin, pour compléter la besogne, elle fit dire au roi, catégoriquement, qu'elle refusait de voir ce faquin de Richelieu. Il était hors de question qu'ils siégeassent ensemble au conseil.

Et toute la cour de se mettre à bruire, les visages ne se tournaient plus vers le ministre avec l'amabilité qu'il s'était accoutumé à y voir. Et le roi ? Le roi tergiversait. Seul, sans conseiller, sans appui, il s'abandonnait à son trouble. Il ne voulait pas se séparer de son ministre mais il ne voulait pas se brouiller avec sa mère. Espérant, contre tout réalisme, s'épargner la douleur de choisir, il demanda à Richelieu de prendre officiellement congé de Marie le lendemain après qu'il eût tenté une dernière démarche auprès d'elle. Il se rendit donc en fin de matinée chez la reine dont l'appartement occupait le premier étage de l'aile droite du palais qu'un escalier reliait à une chapelle.

La reine, déterminée à imposer sa volonté à Louis XIII et à lui extirper toute velléité d'indépendance, craignait d'être interrompue pendant cette séance. Elle avait donné l'ordre de ne laisser entrer personne, si bien que lorsque Richelieu, suivant la mise en scène organisée par le roi, se présenta dans l'antichambre, l'huissier lui refusa le passage. Le cardinal nullement découragé passa alors dans une galerie qui, par une autre porte, donnait accès à l'appartement mais il la trouva fermée. Résolu à tenter sa dernière chance, il descendit et se dirigea, en habitué du palais, vers la chapelle, s'engagea dans l'escalier obscur et poussa une porte qui céda. Marie n'avait pas songé à pousser le verrou de l'intérieur.

L'entrée intempestive de Richelieu interrompit net la conversation. « Je gagerai, dit-il, que leurs Majestés parlent de moi. » Ces mots dits d'un ton gai et assuré provoquèrent la fureur de la reine mère qui, sans se soucier de la présence de son fils, éclata en récriminations, en reproches, en violences et, refusant de l'écouter, lui tourna le dos. Le roi prit alors la parole avec une timidité qui dut paraître de mauvais augure au cardinal. Il admit qu'il n'avait pas réussi à convaincre sa mère – aveu de faiblesse que la présence de Marie rendait plus lamentable encore – et lui suggéra de se rendre à Pontoise quelques jours attendre l'accalmie. À ses propos, Marie fit volte-face et déclara que Louis devait choisir immédiatement et catégoriquement entre elle et le ministre. Elle paraissait si dangereuse dans son incapacité de dominer sa rage que Richelieu lui-même en fut décontenancé et s'agenouilla en larmes devant elle pour lui dire adieu. Puis les deux hommes se retirèrent, la laissant apparemment maîtresse du champ de bataille. Tout au moins en fut-elle persuadée.

Louis XIII s'enfuit dans un pavillon de chasse qu'il avait fait construire à Versailles. Richelieu rentra chez lui, au Petit-Luxembourg. La cour, à observer le comportement de la reine, fut persuadée de la ruine définitive du ministre. Marie, en effet, comme si elle venait de mener un coup d'État victorieux, agit en monarque absolu. Se dispensant de toute consultation avec le roi, elle annonça le départ du cardinal et laissa entendre que son successeur serait son homme, Marillac. Toute sa conduite exprimait le mépris le plus absolu pour le souverain. Une fois de plus – mais ce sera la dernière –, elle fit preuve d'un curieux aveuglement en sous-estimant complètement l'énergie intermittente de son fils et ses facultés de dissimulation.

Le roi, avant de quitter Paris, avait donné l'ordre à Richelieu et à Marillac de venir le rejoindre. Rien ne peut donner la mesure de l'effroi causé par la rage de Marie en crise que le fait que Richelieu, complètement démoralisé, se voyait contraint à l'exil et se préparait à fuir par Le Havre. Un de ses amis, cependant, le cardinal de La Valette, lui fit voir que la partie serait définitivement perdue s'il disparaissait et lui conseilla d'obéir au roi et de le retrouver. Le cardinal se reprit alors, fit atteler, et tard dans la soirée arriva à Versailles, dans une gentilhommière qui comptait huit pièces et n'avait rien de commun avec le château que nous connaissons. Il fut rassuré sur les intentions de son roi lorsque celui-ci lui assigna la chambre de son cousin, le comte de Soissons, congédia tous les assistants et lui fit enfin part de sa volonté[9].

« Je vous commande absolument de rester et de continuer à tenir le timon des affaires, parce que telle est mon irrévocable décision. » Louis XIII ajouta qu'il en allait de l'intérêt du royaume et de sa dignité personnelle. Ce à quoi Richelieu, abordant de front la question essentielle, lui demanda « de quels yeux le monde verra-t-il [le roi le] garder avec le reproche public d'être ingrat à l'égard de la reine ? » Et le roi répondit que, s'il respectait sa mère, « il était plus obligé à son État ». Il ne cacha pas qu'il était arrivé à cette conclusion après un véritable débat intérieur et que son confesseur avait approuvé sa résolution. Les deux hommes s'entretinrent pendant plus de quatre heures. À la suite de quoi, malgré l'heure avancée, Louis XIII convoqua un conseil, qui se réunit donc en pleine nuit, et

annonça la destitution et l'arrestation de Michel de Marillac, le garde des Sceaux, et de son frère le maréchal. Treize
ans auparavant, l'assassinat de Concini avait marqué la
prise de pouvoir de Louis XIII. En 1630, celui-ci pouvait
se permettre d'agir avec plus de formes, mais aux favoris
de la reine la différence devait sembler minime. Le garde
des Sceaux, malgré son âge – il avait plus de soixante-huit
ans – et sa grande distinction, fut traité avec brutalité.
« Resserré » dans le château de Châteaudun, il se trouva
« en la plus basse subjection sous le dernier des archers »
et mourut en captivité deux ans plus tard. Le maréchal, lui,
fut jugé, mais le procès ne fut qu'une parodie de justice et
se termina de façon expéditive et peu convaincante par
une condamnation à mort. Il fut décapité en 1632.

Mais revenons aux journées de novembre 1630. Restait
à apprendre ce renversement à Marie. Un secrétaire
d'État, La Ville aux Clercs, fut envoyé dans la matinée au
Luxembourg pour la mettre au courant. Sa stupéfaction
fut extrême. Elle voulut se précipiter à Versailles, tempê-
ter, hurler et reconquérir son rang. La Ville aux Clercs sut
l'en dissuader. L'entourage de la reine, hier si triomphant,
se fit muet de désolation. Le flot des courtisans reflua
comme la marée. Le Luxembourg, animé, bruyant et
bavard dans la matinée, se trouvait désert et silencieux à
la tombée du jour. Un courtisan, Bautru, eut le mot de la
fin : « Ç'a été la journée des dupes. »

Contrairement à ce qui s'était passé en 1617, la reine ne
fut pas chassée. Louis XIII et Richelieu auraient même
voulu un « rapiéçage », le premier par bienséance, le
second par peur. Il avoua à Contarini « qu'il ne pouvait
plus se fier à la reine, qui, comme tous les Italiens, conservait en elle toujours verts les rameaux de la haine [10] ». Il
n'avait pas tort de la craindre. La reine ne désarmait pas.
Comme cette révolution de palais marquait un net recul
de l'influence catholique et espagnole, soulignée par le
fait que Louis XIII fit exiler alors une dizaine d'Espagnols
de la maison d'Anne d'Autriche, Marie en profita pour se
rapprocher de cette dernière, au grand agacement du roi.

L'agacement se changea en inquiétude lorsque le jeune Gaston entra en lice. Déclarant à Richelieu qu'il se jugeait attaqué, il quitta Paris pour Orléans en agitant le drapeau de la guerre civile. Ce coup de tête allait se retourner contre la vieille reine. Qui d'autre aurait pu encourager ce jeune fou à défier son frère ? La cour se trouvait à Compiègne où les deux reines avaient accompagné le roi quand ce dernier décida de réunir un conseil pour élaborer une solution à ce drame de famille éternellement recommencé.

Trois possibilités furent envisagées : une réconciliation avec Monsieur, un accord avec la reine mère, la démission de Richelieu. La première fut rejetée d'emblée en raison de l'irrationnel des réactions de Gaston ; la deuxième fut jugée difficile à envisager parce que la seule façon de satisfaire la reine aurait été de lui donner les pleins pouvoirs – or le roi n'avait nulle intention d'abdiquer –, et enfin la dernière fut repoussée sans discussion puisque Louis XIII ne voulait pas se séparer de Richelieu. Les ministres suggérèrent alors que seul l'éloignement de la reine mère ramènerait le calme, et le roi, comme soulagé par l'unanimité du conseil, adopta cette résolution avec une surprenante rapidité.

Le film s'accéléra soudain. Huit compagnies de gardes-françaises, soit mille cinq cents hommes, sous le commandement du maréchal d'Estrées, firent leur entrée à Compiègne avec mission de garder et de surveiller la reine jusqu'à ce qu'elle se rendît à Moulins qui lui avait été assigné comme résidence. Sitôt l'ordre donné, le roi monta en carrosse avec Anne d'Autriche pour regagner Paris sans prendre congé de sa mère. Voulait-il s'épargner une scène désagréable ? Craignait-il d'être ému par ses larmes ? Ou simplement ayant agi en roi, c'est-à-dire s'étant placé, selon son expression, au-dessus des sentiments des particuliers, jugeait-il que de se remettre en situation de fils, ne serait-ce qu'un quart d'heure, serait un rôle absurde et injouable ? Ils ne devaient plus jamais se revoir.

L'histoire de leurs rapports est terminée puisqu'ils n'en

auront plus, mais comment ne pas vouloir raconter la fin des aventures de la Médicis ? Fidèle à son personnage, ignorant la défaite, elle n'accepta pas la décision du roi sans discussion. Elle commença par refuser de partir pour Moulins. Elle demanda Nevers. Va pour Nevers, déclara le roi. Mais comment supporter l'humiliation de quitter Compiègne en prisonnière ? Le roi céda à ses plaintes et fit retirer les troupes. La reine en profita alors pour s'enfuir. S'éclipser de Compiègne était plus aisé que de s'échapper de Blois. Nul besoin d'échelles de corde ou de glissades périlleuses. Marie se dissimula sous des voiles opaques et se fit accompagner de quatre serviteurs. Ceux-ci se firent ouvrir le portail du château en expliquant au garde que la dame, une dame d'honneur de la reine, allait se marier secrètement dans un ermitage voisin. Ils montèrent dans un carrosse qui les attendait et prirent vers le nord avec le projet d'atteindre la place forte de Capelle, sur la frontière des Pays-Bas espagnols. Un premier déboire les y attendait. Le gouverneur de la place, le jeune marquis de Vardes, avait quitté la cour sans raison apparente et sans demander un congé pour se rendre à son service. Ce départ avait alerté Richelieu qui fit prévenir le père du jeune homme. Celui-ci se précipita sur place, exigea de son fils qu'il lui remît les clefs de la citadelle et interdit l'entrée de la forteresse à la reine, qui décontenancée par cette entorse à son plan passa alors la frontière pour se réfugier aux Pays-Bas.

Ce serait mal la connaître que d'imaginer qu'elle allait se tenir tranquille. Elle porta plainte contre Richelieu au Parlement de Paris et demanda qu'on lui fît son procès. Le roi prit alors des mesures définitives : il se rendit au Parlement pour dénoncer la requête comme calomnieuse, interdit à ses conseillers d'avoir la moindre relation avec la reine sous peine d'être déclarés coupables de lèse-majesté et enfin fit saisir et séquestrer ses biens et ses revenus. La rupture fut absolue et définitive. Marie continuera à s'agiter, à se servir de son fils cadet pour intriguer contre le roi, mais la naissance du dauphin en 1638 affaiblira considérablement la position de Gaston. S'arrêtant un moment en Angleterre chez sa fille où elle se rendra bien vite indésirable, Marie, mère du roi de France, de la reine d'Angleterre, de la reine d'Espagne et de la duchesse de Savoie, finira sa vie isolée, ruinée, déconsidérée à Cologne, dans une maison prêtée par Rubens. Elle mourut moins d'un an avant son fils. Sa belle-fille, Anne, avait eu tout loisir pour observer sa grandeur et sa décadence. Elle sut en tirer la leçon.

*Anne d'Autriche*

# « Défiante, incertaine et variable »

## 1615-1638

Anne d'Autriche, espagnole et fille de roi comme Blanche de Castille, comme elle eut des rapports confiants et faciles avec son fils et lui transmit, malgré de graves difficultés, un royaume intact et pacifié. Pourtant, si l'appréciation élogieuse du rôle de Blanche est unanime, le jugement de la postérité porté sur Anne d'Autriche est mitigé et paradoxal. On s'accorde à admirer qu'elle ait réussi à surmonter l'épreuve de la Fronde, on s'accorde à apprécier ses relations avec ses deux fils et pourtant on ne lui en donne pas tout le crédit. Pourquoi ? D'une part, parce que tous ses succès – de la lutte contre les Parlements et les Importants jusqu'à la formation de Louis XIV – ont été orchestrés par Mazarin et, de l'autre, parce que deux des plus grands écrivains du siècle se sont montrés fort durs à son égard. La puissance de la plume est invincible et se défendre à la fois contre Retz et contre Saint-Simon est quasiment impossible.

À lire le célèbre portrait du cardinal de Retz – « La reine avait, plus que personne que j'aie jamais vu, de cette sorte d'esprit qui lui était nécessaire pour ne pas paraître sotte à ceux qui ne la connaissaient pas. Elle avait plus d'aigreur que de hauteur, plus de hauteur que de fermeté, plus de manières que de fond, plus d'inapplication à l'argent que de libéralité, plus de libéralité que d'intérêt, plus d'intérêt que de désintéressement, plus d'attachement que de passion, plus de dureté que de fierté, plus de mémoire des injures que des bienfaits, plus d'intention de piété que de piété, plus d'opiniâtreté que de fermeté et plus d'incapacité que de tout ce que dessus [1] » – pourrait-on deviner que Retz finit la Fronde en prison alors que la reine triomphait à Paris entre Louis XIV et Mazarin ? Les coups de griffe de Saint-Simon dépeignant son « esprit timide, défiant, incertain et variable [2] » et l'effroyable éducation qu'il l'accuse d'avoir donnée au roi restent dans les mémoires : « Roi presque en naissant, étouffé par la politique d'une mère qui voulait gouverner, plus encore par le vif intérêt d'un pernicieux ministre, sa première éducation fut tellement abandonnée que personne n'osait s'approcher de son appartement [3]. » « À peine lui apprit-on à lire et à écrire ; il demeura tellement ignorant que les choses les plus connues d'histoire, d'événements, de fortunes, de conduites, de naissances, de lois, il n'en sut jamais un mot [4]. » On a beau savoir que Louis XIV avait parfaitement appris à lire et à écrire et reconnaître qu'aucun petit prince ne fut aussi choyé par une mère douce et attentive, on a beau savoir que Saint-Simon se laissait emporter par la passion, on a beau savoir que le témoignage d'un adversaire aussi partisan, aussi spirituel, aussi mordant que Retz ne peut pas être accepté sans prudence, il reste toujours quelque chose de la calomnie forgée à ce niveau.

Plus grave pour sa légende est l'entière confiance que la reine fit à Mazarin, et non parce que celui-ci s'en montra indigne. Au contraire. On impute généralement à la gloire d'un roi le choix d'un bon ministre. Qu'Henri IV ait confié ses affaires à Sully, que Louis XIII soit toujours resté fidèle à Richelieu sont des marques de leur intelligence et de leur grandeur. Il n'en est pas de même pour une reine, et cela pour la raison – assez insultante au demeurant – que son choix doit être expliqué par la tendresse et non par l'estime. La légende d'une reine amoureuse est certes apparue tardivement. Victor Cousin, un philosophe du XIXᵉ siècle, est l'auteur qui a exprimé ce point de vue avec la plus grande clarté : « En vérité, si Anne d'Autriche n'a

point aimé Mazarin, si elle a su le comprendre par les seules lumières de sa raison, si elle lui a sacrifié tous ses amis,
sans nul dédommagement de cœur, si en 1643 elle l'a
défendu contre les Importants, en 1648 et 1649 contre la
Fronde, si elle lui est restée fidèle pendant son exil en
1651, si, pour lui, en 1652 et 1653, elle a bravé une guerre
civile, longue et cruelle, et consenti à errer en France, avec
ses enfants, à la merci de combats douteux, et souvent sans
savoir où le lendemain elle reposerait sa tête, plutôt que
d'abandonner un étranger détesté et méprisé presqu'à
l'égal du maréchal d'Ancre parce qu'elle avait discerné en
cet étranger un homme de génie méconnu, seul capable
de sauver la royauté et de maintenir la France au rang qui
lui appartient en Europe ; si cette constance que les plus
terribles orages ne purent ébranler et qui a duré plus de
dix années ne s'appuyait pas en elle sur un sentiment particulier, *le grand mobile et la grande explication de la conduite des
femmes*, il faut alors considérer Anne d'Autriche comme un
personnage extraordinaire, un des plus grands esprits, une
des plus grandes âmes qui aient occupé un trône, une
reine égale ou supérieure à Élisabeth. Pour nous, après y
avoir bien pensé, nous n'osons pas aller aussi loin[5]. »

Pourquoi cette obsession des rapports sexuels entre la
reine et son ministre ? Pourquoi refuser la prééminence à
l'autorité intellectuelle pour la seule raison qu'elle
s'exerce parfois avec douceur ? Pourquoi ne pas s'interroger plutôt sur les raisons de la déférence de Louis XIV qui
ne s'opposa jamais à Mazarin et eut la sagesse d'attendre
la mort de son ministre pour assumer seul la responsabilité de son gouvernement ? Jamais le jeune roi ne témoigna de jalousie envers le ministre ; or l'intimité entre
Louis, Anne et Mazarin était constante. On ne peut pas
imaginer que le jeune homme ne se serait pas insurgé
contre sa mère s'il avait eu le moindre soupçon d'une possible inconduite. Curieux aussi que le philosophe du xixe
ne se soucie pas de ce qu'aucun mémorialiste du temps
– même cet insolent de Retz – ne fasse la moindre allusion
à une liaison éventuelle de la reine. Oui, des libelles ordu-

riers, les mazarinades, l'affirmaient dans les termes les plus crus mais aucun historien sérieux n'avait jamais fondé d'hypothèses sur ces attaques anonymes. Elles ont circulé à toutes les époques et, à les en croire, toutes les reines de France, de Blanche de Castille à Marie-Antoinette, avaient été des putains. Victor Cousin n'a pas jugé nécessaire d'expliquer pourquoi et comment il était arrivé à sa conclusion, preuve du peu de considération accordée aux femmes en France au XIX<sup>e</sup> siècle.

En vérité, le plus surprenant et le plus inhabituel chez Anne d'Autriche est la métamorphose amorcée dès la naissance de son fils et qui alla s'accentuant après la mort de Louis XIII, métamorphose qui explique le paradoxal de sa réputation. Il n'est pas simple de faire coïncider deux images contradictoires : celle d'une jeune femme imprudente, insatisfaite, inoccupée et prompte aux coups de tête avec celle d'une mère déterminée, sûre d'elle, se tenant fidèlement au conseil qu'elle s'est donné. La clef du personnage, ce n'est pas l'amour inspiré par Mazarin, c'est la passion pour son fils.

Nous avons fait sa connaissance dans les chapitres précédents consacrés à sa belle-mère. Revenons cependant sur elle, essentiellement pour marquer les différences entre elle et les reines Médicis. La première distinction vient de ce qu'elle est fille de roi et d'un grand roi, un roi qui lui témoigna toujours une affection attentive et qui continua de le faire après son mariage. Alors que l'avenir de Catherine, orpheline de naissance, et celui de Marie, qui perdit père et mère de bonne heure, furent longtemps assez précaires, Anne, elle, fut élevée auprès de ses parents, souverains d'un vaste empire. Certes, elle n'avait que onze ans à la mort de sa mère mais son père, désespéré de cette perte – il ne se remaria jamais –, n'en manifesta que plus de tendresse à sa fille.

Si Catherine et Marie devaient leur mariage à leur dot – et on ne laissait guère oublier la minceur de leur bagage dynastique aux « grosses banquières » –, Anne devait le

sien à son impeccable arbre généalogique et à l'importance essentielle d'une alliance avec le pouvoir prépondérant sur l'échiquier européen. Les deux Médicis arrivèrent
isolées en France, et rien dans la principauté qu'elles laissaient derrière elles ne pouvait faire contrepoids à ce
qu'elles allaient découvrir en France. Quel contraste avec
Anne ! Elle fut accompagnée par son père jusqu'à la frontière, entorse faite à l'étiquette par un homme troublé à
l'idée de la séparation définitive avec une fille chérie,
investie d'une mission politique – prévenir tout conflit
entre les deux pays et encourager la lutte contre l'hérésie –
et dotée d'une suite impressionnante ainsi que d'un fort
sentiment de ce qu'on devait à une princesse d'Espagne.
Enfin, alors que chacun avait souligné le peu d'attrait de
Catherine et que la beauté de la plantureuse Marie avait
vite disparu, l'apparition de l'infante aux yeux verts, au
teint lumineux, blonde et fine éblouit l'assistance et sembla charmer le roi.

Les Italiennes découvrirent l'humiliation dès leurs débuts.
Catherine dut s'effacer devant Diane de Poitiers et sécha de
douleur pendant ses dix années de stérilité ; Marie, étonnée
et furieuse, comprit très vite que son royal époux s'attendait
à ce qu'elle vécût en bonne intelligence avec ses nombreuses
maîtresses. Mais les conditions qu'on leur imposait étaient
claires. Une fois qu'elles eurent saisi les limites imposées à
leur influence, elles purent s'organiser. Anne, au contraire,
se trouva plongée dans une situation d'une instabilité
extrême et donc déconcertante car elle dépendait d'un
homme, Louis XIII, dont l'humeur était quasiment impossible à déchiffrer. Ses débuts conjugaux furent déplaisants. Elle
eut, dès son arrivée, à subir pendant sa nuit de noces les
piteux et maladroits efforts d'un mari inexpérimenté ; puis
au lieu de laisser les jeunes gens s'acclimater doucement à
leur nouvelle intimité, Marie de Médicis les tint séparés et
voilà la petite princesse, installée au milieu de ses femmes,
recevant les visites protocolaires de son mari et de sa belle-
mère, avec comme seule distraction les lettres de son père qui
cherchait à l'amuser en lui racontant les corridas, les bals

masqués, les nouvelles pièces de théâtre mais laissait percer son inquiétude devant l'inertie du jeune époux. Un an, deux ans se passent, puis trois et quatre, et toujours rien sur le front du lit conjugal. Malheureusement, les lettres d'Anne à son père n'ont pas été conservées. On voudrait tant savoir ce qu'elle pensait de circonstances qui de déconcertantes étaient devenues bizarres. Elle venait d'une famille unie, comme nous l'avons vu, sa belle-famille a dû lui sembler peuplée de fous.

Elle avait certainement remarqué l'attitude insultante de Marie envers le roi mais s'attendait-elle au coup de théâtre du 24 avril 1617, à l'assassinat de Concini et au renvoi brutal de la reine mère ? Événements d'autant plus troublants qu'ils ne préludèrent pas à un rapprochement entre les époux. Sur sa lancée, Louis XIII congédia la plus grande partie de la suite espagnole de la reine sous prétexte qu'il ne supportait pas de la voir entourée d'étrangers, mais ses visites ne se firent ni plus longues, ni plus fréquentes, ni plus tendres après ce départ. Le roi d'Espagne avait beau conseiller à sa fille patience, obéissance et bonne humeur, rien n'y faisait et la belle jeune femme, au su et au vu de chacun, dormait toujours seule.

Cette rude et longue épreuve qu'elle dut subir semble plus pénible que celles que connurent les reines précédentes parce qu'elle était en quelque sorte incompréhensible. Henri II avait été ensorcelé par Diane de Poitiers ; Henri IV était un coureur impénitent, mais Louis XIII ? Comment le définir ? Personne ne le savait et on en discute encore. Était-il homosexuel ? Était-il d'une timidité insurmontable ? Avait-il peur des femmes ? Et que pouvait faire Anne sinon attendre ? Finalement, le 25 janvier 1619, le *Mercure français* annonça la consommation du mariage. Tous les ambassadeurs envoyèrent des dépêches à leurs gouvernements. L'usage voulait que les reines accouchassent en public. Que la presse annonçât un événement aussi naturel l'était moins. On imagine cependant le soupir de soulagement de Philippe III.

Mais les tribulations d'Anne ne cessèrent pas pour

autant. Si pendant quelques années – le temps du premier exil de Marie de Médicis à Blois – Louis XIII sembla prendre plaisir à la réalité de son ménage, la lune de miel fut de courte durée. Certes, le roi en partant en campagne laissait Anne nominalement responsable, mais il redevint un mari rébarbatif et peu attentionné. On explique souvent ce changement par le dépit causé par les fausses couches de la reine. Mais tenir rigueur à une femme de la perte de son espoir le plus ardent semble être à la fois stupide et enfantin, d'autant que le roi fréquentait de moins en moins volontiers le lit conjugal et donc ne faisait pas le nécessaire pour remédier à la situation. L'autre cause est le retour à la cour de Marie de Médicis et sa jalouse obstination à tenir la jeune reine à l'écart et à lui nuire auprès Louis XIII. « Elle travailla avec tant d'application et de succès à entretenir leur mésintelligence que la reine n'eut aucun crédit ni aucune douceur depuis ce temps-là[6] », rapporta Mme de Motteville, une des dames d'honneur de la jeune reine.

En réalité, Louis XIII, on l'a vu, hésita sur le comportement à tenir devant ses deux reines, donnant d'abord, selon la coutume, la primauté à Anne, puis changeant de cap et l'obligeant à s'effacer devant la vieille souveraine, et contribua ainsi à créer une situation aussi floue que désagréable. L'animosité entre les deux femmes ne constituait pas davantage une donnée stable du problème. Elles se montrèrent capables de s'unir, notamment contre Richelieu, et l'on verra Anne en pleurs lors de la seconde disgrâce de la reine mère. Mais pleurait-elle sur les malheurs de sa belle-mère ou sur l'avenir incertain qui s'offrait à elle ? La seule constante demeurait l'ignorance dans laquelle l'on tenait Anne. Personne ne se souciait de lui expliquer les choses. C'est qu'elle n'avait toujours pas de fils et que, dans l'éventualité de la mort de Louis XIII, elle ne serait pas reine mère, encore moins régente mais tout simplement reine belle-sœur, autant dire rien.

Donc, contrairement aux souveraines précédentes, elle n'eut aucun moyen de s'initier au processus de gouvernement. À partir de 1622, elle ne fut plus de rien, repoussée par son mari, par sa belle-mère, qui triompha aux affaires jusqu'à la journée des Dupes en 1630, et par Richelieu. Car elle avait de très mauvais rapports avec le cardinal. Un homme de son intelligence aurait pu s'accorder avec Anne s'il avait pu s'expliquer franchement avec elle, mais il avait déjà tant de difficultés à se maintenir entre le roi et la reine mère, il perdait tant d'heures à expliquer les problèmes diplomatiques et militaires qu'on imagine mal où il aurait pu prendre le temps d'apprivoiser la reine régnante. Ajoutons que la méfiance du roi envers sa femme comme envers son ministre était telle que ce dernier se serait condamné auprès du souverain s'il avait eu vent de ce rapprochement. D'ailleurs Anne n'avait aucune sympathie pour cet homme qui, était-elle convaincue, lui serait toujours hostile. Enfin, son entourage ne facilitait pas cette voie.

Anne n'était ni passive ni isolée. Autour d'elle s'agitait toute une cour de femmes hardies et romanesques, toujours prêtes à se jeter dans les intrigues et les complots. Louis XIII se trouvait mal à l'aise parmi cette gent féminine brillante, moqueuse, qui attendait sa sortie avec impatience pour ridiculiser ses roideurs, pouffer sans retenue de ses maladresses et se livrer à des lectures et à des plaisanteries si lestes que le nonce inquiet chargea le confesseur de la reine de la mettre en garde. Que Louis XIII eût lui-même choisi les compagnes de sa femme ajoutait à son agacement. Les femmes qui lui paraissaient les plus sûres prenaient très vite le parti d'Anne et contribuaient à la fois aux jeux et aux complots. Preuve supplémentaire, s'il en fallait, que décidément Louis XIII ne comprenait rien aux dames. Il avoua, un jour d'exaspération, à Richelieu : « Pourvu que je sois hors d'avec toutes ces femmes, il ne m'importe où [7]. »

Marie de Chevreuse régnait sur cet essaim de rieuses. Du temps de son premier mariage avec Luynes, le roi lui avait donné le poste considérable de surintendante de la maison de la reine. À l'époque, Anne avait été heurtée par cette nomination faite sans la consulter et quelque peu perturbée par l'intérêt que son mari semblait porter à cette très jolie jeune femme. Mais elle fut elle-même rapidement séduite par la gaieté, l'entrain, l'esprit et l'insolence de celle qui, à peine veuve, épousa le duc de Chevreuse. Louis XIII, qui ne badinait pas avec la vertu, n'avait pas eu la main heureuse. Marie de Chevreuse avait un tempérament de feu et souffrait mal que ses amies ne connussent pas les joies que lui procuraient ses nombreux amants. D'après Retz, en elle la vivacité suppléait au jugement. « Elle aimait sans choix, et purement parce qu'il fallait qu'elle aimât quelqu'un [...]. Jamais personne n'a fait moins d'attention sur les périls, et jamais femme n'a eu plus de mépris pour les scrupules et pour les devoirs ; elle ne reconnaissait que celui de plaire à son amant[8]. » Elle joua un rôle trouble dans l'épisode Buckingham qui fut si nuisible à la reine, moins par méchanceté ou duplicité que par légèreté. Elle en perdit son poste de surintendante mais demeura fort proche de la reine.

Richelieu et Louis XIII firent un autre choix malheureux en donnant la place de dame d'atour à Mme du Fargis, une dame apparemment fort pieuse et qui aurait dû leur témoigner une reconnaissance éperdue pour la faveur de cette charge inespérée pour une personne de son rang. Au lieu de quoi, elle passa immédiatement dans le camp de la reine et contribua sans peine à la gaieté de la petite cour féminine dont la galanterie contrastait fort avec les compagnons du roi. Toutes ces dames amusaient la jeune reine, qui ne jugeait pas en prude leurs aventures, et surtout leur amitié remplissait ce cœur inoccupé.

D'après Mme de Motteville, Anne avait beaucoup d'esprit : « Elle parle bien : sa conversation est agréable, elle entend raillerie, ne prend jamais rien de travers, et les conversations délicates et spirituelles lui donnent du plaisir... mais elle est paresseuse ; elle n'a point lu. » Passer des heures dans son cabinet à apprendre le grec et les principes d'astronomie, comme Catherine de Médicis, n'était pas son genre. S'enfermer dans son appartement avec une suivante pour calculer ses revenus comme Marie de Médicis, pas davantage. C'était une femme qui aimait la société, belle, séduisante, qui attirait les hommages, une fille de si grande extraction que l'idée même qu'on pût la soupçonner de ternir son honneur ne l'effleura jamais et de là jaillit la source de ses imprudences.

Elle aimait à s'exprimer et comme Louis XIII se refusait à la moindre conversation réelle, au moindre échange direct, elle s'accrochait à la correspondance avec son père d'abord, puis avec son frère. Or une correspondance avec le souverain d'un pays ennemi – pendant une longue partie du règne, l'Espagne et la France furent en guerre – n'est jamais innocente. Comme on la tenait éloignée des affaires de France, la reine resta excessivement – pour son propre bien – attachée à l'Espagne. Ce n'était pas la meilleure politique pour une reine de France.

Rien n'illustre mieux les contradictions et les tensions d'une situation où toute initiative peut être mal interprétée que les péripéties du mariage de Gaston, le petit frère, « qui entra dans toutes les affaires, parce qu'il n'avait pas la force de résister à ceux qui l'y entraînaient pour leurs intérêts ; il n'en sortit jamais qu'avec honte, parce qu'il n'avait pas le courage de les soutenir[9] ». Par la volonté de Marie de Médicis, le mariage de Gaston, qui venait d'atteindre ses dix-huit ans, était à l'ordre du jour. La reine mère guignait pour son préféré Mlle de Montpensier, la plus grande héritière de France. Contrairement à son aîné, il se montrait gai, sociable, attiré par les femmes et, preuve de frivolité et d'inconscience, n'avait aucune envie de se marier. Il n'était pas le seul à témoigner de la répugnance pour cette union. Louis XIII ne tenait pas à voir s'établir ce cadet, bien capable de lui donner des neveux, irritant ainsi son chagrin de ne pas avoir de fils. Certes, il avait prouvé sa capacité de procréer mais il avait aussi montré qu'il y mettait peu d'enthousiasme, et comment s'en étonner ? Toujours souffrant, en proie à des maux peu ragoûtants et de surcroît mal avec sa femme, Louis XIII passait ses soirées avec ses gentilshommes et ses nuits dans son lit étroit. Anne s'opposait au mariage pour des raisons troubles : on pouvait imaginer – du moins quelques courtisans malveillants l'insinuèrent – qu'elle escomptait, au cas où son malade de mari mourrait, épouser son beau-frère. Rien de tout cela n'était dit, mais on faisait dans les salons de la reine allusion au précédent d'Anne de Bretagne qui avait successivement épousé Charles VIII et Louis XII. Un parti de l'« aversion au mariage » se créa, sous l'impulsion de la duchesse de Chevreuse, qui prit vite des allures de conspiration. Richelieu et Marie s'en inquiétèrent : le complot fut dévoilé. On lui donna le nom de complot de Chalais car le comte de Chalais par amour pour la duchesse de Chevreuse s'était avancé imprudemment. Il paya de sa tête sa folie, la duchesse fut exilée, Gaston dûment marié et Anne, convoquée devant le conseil, dut subir la lecture des pièces d'accusation, et, pire encore, l'algarade de sa belle-mère qui « l'engagea à vivre comme les reines de France avaient vécu ». Louis XIII l'accusa d'avoir voulu sa mort pour épouser son frère. La jeune reine, blessée au vif, ne se laissa cependant pas aplatir et, méprisante, jeta un « j'aurais trop peu gagné au change ! » pour nier la charge, mais elle avait perdu pour toujours la confiance de son mari et flétri quelque peu sa réputation.

De là, vient l'image de cette reine imprudente, irréfléchie, soumise à ses passions. Saint-Simon la décrit avec justesse à ce moment précis, telle que son père, le duc Claude, favori de Louis XIII, a dû la percevoir. Curieusement, les adjectifs qu'il emploie – défiant, incertain et variable – auraient pu s'appliquer aussi bien au roi. Car c'est bien le manque de confiance, le doute et l'instabilité qui ont empoisonné leurs rapports. Louis XIII et Anne font figure de couple infernal, l'un par l'autre entraînés vers le malheur. Lui demeura soupçonneux et hostile ; elle s'insurgea contre la soumission exigée ; plus il s'acharnait à l'humilier, plus elle résistait et louvoyait. Elle ne cessa jamais d'avoir une correspondance qu'elle croyait à tort secrète avec ses amis exilés ou ses parents. Quoique le roi ne recherchât pas sa compagnie, il se vexait, en jaloux, si elle ne le suivait pas lors de ses séjours dans ses différents châteaux. À l'évidence les longues semaines consacrées à la chasse à Fontainebleau ou Saint-Germain écrasaient la reine d'ennui et, à la moindre occasion, elle courait à Paris se distraire au théâtre. Elle aimait aussi à faire retraite dans les couvents qu'elle protégeait et où les religieuses lui constituaient une société qui lui convenait. Le roi ne cherchait pas à l'empêcher de partir mais il ne cachait pas son agacement. « La reine ne s'en ira que lundi, et moi mardi, elle s'attend bien de passer son temps à Paris en mon absence, elle sera bien attrapée quand elle me verra arriver », écrivit-il à Richelieu [10].

La dernière grande crise politique et conjugale eut lieu après la disgrâce définitive de Marie de Médicis en 1631, crise provoquée par l'évolution de la politique étrangère, plus précisément des rapports entre la France et l'Espagne. Richelieu accordait une moindre importance aux affinités religieuses et aux alliances dynastiques qu'à un équilibre des forces en Europe. Si les Habsbourg, qui régnaient déjà sur l'Espagne et sur l'Autriche, l'emportaient sur les princes protestants allemands, leur influence et leur autorité seraient telles que la France en serait réduite au rang de puissance de deuxième ordre. Le cardinal réussit à convaincre Louis XIII du bien-fondé d'abandonner une politique extérieure basée sur la communauté de religion. La reine était parfaitement capable de comprendre le principe – elle le prouvera lors de sa régence –, mais personne ne prit la peine de lui expliquer que cette véritable croisade contre la première puissance catholique de l'Europe n'entraînait aucun risque de répudiation pour elle. Or elle se sentait très vulnérable. Elle n'avait plus guère d'espoir d'avoir un fils. Si l'avantage politique de son alliance disparaissait, comment ne pas craindre l'annulation de son mariage ? Crainte illusoire car rien n'indique que Richelieu ou Louis XIII aient voulu s'engager sur cette voie, mais les ragots allaient bon train, et Anne n'eut pas le bon sens de se protéger en cessant toute communication avec l'Espagne. Bien entendu, le cardinal interceptait ses lettres. Pendant trois ans, il se contenta de les rassembler, mais finalement Louis XIII en soupçonna l'existence et le drame éclata.

La reine n'était pas tout innocence. Elle avait trempé dans la conspiration de Chalais, elle n'avait jamais cessé de correspondre avec la duchesse de Chevreuse qui s'efforçait de nuire au roi et à Richelieu dans toutes les cours d'Europe. Bien qu'elle sût fort bien qu'elle n'avait aucun pouvoir, ou peut-être parce qu'elle en était douloureusement consciente, la reine cherchait à s'informer et n'hésitait pas à offrir en contrepartie des renseignements qui aboutissaient, par l'intermédiaire d'un résident anglais à Paris, Augier, chez l'ancien ambassadeur d'Espagne à Paris, le marquis de Mirabel, en poste à Bruxelles, lequel à son tour mettait au courant le cardinal-infant, gouverneur des Pays-Bas et frère du roi d'Espagne. Anne se rendait doublement coupable : elle agissait avec une insouciance troublante pour une personne de son rang, puis elle manifestait son opposition à la politique de son gouvernement. Que cette correspondance n'eût aucune influence venait de ce que les Espagnols ne la prenaient pas très au sérieux et qu'ils étaient lassés de la frivole agitation des ennemis de Richelieu. Que cette entreprise prouvât que la reine demeurait soumise à ses passions était incontestable. Louis XIII et son ministre décidèrent de mettre fin à toute cette activité.

Le porte-manteau de la reine – l'officier dont rôle consistait à porter son manteau –, un nommé La Porte en qui elle avait, à juste titre, une confiance absolue et qui transmettait ses lettres secrètes à qui de droit fut arrêté et emmené à la Bastille pour y subir un interrogatoire. Le même jour, l'évêque de Paris et le chancelier Pierre de Séguier pénétraient dans le couvent du Val-de-Grâce où la reine avait coutume de faire retraite. Elle passait souvent quelques jours dans un appartement qu'on lui avait ménagé dans l'enceinte, et le roi la soupçonnait d'y rédiger sa correspondance loin des regards curieux de la cour.

Il n'avait pas tort. La supérieure, la mère Saint-Étienne, recevait pour elle les lettres de la duchesse de Chevreuse et faisait passer les réponses par son frère le gouverneur de Besançon, à l'époque ville impériale libre. Une perquisition eut lieu, l'abbesse fut interrogée, sans résultat. Cette dernière défendit la reine avec une telle énergie et se montra si résolue à ne pas la trahir que l'évêque réunit les religieuses, leur annonça qu'il déposait la supérieure, la fit remplacer à l'instant même par une cousine de Richelieu. Et sans plus attendre, il poussa la mère Saint-Étienne dans un carrosse pour la reléguer au couvent de La Charité-sur-Loire. La reine, interrogée à son tour, avoua l'évidence, c'est-à-dire qu'elle avait écrit à Mme de Chevreuse et au roi d'Espagne, mais nia toute velléité d'intelligence avec les ennemis de la France. Son salut cependant était suspendu aux aveux de La Porte. S'il en disait trop, elle était perdue ; s'il niait tout, il était perdu. Elle craignait donc à la fois la résistance et la faiblesse de son serviteur. Dans ces circonstances, il fallait impérativement arriver jusqu'à lui pour le mettre au courant. Grâce à l'audace, l'imagination et le courage de ses partisans, la reine fut sauvée.

Mlle de Hautefort, une de ses dames, se glissa à l'aube dans un fiacre qui l'attendait à la porte du Louvre. Déguisée en soubrette, le visage caché sous une grande coiffe, elle ne fut reconnue par aucun des gardes. Elle se fit conduire à la Bastille et demanda à voir le chevalier de Jars : elle était la sœur de son valet, déclara-t-elle, et voulait lui annoncer que l'homme se trouvait à la mort. Le chevalier de Jars, proche de Marie de Médicis, puis d'Anne d'Autriche, avait été de tous les complots contre Richelieu. Exilé, revenu en cachette, arrêté et condamné à mort, il avait été gracié sur l'échafaud même et sortait à peine de cette affreuse épreuve. Il reconnut immédiatement la visiteuse et l'écouta avec stupéfaction. Elle le suppliait de faire passer une lettre cachetée à La Porte pour lui préciser jusqu'où il pouvait aller dans ses aveux. Le malheureux chevalier, quelque peu décontenancé par cette mission, fit honneur à son étonnante réputation de courage : « Il faut donc faire ce que demande la reine ; il n'y a point de remède, je ne fais que sortir de l'échafaud, je vais m'y remettre[11]. » Sa cellule se trouvait quatre étages au-dessus du cachot de La Porte. Il perça son plancher et fit passer la lettre de la reine accompagnée d'un billet au prisonnier qui logeait au-dessous de lui, le priant d'accomplir la même manœuvre. L'entreprise, aussi délicate que compliquée, réussit, et La Porte, guidé par des instructions détaillées, put se justifier et justifier sa maîtresse avec un aplomb que les menaces de tortures ne purent ébranler.

Cependant le roi s'acharnait à sa manière. Loin de confronter la reine face à face, il lui imposa un isolement humiliant. Il ne se rendait plus dans ses appartements ; dans leur prudence, les courtisans préférèrent s'abstenir de lui rendre visite. Enfin, excédée, elle céda, demanda au cardinal de la venir voir et lui avoua la teneur de sa correspondance avec le cardinal-infant. Le roi agit alors en procureur tatillon. Il lui fit signer une confession complète qu'il contresigna devant témoin, puis rédigea des ordres minutieux : interdiction d'écrire à Mme de Chevreuse ; instruction donnée à la dame d'atour et à la première femme de chambre de rendre compte au roi chaque fois que la reine demandera son écritoire ; défense à la reine de se rendre dans ses couvents. Le gouvernement espagnol, sidéré par le scandale causé par une correspondance somme toute peu conséquente, puisque la reine tenue à l'écart ne savait rien que d'anodin, déclara ironiquement qu'il avait des sources autrement plus utiles et Olivarès, le Premier ministre de Philippe IV, s'offrit à assurer sous serment au cardinal que jamais le roi d'Espagne n'aurait agi de manière à « causer des ennuis à la reine sa sœur ». Le ridicule n'atteignait pas Louis XIII. Quand il considéra que sa femme se trouvait sans recours, à sa merci, il reprit tristement ses visites conjugales. Par bonheur, ni l'enthousiasme ni le plaisir ne sont des conditions nécessaires à la conception. À la stupéfaction générale, au début de l'année, Anne annonçait qu'elle attendait un enfant. Plus étonnant encore, cette femme de trente-huit ans, qui avait souffert de tant de fausses couches, de tant d'espoirs déçus, porta l'enfant sans difficultés mais non sans craintes.

Elle était persuadée de mourir en couches, crainte justifiée par le nombre affreux d'accidents affectant et les mères et les enfants. Pour se protéger, elle redoubla de piété, écrivit aux chanoines du Puy de lui envoyer un fragment de la sainte ceinture, une relique de la Vierge, et se soumit à tous les conseils de sa sage-femme, une dame Péronne, qui vint s'installer quelques mois avant la date prévue auprès de sa patiente. L'accouchement était encore une affaire de femmes. Ce ne fut qu'à la fin du siècle que les accoucheurs parurent et même alors rares étaient les jeunes femmes qui imitèrent les dames de la cour lorsque la mode de préférer un médecin à une sage-femme s'établit à Versailles. Les soixante sages-femmes de Paris constituaient une corporation bien établie, dont les statuts étaient renouvelés régulièrement. La dame Péronne avait dû faire preuve de vie vertueuse moyennant quelques certificats, préciser auprès de qui elle avait appris le métier et répondre à un examen oral administré par un médecin, deux chirurgiens et une matrone du Châtelet. Avant d'avoir le droit de pendre une enseigne à sa porte, elle avait prêté serment devant le prévôt de Paris, par lequel elle s'engageait à ne se livrer à aucune manœuvre abortive, à demander l'aide d'un chirurgien en cas de difficulté grave et à s'assurer de l'ondoiement du nouveau-né. On l'avait recommandée à la reine et celle-ci s'était entretenue avec elle avant de l'embaucher, car on estimait indispensable qu'un rapport de confiance s'établît entre celle qu'on appelait *la malade* et celle qui allait la délivrer. Ainsi Marie de Médicis avait-elle fermement refusé l'aide de la sage-femme qui avait accouché Gabrielle d'Estrées, la déclarant trop vieille et antipathique, et avait-elle exigé la présence d'une jeune femme, Louise Bourgeois, fort bien recommandée.

Mme Péronne s'installa donc à Saint-Germain au début de l'été et commença de prodiguer ses soins et ses recommandations à la reine. Elle avait apporté quantité d'huiles et d'émollients, des pommades de graisse de porc purifiées à l'eau de rose, d'autres à base de moelle de pied de veau, d'autres encore à la graisse d'oie, enfin de la pâte d'amande douce et parfumée dont elle lui frictionnait le ventre pour lui conserver quelque élasticité, avant de le bander pour le soutenir et soulager ainsi la reine très alourdie. Naturellement, on continuait les purges et les saignées mais on encourageait la marche. Le terme s'approchant, elle déconseilla les fruits en quantité. La ville, la cour et les ambassadeurs étaient sur le qui-vive depuis le 18 août, mais l'attente se prolongeait. Louis XIII ne cachait pas son impatience, sinon son exaspération. Revenu exprès des armées pour l'accouchement, il piétinait, inutile, grognon et désœuvré : « Je voudrais bien n'être arrivé si tôt, écrivit-il à Richelieu [...]. Je m'en vais à Versailles pour deux ou trois jours. J'ai trouvé le sexe féminin avec aussi peu de sens et aussi impertinent en leurs questions qu'ils ont accoutumé. Il m'ennuie bien que la reine ne soit accouchée pour m'en retourner en Picardie...[12] » Quelques jours plus tard, il pestait encore : qu'elle accouche donc pour « m'ôter d'ici ». Il dut patienter encore près de quinze jours. Dans la nuit du 4 au 5 septembre, les douleurs commencèrent. Toute la cour se précipita dans l'antichambre de la reine. Les princes, les ministres, le chancelier entrèrent dans sa chambre : les reines de France accouchaient en public... à leur grand déplaisir.

Marie de Médicis, exhortée à se plier à l'usage par Henri IV, choisit d'utiliser une chaise, plutôt que de rester sur un lit, pour ménager quelque peu sa pudeur. Près de quarante ans plus tard, les femmes de qualité demeuraient allongées pendant tout le travail – les autres accouchaient le plus souvent debout ou appuyées contre le dossier d'une chaise. L'usage se poursuivit jusqu'au xixe siècle autant par souci d'efficacité que par répugnance à souiller un matelas et du linge. Anne fut la première reine à se servir d'un lit de travail fabriqué exprès pour elle : un lit court composé de deux matelas entre lesquels on glissa une planche. Au pied, une autre planche servait à s'arc-bouter ; de chaque côté une cheville d'un pied de long permettait à la parturiente de les saisir et de s'y accrocher ; enfin, on plaça à la tête du lit un double traversin pour soulever la tête et les épaules et faciliter une position ni tout à fait assise ni complètement allongée. Ce même lit, conservé au garde-meuble, servira à Marie-Thérèse, l'épouse de Louis XIV, et à sa belle-fille, la dauphine de Bavière, et enfin à sa petite-fille, la duchesse de Bourgogne. Après quoi, il fut abandonné pour un lit au dossier articulé et muni d'étriers. Ajoutons qu'une tente était dressée au-dessus du lit à l'intérieur de laquelle s'agitaient la sage-femme, ses aides et par moments le roi.

La reine, vêtue d'une longue et large chemise, demeurait recouverte d'un drap. Tout l'art de la sage-femme consistait à travailler en palpant et sans regarder, donc en laissant le drap en place le plus longtemps possible. Mme Péronne se frotta les mains d'un mélange de beurre et de lard blanc pour examiner plus facilement sa patiente et lubrifier le passage. Pendant ces longues heures d'attente et de douleurs, elle la réconfortait et l'encourageait. Le bébé se présentait bien, mais une première naissance est toujours longue et laborieuse. Le roi se tenait derrière la reine et aidait – un peu – à lui soutenir les épaules. Mais les plaintes de celle-ci le rendaient mal à l'aise et il s'éloigna pour rejoindre Mlle de Hautefort qui, émue par les souffrances de la reine, pleurait silencieusement à l'écart dans l'embrasure d'une fenêtre. Le roi, a-t-on dit, s'étonna de ses larmes et lui déclara : « Je serai assez content si l'on peut sauver l'enfant ; vous aurez lieu, Madame, de vous consoler de la mère [13] », puis il se retira... et manqua la naissance qui eut lieu juste avant midi, après douze heures de travail. On courut le sortir de table. La dame d'honneur vint à sa rencontre, lui annonça qu'il avait un fils et il tomba à genoux.

Quand il entra dans la chambre, la dame Péronne, armée de ses ciseaux bien affilés, avait déjà coupé le cordon, présenté l'enfant au chancelier, puis entortillé un linge trempé d'eau-de-vie autour de son nombril. Le nouveau-né ondoyé, les femmes le lavèrent à l'eau tiède, le débarrassèrent des mucosités à l'aide de compresses trempées dans de l'huile douce, tandis que la sage-femme, se tournant vers la mère, lui annonça avec précaution qu'elle avait mis au monde un fils – on pensait que la joie violente pouvait causer des convulsions –, s'assura que tout le placenta avait été expulsé, la lava, la pansa et lui donna une infusion. On la porta alors sur son grand lit et, radieuse, elle reçut les félicitations de la foule qui envahit la chambre. C'est le moment que craignent les sages-femmes : le manque d'air, la presse, le bruit, la bousculade autour du lit finissent toujours par incommoder l'accouchée, mais Anne était une femme forte.

Si elle fut blessée de ce que Louis XIII, d'après Mme de Motteville, ne sut pas s'approcher d'elle, l'embrasser et lui témoigner sa joie avec tendresse, elle n'en montra rien. Elle observa la « mélancolie » de Monsieur demeuré « tout étourdi quand la nourrice lui montra *par raisons physiques* que la reine était accouchée d'un fils ». L'enfant, salué par la double rangée de sa propre garde, fut porté par sa nourrice dans sa chambre où on l'installa sur un oreiller de satin blanc protégé par « un grand pavillon de damas blanc à fleurs, qui était tout le large de la chambre, avec des paravents des deux côtés ; un grand balustre au-devant, en sorte que l'on le pouvait voir de douze ou quinze pieds de loin [14] ». Le dauphin entrait en scène, mais il n'y entrait pas seul. Un personnage inconnu, responsable, réfléchi, attentif l'accompagnait : sa mère, la nouvelle Anne d'Autriche.

# La mère

## 1638-1642

Tout avait changé pour elle : la reine stérile, vulnérable, à l'avenir incertain devenait la mère du futur roi, régente possible, reine mère probable. La femme au cœur vide, sans affection que de façade, sans devoir que protocolaire, découvrait les joies et les tourments de l'amour, le sentiment de responsabilité absolue, les plaisirs de l'orgueil maternel. La reine ne se plia pas aux habitudes de la cour. Certes, elle n'alla pas jusqu'à nourrir son enfant, mais, au lieu de le confier des journées entières à sa nourrice, ses berceuses, remueuses et gouvernantes, elle venait sans arrêt le voir dans ses appartements. Une de ses suivantes rapporta : « La reine ne l'abandonne guère ; elle prend grand plaisir à le faire jouer et à le mener promener dans son carrosse, quand il fait beau ; c'est tout son divertissement[1]. » Lors de la longue cérémonie des relevailles, on s'étonna que la reine eût porté l'enfant sans se faire jamais remplacer pendant toute la bénédiction. Finis les séjours à Paris si l'enfant se trouvait à Saint-Germain, terminés les voyages qui rompaient si agréablement la monotonie de son existence. Elle refusait tout déplacement qui la séparerait du bébé. Bientôt, le petit garçon solide, éveillé et affectueux justifierait toutes les satisfactions.

La joie et la fierté de Louis XIII ne furent pas moindres. Lorsque Alvise Contarini, l'envoyé de Venise, se présenta pour le féliciter, le roi le prit par la main, l'amena devant

210

le berceau dont il fit relever les rideaux et lui dit : « Voici un effet miraculeux de la grâce du Seigneur Dieu, car c'est bien ainsi qu'il faut appeler un si bel enfant après mes vingt-deux années de mariage et les quatre malheureux avortements de mon épouse[2]. » Richelieu, qui connaissait bien son maître, précisa sa joie de ce que les cheveux bruns de l'enfant rappelaient ceux de son père.

Le roi allait plusieurs fois par jour voir « téter et remuer » son fils et amenait avec lui tous ses visiteurs. Sa joie lui donna même un instant de l'esprit. Un peu agacé à la longue de l'étonnement général causé par cette naissance, il déclara qu'il était normal « qu'un mari qui couchât avec sa femme lui fît un enfant ». De même il lui sembla normal de continuer l'étroite surveillance de la reine. Deux mois après son accouchement, il lui ôta une dame d'honneur qui lui était attachée pour lui imposer une Mme de Brassac, dont le mari fut nommé surintendant de sa maison. On exigea de ce ménage un rapport quotidien sur les activités de la reine, rapport affligeant d'ennui puisque la reine ne s'occupait que de son poupon. M. de Brassac, cependant, ne se décourageait pas : « Un des services que je puis et que je dois rendre est de faire savoir à Son Éminence fidèlement les choses qui se passent ici[3]. » Toujours est-il que les relations entre les époux ne s'améliorèrent pas comme on aurait pu l'espérer. Certes, ils eurent un autre enfant, un second fils qui assurait définitivement la succession de Louis XIII, mais la confiance entre eux semblait impossible à faire renaître. C'est que Louis XIII vivait un nouveau drame personnel qui le rendait plus irritable que jamais.

On a vu les engouements successifs du roi pour de beaux jeunes gens, après l'épisode Luynes : il s'éprit de Toiras, de Baratte, puis de Claude de Saint-Simon, le père du mémorialiste. Les méchantes langues disaient que Saint-Simon devait son ascension à l'astuce de présenter tête-bêche le cheval de rechange de Louis XIII à la chasse pour lui faire gagner du temps et au fait qu'il ne bavait pas quand il soufflait dans un cor. Toujours est-il qu'il se maintint près de dix ans, dix ans traversés de brouilles et de scènes, généralement provoquées par le fait que le duc – car Louis XIII l'avait nommé duc et pair en 1635 – fréquentait des « garces » selon le roi qui s'en plaignait à Richelieu. Mais si le jeune duc n'hésitait pas à provoquer le roi, il se tenait fort sagement devant le cardinal et ne chercha jamais à lui nuire jusqu'au moment où, en 1636, il commit une erreur qui lui fut fatale. Un de ses oncles, gouverneur d'une place forte sur la frontière picarde, avait rendu cette place aux Espagnols. Il fut décidé au conseil de l'arrêter. Saint-Simon le prévint. Il paya de sa place à la cour ce geste de solidarité familiale et dut se retirer dans son gouvernement de Blaye. Richelieu savait bien qu'il faudrait trouver un remplaçant – ou une remplaçante – à Saint-Simon. Le cardinal, favori intellectuel et non affectif, mesurait combien Louis XIII avait besoin de tendresse, bien que ce jaloux, pétri de frustrations, fût incapable de s'abandonner au bonheur d'un attachement tranquille. Il résolut de choisir lui-même un ami au roi et se décida pour le jeune et élégant marquis de Cinq-Mars à la beauté bouleversante.

Le coup de foudre ne se produisit pas immédiatement. Louis XIII trouvait le jeune homme trop dépensier, trop futile. Ses somptuosités en habits et en linge lui semblaient excessives. De son côté, Cinq-Mars « qui aimait ses plaisirs[4] » était rebuté par le roi, toujours souffrant, toujours grognon, dont la mauvaise haleine l'écœurait. Sa mère, en femme réaliste et prévoyante, lui fit voir qu'il devait à sa famille de sacrifier ses goûts. La liaison, ou plutôt la faveur, ne fut déclarée qu'en 1639, environ un an après la naissance du dauphin. Cinq-Mars, ayant obtenu la charge de grand écuyer, prit alors le titre de M. le Grand. Les tensions qui accompagnaient cette « amitié » enlevèrent tout repos à Louis XIII. Tallemant s'étonnait de ce que « le roi aimait tout ce que haïssait M. le Grand et que M. le Grand haïssait tout ce que le roi aimait ». L'un avait les habitudes les plus modestes, ignorant tout des plaisirs de la table, de l'apparat, de la conversation, l'autre ne vivait que pour la bonne chère, l'élégance la plus exquise, la vie de salon. Plus grave encore, Louis était passionné mais chaste, alors que Cinq-Mars était d'une légèreté extrême mais très ardent et voluptueux. Il aimait les femmes et se coucher auprès du roi pour endurer des caresses, d'ailleurs inachevées, ne faisait qu'exacerber son désir pour la séduisante Marion de Lorme. Dès qu'il avait fini son « service », il filait à Paris et revenait épuisé au petit matin à Saint-Germain ou à Fontainebleau où, au grand dépit de Louis XIII, toujours debout dès la pointe du jour, le jeune homme paressait au lit jusqu'à midi.

La mauvaise humeur constante du roi se traduisait en picoteries contre la reine, mais ces harcèlements ne la touchaient plus au vif même lorsqu'ils pesaient sur sa vie quotidienne. Ainsi la reine avait-elle toujours pris beaucoup de plaisir à la compagnie de Marie de Hautefort, une demoiselle d'honneur dont le roi avait été amoureux un moment, un amoureux timide et inactif bien entendu. Là encore, Louis XIII avait été pris à son propre jeu. Il avait exigé de la placer auprès de la reine mais Anne et la jeune fille, qui se moquait ouvertement de son admirateur transi, s'entendirent au mieux. Altière, très sûre d'elle-même, n'hésitant pas à traiter le roi avec froideur quand elle lui en voulait, elle vengeait en quelque sorte la reine par procuration et celle-ci avait pris goût à son esprit et à sa vivacité. On a vu d'ailleurs plus haut jusqu'où allait son dévouement lorsqu'elle se rendit à la Bastille au moment de l'affaire La Porte. Or, en 1639, un an après la naissance du dauphin, Louis XIII lui intima de quitter la cour parce qu'elle avait ridiculisé Cinq-Mars. Anne la regretta mais toute son attention était dirigée vers son enfant et le départ de son amie ne la désola pas comme on aurait pu le croire. Mme de Motteville, qui a bien connu la reine à cette époque, remarqua très justement que la passion pour son fils était telle que « le reste des personnes qui [avaient] l'honneur de l'approcher ne sauraient, sans présomptions et sans une vanité mal fondée, se vanter d'être aimées d'elles [...] mais elle les [traitait] bien[5] ». Mettons qu'elle les traitait mieux encore avant la naissance de son fils.

Plus important que cette nouvelle indifférence à son entourage, Anne fit preuve d'une réelle intelligence en s'accommodant, et même en tirant un avantage personnel, de la surveillance dont elle se savait l'objet. Il ne lui déplaisait point d'avoir un canal secret de communication avec le cardinal dont elle n'hésitera pas à se servir lorsque Louis XIII songera à lui retirer ses enfants. Elle voulait pouvoir lui demander d'intercéder en sa faveur et résolut fort logiquement de ne plus lui témoigner d'animosité et même de tenter de lui être utile dans la limite de ses moyens. Retournement remarquable et d'une grande sagesse. Ne pas être l'esclave de sa rancune et de ses inimitiés est une qualité rare et si les courtisans s'étaient donné la peine de prêter attention à la nouvelle Anne, ils se seraient épargné bien des surprises.

Louis XIII avait toujours été jaloux. Le comportement de son fils allait fournir un aliment frais à ses accès. L'enfant, à dix-sept mois, était capable de tendre à son père sa serviette à table, de le saluer, d'obéir et d'imiter, mais pas toujours de se dominer. Un drame fracassant éclata le jour où le petit Louis, sevré de la veille et donc un peu perturbé, surpris de se voir entouré de la foule de gens qui accompagnaient le roi et Cinq-Mars, se mit à pleurer lorsque son père voulut le caresser. Louis XIII, vexé, refusa d'accepter les excuses de la gouvernante et s'arrêtant devant la reine lui siffla au visage ces paroles inquiétantes : « L'œillet ne peut souffrir ma vue, c'est une étrange nourriture que la sienne, mais j'y mettrai ordre, cela dit[6]. » Anne, effondrée, regagna ses appartements en larmes, s'ouvrit de ses craintes à Mme de Brassac et, par son entremise, supplia le cardinal d'empêcher qu'on ne lui enlevât son fils. Le cardinal recevait quelques jours plus tard une lettre curieuse du roi : « J'ai le profond regret de devoir vous donner des nouvelles de la grande aversion que mon fils éprouve à mon égard [...] dès qu'il me voit, il pousse des braillements de colère [...] je ne pourrai pas supporter de voir cet enfant dégénéré dévorer [sa mère] de caresses, n'avoir que son nom à la bouche, tandis qu'il abhorre le mien. Mon intention est d'enlever le garçon sur l'heure [...] afin qu'il ne voie plus la reine ni toutes ces femmes qui l'adulent[7]. » Il ne mit pas immédiatement ses menaces à exécution et le calme revint dans le palais lorsque le petit garçon accueillit son père avec de grands sourires à sa visite suivante. La reine avait-elle fait la leçon et réussi à convaincre le bambin ? Toujours est-il que son secrétaire nota qu'elle semblait consolée « par les caresses que Monseigneur le dauphin a faites au roi, l'ayant embrassé vingt fois et couru après lui pour lui embrasser les jambes[8] ». Mais tout l'incident ne laissait pas d'être déplaisant, d'autant qu'il avait eu lieu quelques jours avant la naissance de Philippe, le second petit prince.

Les scènes au sujet de l'enfant n'étaient pas les seules à agiter le roi dont la vie intime se faisait de plus en plus tumultueuse. C'est qu'il se montrait incapable de rompre avec un Cinq-Mars qui exigeait de plus en plus d'argent et de plus en plus de pouvoir. Louis XIII exaspéré, refusant comme à son habitude la confrontation directe, s'en remettait au cardinal pour faire la leçon à l'impertinent. Le cardinal, pour sa part, déçu de ce que Cinq-Mars refusât de lui servir d'informateur privilégié, s'irritait de l'atmosphère pénible autour du roi. Comme celui-ci n'arrivait plus à se concentrer sur les problèmes politiques, il créait un obstacle insurmontable pour Richelieu qui ne pouvait agir qu'avec son appui et son accord. Le roi, disait le ministre, voudrait que Cinq-Mars « se contente de ses caresses et n'incommode pas sa bourse [...]. Il vaudrait mieux pourtant qu'il lui ouvrît sa bourse que, comme il fait, le secret de ses affaires[9] ».

Toute cette agitation contrastait avec le calme qui régnait dans l'entourage de la reine. Depuis qu'elle était fondamentalement sûre de sa position, elle observait les intrigues de la cour d'un autre œil. Elle comprit aussi l'avantage pour elle d'une royauté puissante, puisqu'elle ne pouvait pas ignorer, à voir Louis XIII de plus en plus affaibli, que la perspective d'une régence était probable. Donc encourager les nobles à conspirer contre le cardinal, et par conséquent contre le roi, serait jouer contre ses propres intérêts. De même, elle conçut enfin qu'une Espagne plus puissante que la France créerait de graves difficultés lors d'un nouveau règne. Enfin, comme on l'a vu, son obsession anti-Richelieu avait disparu. Il lui apparut qu'une entente avec le cardinal, seule personne à en imposer véritablement au roi, était maintenant indispensable. Le cardinal se rendit-il compte de cette évolution ? Probablement, mais il voulait des preuves. L'occasion de forcer la reine d'abattre son jeu se présenta.

J'ai dit plus haut que la fluidité de la situation à la cour, le changement perpétuel des rapports entre les joueurs principaux, créait des incidents déconcertants. En 1639, la reine semble se retirer du jeu : tout ce qu'elle souhaite, c'est qu'on la laisse tranquille avec son fils, dans ce but, elle se rapproche de Richelieu ; le rapport entre Richelieu et le roi, qui pendant des années avait été si étroit, se fissure apparemment sous les coups de Cinq-Mars, le premier des favoris mignons à nourrir des ambitions politiques si injustifiées soient-elles ; Gaston, à qui la maturité politique fait toujours défaut, inconscient de l'évolution de sa belle-sœur Anne, ne rêve toujours que d'intrigues contre le roi et le cardinal. Une nouvelle conspiration visant ce dernier va s'ourdir entre Cinq-Mars, Gaston et le duc de Bouillon. Le fait nouveau est que Cinq-Mars va essayer d'y impliquer Louis XIII.

Le jeune homme était trop avancé dans l'intimité de Louis XIII pour ne pas se rendre compte que celui-ci souffrait de la supériorité et de l'immense autorité de son ministre, mais la finesse et le sens politique lui faisaient défaut, et il ne comprenait pas que le roi avait un besoin absolu des conseils du cardinal et une conscience aiguë de ce qu'il lui devait. Cinq-Mars, faraud et sûr de lui, se mit à insister sur la possibilité d'une paix avec l'Espagne ; il insinua que le cardinal avait intérêt à la continuation de la guerre pour maintenir son influence, mais surtout, pendant toute cette offensive, il se montra enfin tendre et attentif envers le roi, établissant un contraste marqué avec Richelieu, sec et souvent impatient. Il faut souligner que roi et ministre étaient fort malades tous les deux et devaient faire des efforts constants pour surmonter leur faiblesse, mais cet effort même constituait une source de tensions continuelles entre eux. Louis XIII appréciait d'autant plus les doux moments avec Cinq-Mars et s'abandonnait au plaisir de s'épancher avec lui : « Je voudrais qu'il y eût un parti contre lui [le cardinal] en France comme il y en avait un autrefois contre le maréchal d'Ancre », lui confia-t-il imprudemment. Cinq-Mars, s'il l'osait, lui ferait répéter ces paroles. Il se contenta de lui poser une question évidente : pourquoi ne pas le renvoyer ? À cela, le roi répondit avec droiture : « Le cardinal est le plus grand serviteur que la France ait eu. Je ne saurais me passer de lui. Le jour où il se déclarerait ouvertement contre vous, je ne pourrais même pas vous conserver. »

Preuve d'une naïveté troublante, Cinq-Mars ne mesura pas la profondeur de cet aveu et poursuivit sa lutte contre Richelieu, en se lançant dans une tentative de paix avec l'Espagne. Une ébauche de traité fut rédigée soit par Cinq-Mars, soit par le duc de Bouillon avec l'assentiment de Gaston d'Orléans. Puis, les conjurés mirent Anne au courant sans se douter qu'ils venaient de lui donner un atout redoutable. Elle ne les découragea pas. Cependant, elle prit la précaution de supplier Gaston de ne divulguer, sous aucun prétexte, non pas son inexistante complicité mais sa connaissance même du projet. Et, comme elle avait à juste titre peu confiance dans son beau-frère, elle décida de se protéger. Elle convoqua le père Carré, un religieux très proche du cardinal, ostensiblement pour lui parler en faveur de Mlle de Hautefort, mais mentionna, en passant, combien l'ingratitude de Cinq-Mars envers Richelieu la choquait. Duplicité, prudence élémentaire ou premier éveil d'intelligence politique ? Nous sommes en janvier 1642.

Louis XIII, bien que manifestement affaibli, partit en février pour le Roussillon se mettre à la tête de l'armée dans l'espoir de prendre Perpignan. Richelieu et Cinq-Mars l'accompagnaient. Anne d'Autriche resta avec ses fils à Paris. Cinq-Mars élabora alors une dernière démarche pour couler Richelieu, afin de prouver au roi que seule l'obstination de celui-ci empêchait le rétablissement de la paix. Pour ce faire, il lui suggéra d'envoyer, à l'insu du cardinal, un ambassadeur officieux à Rome et à Madrid afin d'avoir un autre rapport sur le déroulement des négociations. Il proposa le nom de son ami François-Auguste de Thou, un jeune homme fort brillant, nommé conseiller d'État à vingt ans. Louis XIII non seulement accepta, mais encore donna des ordres écrits aux deux jeunes gens.

Cet acte de méfiance à l'égard de son ministre fut interprété par Cinq-Mars et ses amis comme le début de la disgrâce, et un soir que Louis XIII, selon son habitude, se plaignait de « l'esclavage où son ministre l'avait réduit », Cinq-Mars impatienté lui suggéra de le chasser et, enhardi, alla plus loin, trop loin et lui dit « que la voie la plus courte et la plus sûre était de le faire assassiner quand il viendrait dans son appartement où les gardes du cardinal n'entraient pas ». Louis XIII, après un long silence, fit cette étrange réponse : « Il est cardinal et prêtre, je serais excommunié. »

Richelieu était bien entendu conscient de ces conciliabules ; ses espions lui avaient rapporté les différentes missions, celle ordonnée par Louis XIII comme celle inspirée par Gaston d'Orléans qui avait imprudemment fait envoyer à Philippe IV un traité secret, fort détaillé, dans lequel il était spécifié, entre autres, que le duc d'Orléans recevrait du roi d'Espagne cent vingt mille écus, le duc de Bouillon soixante mille et Cinq-Mars vingt mille. Richelieu savait donc que l'on conspirait contre lui – « Votre histoire est sue à Paris, écrivit Marie de Gonzague à Cinq-Mars, comme on sait que la Seine passe sous le Pont-Neuf » – mais, bien que des copies du traité circulassent en ville, des détails et des preuves lui échappaient encore. C'est alors qu'il reçut une aide inespérée de la reine.

Louis XIII s'était tout d'un coup mis en tête de la faire venir à ses côtés en laissant bien entendu ses enfants à Saint-Germain. Affolée, désespérée, elle prétexta une maladie mais rien n'y fit. Louis XIII insistait, menaçait. Seul le cardinal pouvait le faire changer d'avis. La reine lui écrivit : « Me séparer de mes enfants dans la tendresse de leur âge m'a fait une douleur si grande que je n'ai pas assez de force pour y résister. » Devant son silence, elle comprit qu'il lui fallait donner une preuve de sa « bienveillance » (ce qui, en termes moins diplomatiques, signifiait marquer un engagement irrévocable à ses côtés). Anne se décida à lui dire tout ce qu'elle savait du complot. Tous leurs échanges furent accomplis dans le plus grand secret mais la rapidité et le nombre exceptionnel de communications entre Saint-Germain et la Provence où se trouvait le ministre témoignaient de leur intensité et de leur importance. On a même pu présumer que la reine avait envoyé une copie du traité au cardinal. Un de ses courriers partit le 7 juin et, dès le 9, Richelieu, installé en Arles, recevait le pli. Personne ne sut jamais la teneur exacte de l'envoi mais une lettre du secrétaire de Richelieu à son maître, se terminant par « Comme vous savez mieux que quiconque la singulière estime en laquelle vous êtes dans son esprit, je vous dirais seulement qu'elle ne se peut désirer plus grande [10] », indiquait un changement de ton absolu. Il était temps : en ce mois de juin 1642, Richelieu n'avait plus que six mois à vivre, Louis XIII moins d'une année et Cinq-Mars cent jours.

Dans l'immédiat, Anne d'Autriche récoltait immédiatement les fruits de sa politique. Une lettre affectueuse de son époux l'autorisait à demeurer auprès des deux petits princes. Cependant maintenant Richelieu avait la certitude que son roi avait été sur le point de le renier et la preuve que Cinq-Mars, encouragé par Monsieur, avait trahi l'État en communiquant directement avec l'Espagne en temps de guerre. Malgré la gravité de son état, le cardinal, couvert de douloureux abcès, se mit en route, allongé dans une litière, déterminé à s'expliquer avec le roi et à lui imposer sa volonté. Depuis des mois, Louis XIII, mal à l'aise, conscient d'avoir eu une attitude trouble envers son ministre, évitait les rencontres. Mais, le 28 juin, il ne put s'esquiver et le face à face théâtral et dramatique à souhait eut lieu à Béziers.

Bien que Louis XIII fût « tourmenté des hémorroïdes à tel point qu'il ne pouvait se tenir ni debout ni assis [11] », il se déplaça sachant l'état d'épuisement de son ministre et se fit dresser un lit dans la chambre du cardinal. Les deux grands malades allongés côte à côte se mirent à parler. Richelieu, précis, tenace, d'une fermeté incroyable, domina et humilia Louis au cours de quatre heures de discussion. Les valets rapportèrent que le roi pleurait à chaudes larmes. Le procès de Cinq-Mars, dont l'issue ne faisait pas de doute, fut décidé. Le sort de Gaston d'Orléans réglé : il obtint son pardon après avoir abandonné tous ses droits à la couronne, sauvant donc sa vie au prix de son honneur. Richelieu exigea encore du roi un plein pouvoir général parce que, en l'absence de celui-ci, il voulait la liberté de prendre des décisions rapidement au moment où une grande bataille navale se préparait entre l'Espagne et la France, dont l'enjeu était la suprématie de la Méditerranée et, accessoirement, la place de Perpignan.

Ostensiblement, les deux hommes « se séparèrent le mieux du monde [...], mais avec la dernière défiance dans les cœurs, car le roi ne pouvait digérer cette hauteur extrême de son ministre, ni le ministre oublier l'ingratitude du roi [12] ». Louis XIII remonta alors vers Paris, tandis que Richelieu demeurait dans le Midi pour achever un double travail : obtenir la reddition de Perpignan et veiller au châtiment de Cinq-Mars. En trois mois, cet homme à la dernière extrémité aura gagné sur toute la ligne. Perpignan fut annexé au royaume et Cinq-Mars sera décapité le 12 septembre 1642.

Cependant Louis XIII avait regagné l'Île-de-France le 23 juillet 1642. Anne, qui vint l'accueillir à Fontainebleau, retrouva un homme déchiré, abattu, en proie aux idées les plus noires. Marie de Médicis venait de mourir, quasi abandonnée de tous, à Cologne, et cette fin aviva encore les remords dont son fils avait été tourmenté depuis qu'il avait ordonné son exil. Elle ranima aussi sa rancœur envers Richelieu dont la fermeté l'avait empêché de céder à la tentation intermittente de permettre le retour de la reine mère, car tout en admettant qu'elle serait sans doute insupportable, il ne souffrait pas moins de la savoir humiliée. Rien n'éclaire mieux la dépendance de Louis XIII envers son ministre que les lettres échangées à propos de Marie de Médicis : « Je vous prie de me mander si la reine ma mère m'envoyait quelqu'un sur les couches de la reine ce que j'ai à faire[13]. » Et le cardinal de répondre très précisément : « Le roi doit recevoir le compliment, se gouvernant cependant fort froidement avec le gentilhomme qui ne doit être gardé qu'un seul jour, à mon avis. » La question demeura rhétorique car la reine mère ne se manifesta pas au moment de la naissance de son petit-fils.

Tout affligeait Louis XIII qui sombra dans la dépression pendant l'été et l'automne 1642. Giustiniani, l'envoyé vénitien, le dépeignit « ne [jouissant] pas d'une santé complète : il persiste à se tenir dans sa retraite et ses pensées fixes, il est sans confidence avec les ministres et se repaît de solitude et de mélancolie[14] ». S'il jetait un coup d'œil en arrière, il se voyait trahi par sa mère, son frère et sa femme. À observer les rapports faciles, affectueux et gais du dauphin et de son frère avec leur mère, l'amertume de ses propres souvenirs d'enfance se réveillait, lui qui souffrait encore de ne pas avoir suscité des marques d'affection aussi spontanées. Jaloux de son fils si tendrement aimé de sa mère, jaloux de la santé éclatante de sa femme, il s'assombrissait chaque jour. Il repoussait le moment de prendre des dispositions indispensables pour préparer une régence qu'il savait inéluctable. Les tortures psychologiques se multipliaient à l'infini. Pire peut-être pour cet homme qui plaçait si haut la vertu, il ne pouvait se pardonner sa duplicité envers son irremplaçable ministre. Sa réputation était tachée car des « obscurités et des mystè-res [15] » du procès des deux complices, Cinq-Mars et de Thou, il ressortait bien que les accusés avaient agi sur ses ordres et avec son approbation. Comment s'étonner que Louis XIII ne fût pas de bonne humeur ?

L'été se déroula pénible et oppressant. Richelieu, tou-jours retenu dans le Midi, continuait de régler tous les pro-blèmes à distance. Rien ne lui échappait. Il puisait à une nouvelle source de renseignements car « entre la reine et le seigneur cardinal existe la plus étroite correspondance. L'on croit que le seigneur cardinal entend se servir de la reine pour surveiller toutes les actions de Sa Majesté qui manifeste d'ailleurs à celle-ci une grande affection et de la bonne volonté [16] ». La question, bien entendu, se posait de savoir qui se servait de qui. Le cardinal, nul ne l'ignorait, avait peu de temps à vivre et la reine se préparait avec une discrétion nécessaire certes mais un sérieux surprenant à de nouvelles responsabilités.

Sa mission achevée, Richelieu décida de remonter vers la cour malgré l'état épouvantable dans lequel il se trou-vait. On le transportait dans une litière si lourde et encom-brante qu'il fallait vingt-quatre hommes pour la soulever et parfois abattre les murs des maisons où il faisait étape pour la faire entrer. Le plus souvent possible il empruntait rivières et canaux, accompagné sur les berges par deux compagnies de cavalerie. Enfin, il atteignit Fontainebleau où il refusa de s'installer au château comme à l'accoutu-mée. Il savait qu'il allait mourir mais il ne voulait pas mou-rir assassiné et, comme seule la protection de ses propres gardes le rassurait, il décida de loger dans une demeure voisine et fit demander au roi de bien vouloir lui rendre visite. Celui-ci se déplaça donc pour une entrevue qui ne pouvait pas lui être agréable. C'est que Richelieu n'avait plus ni le temps ni l'envie de le flatter et de le gagner par la douceur. Il voulait terminer l'affaire Cinq-Mars en obligeant le roi à éloigner de la cour les amis du mort, il voulait mettre fin à la guerre et enfin organiser la régence en imposant son protégé Mazarin. Vaste programme pour un homme mortellement atteint. Après trois heures de conversation, rien n'était encore décidé. Richelieu résolut alors de regagner Paris, la sécurité et le confort familier du Palais-Cardinal. Il ne s'avouait pas encore vaincu et continuait de formuler ses exigences, menaçant de démissionner – comble de l'insolence de la part d'un mourant – s'il n'obtenait pas gain de cause. Finalement, Louis XIII céda, renvoya les gentilshommes du parti de Cinq-Mars et surtout donna son accord pour les conditions de la paix négociées par le cardinal. Richelieu n'avait que deux semaines à vivre.

Malgré d'affreux accès d'étouffement et des douleurs insupportables, il continua de travailler, de diriger et s'apprêta à recevoir le roi pour la dernière fois avec une dignité et une assurance parfaites : « Sire, voici le dernier adieu : en prenant congé de Votre Majesté, j'ai la consolation de laisser votre royaume dans le plus haut degré de gloire et de réputation où il ait jamais été, et tous vos ennemis abattus et humiliés. » Ensuite, il demanda à ce qu'on les laissât seuls. C'est alors qu'il lui suggéra de confier sa succession à Mazarin. Le roi sorti, le médecin entra. Richelieu lui posa une seule question : « Combien de temps encore ? – Dans vingt-quatre heures, vous serez guéri ou vous serez mort », lui répondit-il. Richelieu comprit et demanda son confesseur. Le lendemain, 3 décembre 1642, le roi revint le voir pendant une heure. Le 4 au matin, il reçut un gentilhomme de la reine. À midi, il demanda à sa nièce préférée de sortir : « Retirez-vous, nous nous attendrissons l'un l'autre. Il ne serait pas bon que vous me vissiez mourir[17]. » Elle s'éloigna. Quelques minutes plus tard, il rendit le dernier soupir.

Le roi, que chacun s'accordait à voir « allégé d'une grande prédominance » selon l'expression de l'envoyé vénitien, honora cependant cette mort avec des larmes[18] et, plus important encore, suivit si fidèlement ses derniers conseils que l'on put dire que « le défunt régnait encore ». Le dernier service que rendit Richelieu à la dynastie fut de lui léguer Mazarin, assurant ainsi une succession politique sans heurts comme sans interruption.

Jules Mazarin, né Giulio Mazarini, passa sa jeunesse à Rome où sa famille était au service des princes Colonna. Il fit preuve, tout jeune, d'un exceptionnel talent de négociateur et le pape Urbain VIII l'utilisa fréquemment pour des missions diplomatiques. Dès sa première visite en France où il s'efforça d'établir une trêve entre la France et l'Espagne, il avait impressionné Richelieu, plu à Louis XIII, qui l'avait présenté à Anne en 1632. 1632, l'année marquée par l'interception de sa correspondance, l'embastillement de La Porte et sa mise à l'écart de toute activité, avait été humiliante pour la reine. Évitée par l'entourage du roi, elle vivait alors fort isolée. Pourtant Mazarin n'hésita pas à lui rendre visite régulièrement, et, plus curieux encore, non pas pour échanger des banalités. Leurs conversations étaient substantielles puisque, dans un de ses rapports, il nota combien il avait été frappé par la gravité, la modération et le bon sens de la jeune femme. À l'époque, il devait être la seule personne à l'entretenir de politique et à l'écouter. Elle le recevait d'autant plus volontiers qu'il aimait à deviser en espagnol et n'oubliait jamais de lui envoyer des gants parfumés au jasmin de Rome. Leurs relations étaient donc agréables, respectueuses et désintéressées et continuèrent ainsi après que Mazarin devint le principal collaborateur de Richelieu en 1636.

Six ans plus tard, devenu cardinal, Mazarin fut projeté sur le devant de la scène. Non seulement il connaissait tous les rouages politiques du royaume, mais encore il jaugeait parfaitement les rapports des différents acteurs entre eux. Très conscient du caractère ombrageux du roi, il se concentra sur lui tout entier pendant cette période difficile. En fait, elle fut moins pénible qu'on n'aurait pu le prévoir. Les dernières discussions avec Richelieu avaient maintenu Louis XIII dans un état de nervosité douloureuse. La disparition du grand homme avait amené une sorte d'euphorie, entretenue par la douceur et l'efficacité de Mazarin : « Sa Majesté jouit d'une entière santé et de la tranquillité d'esprit. Il répartit son temps entre les affaires et les divertissements de façon appropriée, aux acclamations du public. Il dort presque entièrement toutes les nuits, ce qui n'était pas son habitude antérieure », rapporta l'envoyé de Venise qui nota encore que le jeune cardinal s'élève « comme en plein vol, en obtenant la première de toutes les faveurs, car le roi use envers lui d'estime et de confiance [19] ». Mazarin, contrairement à Richelieu l'impitoyable, avait une nature mesurée qui penchait vers l'aménité. Il ne cherchait jamais à écraser son adversaire, à plus forte raison son interlocuteur. On imagine le soulagement du roi à conférer avec un ministre qu'il ne craignait point et qui poursuivait avec succès la politique antérieure.

L'amélioration de sa santé ne se confirma cependant pas, et la question de l'établissement d'une régence ne pouvait plus être éludée. Louis XIII en était conscient mais les complications de sa vie familiale exigeaient une solution plus complexe que celle adoptée par son père. L'incroyable subtilité diplomatique de Mazarin allait non pas se révéler dans ces circonstances délicates mais atteindre une sorte d'apogée. Gaston fut rappelé à la cour en janvier 1643, sur le conseil du cardinal, lequel jugeait préférable d'offrir une place au prince plutôt que d'attendre qu'il ne la saisît en cas de régence et ne constituât un obstacle pendant la minorité du jeune roi. Restait le problème de la reine. La tradition, on l'a vu à plusieurs reprises, voulait que la reine fût nommée régente, mais Louis hésitait à lui donner cette immense marque de confiance. Le souvenir des complots le rongeait. Malgré ses ultimes protestations, Anne ne parvint pas à le convaincre de son innocence. Impassible devant ses pleurs, il se contenta de dire, après qu'elle eut quitté la chambre, « Dans l'état où je suis, je dois lui pardonner ; mais je ne suis pas obligé de la croire [20]. » Cependant ne prendre aucune décision en l'état où il se trouvait pouvait entraîner les plus grands troubles. Mazarin, devant son désarroi, lui conseilla de créer un conseil de régence. La liberté d'action d'Anne serait ainsi strictement limitée. Elle aurait le titre de régente certes, mais la réalité du pouvoir lui échapperait. Louis XIII adopta cette solution et décréta que « comme la charge est de si grand poids [...] et qu'il est impossible qu'elle puisse avoir la connaissance parfaite et si nécessaire pour la résolution de si grandes et difficiles affaires, qui ne s'acquiert que par une longue expérience, nous avons jugé à propos d'établir un conseil près d'elle pour la régence par les avis duquel et sous son autorité les grandes et importantes affaires de l'État soient résolues selon la pluralité des voix[21] ». Anne, malgré de longues années d'humiliations, avait conservé un reste d'orgueil espagnol. Allait-elle s'insurger contre cet arrangement inhabituel ? Elle semblait sur le point de le faire lorsque Mazarin prit contact secrètement avec elle par l'intermédiaire du nonce et de son grand aumônier et l'assura qu'elle n'avait rien à craindre : lui, Mazarin, veillerait à ce que son autorité soit pleinement respectée. Sachant fort bien qu'il n'appartenait ni au parti de Gaston ni à celui du prince de Condé, autre rival potentiel, et que, selon La Rochefoucauld, « il commençait à ne lui être pas désagréable », elle décida de lui faire confiance et ne s'occupa plus que de rendre les derniers soins et les derniers respects à Louis XIII. Elle s'acquitta de cette tâche avec un dévouement qui tenait à la fois du politique et de la vertu.

Un des derniers actes du roi fut de faire baptiser le dauphin et il choisit comme parrain le cardinal Mazarin, la marraine étant la princesse de Condé. Un des gentilshommes de Monsieur raconte qu'ayant demandé son nom au petit prince, celui-ci répondit : « Je m'appelle Louis Quatorzième mais il ne faut pas encore le dire puisque papa n'est pas mort[22]. » Le lendemain, le 23 avril, Louis XIII se sentit si mal qu'on lui administra les sacrements qui produisirent un léger mieux, à l'agacement des courtisans. « Il n'en finissait pas de mourir », murmurait-on. Les amis de la reine, victimes des sentences d'exil ou de prison, Marie de Hautefort et le fidèle La Porte entre autres, piaffaient.

La reine, elle, se tenait parfaitement, faisant preuve d'une patience et d'une charité inattendues auprès de ce malade qui pourrissait devant ses yeux. « Il a rejeté par la bouche un ver, rapporta Giustiniani, et c'est une chose horrible et un mémorable exemple de l'humaine misère que de voir le premier et le plus puissant roi de la chrétienté transformé en cadavre avant sa mort, devenu un lieu de pourriture et un sépulcre pour les vers [23]. » Anne passait néanmoins de longues heures auprès de son époux, installé au Château-Neuf à Saint-Germain, et faisait venir régulièrement les deux enfants, demeurés au Château-Vieux. « Le roi aime avoir en sa présence les princes ses fils, notait le Vénitien, et leur manifeste sa tendresse, chose inhabituelle et remarquable. Il tient avec la reine des conférences très fréquentes et qui durent toutes les fois de deux à trois heures [24]. » Mais souvent il perdait connaissance et, signe de la rudesse de ces temps, on ne faisait pas sortir les enfants. Ainsi, le 10 mai, au moment de leur visite, Louis XIII dormait « la bouche ouverte et les yeux tournés, marques de sa mort prochaine », et Dubois, son valet de chambre, s'adressa alors aux petits garçons : « Considérez, je vous prie, le roi qui dort comme il est et de quelle façon, afin qu'il vous en souvienne quand vous serez grands. » L'huissier demanda alors au dauphin : « "Monsieur, voudriez-vous bien être roi ? – Non, répondit celui-ci. – Et si votre papa mourait ?" M. le dauphin répondit de son propre mouvement, la larme à l'œil : "Si mon papa mourait, je me jetterais dans le fossé [25]." »

Deux jours après, les médecins jugèrent la fin imminente. Anne fit appeler les enfants pour recueillir les adieux de leur père puis les renvoya au Château-Vieux. Elle resta auprès de son mari jusqu'à la fin, l'embrassant et lui parlant longuement, leurs visages si proches que leurs larmes se mêlaient. Hypocrisie, émotion véritable, pitié devant les souffrances de cet homme émacié, dégradé par les symptômes de sa maladie ? Anne était trop réservée et trop hautaine pour se livrer à des confidences. Elle dit cependant à Mme de Motteville avoir eu l'impression qu'on lui avait arraché le cœur à la mort de Louis XIII. Elle se reprit rapidement, et, traversant les jardins à pied, elle rejoignit l'appartement de ses enfants. Entourée de tous les dignitaires de la cour, elle s'agenouilla alors devant Louis XIV et lui prêta hommage. Trente-trois ans auparavant, jour pour jour, on avait dû rappeler à Marie de Médicis qu'en France les rois ne mouraient pas en lui montrant l'enfant de dix ans nommé Louis XIII. Anne d'Autriche n'avait pas besoin qu'on lui fît la leçon. Le petit dauphin devenait, à son grand bonheur, « le roi, mon fils ».

# « Le roi, mon fils »

## 1643-1653

« La reine Anne était depuis longtemps l'espérance des mécontents[1]. » Pendant la plus grande partie du règne de Louis XIII, on l'avait vue toujours écartée des affaires, privée de ses amis et de ses plus fidèles serviteurs – même une enfant de neuf ans, Françoise Bertaut, la future Mme de Motteville, lui avait été enlevée en 1630, parce qu'elle lui parlait espagnol –, toujours disposée à entrer dans les intrigues malgré la constante surveillance exercée par Richelieu. On la savait orgueilleuse, on la devinait blessée, on l'imaginait rêvant de revanche. Une revanche qui s'exercerait dans deux domaines. En politique extérieure, nul doute qu'elle ne ferait l'impossible pour conclure une paix rapide avec l'Espagne ; et dans le domaine intérieur, on s'attendait à ce qu'elle ouvrît largement son cercle aux exilés et aux disgraciés, à toutes ces dames dont l'esprit et la vivacité avaient offensé Louis XIII. Mme de Chevreuse, Mme de Hautefort, Mme de Senecy, les grands seigneurs dont les agissements avaient exaspéré Richelieu, notamment les Vendôme et La Rochefoucauld, se préparaient à triompher. L'opinion voyait en Anne d'Autriche une nouvelle Marie de Médicis si prompte à se débarrasser de Sully, le conseiller d'Henri IV, et à s'entourer de ses propres favoris. Dans la certitude que la régente chasserait l'ancienne équipe de Richelieu, on donnait gagnant le duc de Beaufort, fils cadet de César de Vendôme, pour remplacer

Mazarin. Beaufort avait été franchement du parti de la reine, et celle-ci lui avait toujours témoigné la plus grande confiance et une véritable amitié.

Personne ne semblait avoir réfléchi au changement opéré chez la souveraine après la naissance du dauphin. Certes, sa correspondance avec Richelieu était demeurée secrète ; secrets aussi ses rapports avec Mazarin au moment de la dernière maladie de Louis XIII. Capable de discrétion, de dissimulation même, qualité rare dans une cour et indispensable à un souverain, elle ne s'était ouverte sur ses intentions qu'au seul Loménie de Brienne, l'ancien secrétaire d'État. Même un homme aussi intelligent et perspicace, aussi proche d'elle que La Rochefoucauld, fut surpris par ses premières décisions de régente. Anne avait quitté Saint-Germain immédiatement après la mort de Louis XIII pour le Louvre où, contrairement à la coutume, elle ne passa pas quarante jours allongée sur son lit dans un palais aux murs recouverts de tentures noires. Pendant des journées entières, elle tint audience, reçut, écouta chacun avec intérêt et garda le silence. Elle prit néanmoins les dispositions nécessaires pour que le petit roi tînt au plus vite un lit de justice au Parlement afin de casser les restrictions imposées à son pouvoir de régente. Et le soir même de la séance, quatre jours après la mort du roi, le 18 mai 1643, à la stupéfaction de tous, elle annonça qu'elle nommait Mazarin au conseil et souhaitait qu'il le dirigeât en l'absence du duc d'Orléans ou du prince de Condé. Le lendemain, le duc d'Enghien, fils aîné du prince de Condé, remportait la victoire de Rocroi sur les troupes espagnoles. Beau début de règne mais les ambitions déçues n'allaient pas s'apaiser pour autant.

On pouvait admettre que l'expérience de Mazarin était indispensable en cette période de transition et que l'Italien céderait bientôt la place soit à Beaufort, soit à l'aumônier de la reine, l'évêque de Beauvais, d'autant que celle-ci continuait d'interroger avec bienveillance tous ses visiteurs et distribuait généreusement subsides et récompenses. Elle ne s'engageait pas cependant et n'accorda la moindre faveur de poids à aucun de ses amis qui, pour elle, avaient bravé l'exil, la prison et la colère de Richelieu. C'est qu'elle avait rapidement reconnu que l'intérêt de la France, et donc de son fils, exigeait d'elle le sacrifice de ses amitiés et de ses haines. La Rochefoucauld, qui la connaissait bien et à qui elle « cachait moins qu'aux autres l'état de son esprit[2] », s'étonna quelque peu de ce qu'elle l'encourageât, dès avant la mort du roi, à faire sa cour à Mazarin. « Je devais soupçonner qu'elle ne me disait pas les véritables raisons mais peut-être aussi qu'elle ne les connaissait pas assez elle-même pour me les pouvoir dire[3]. » Toujours est-il que loin d'imiter sa belle-mère et de prendre le contre-pied de la politique antérieure, elle reprit la tradition d'Henri IV qui pardonna généreusement à tous ceux qui l'avaient combattu ; Anne annonçait aussi le pragmatisme, sinon l'ingratitude, de Louis XVIII, lequel prit comme ministres Talleyrand et Fouché, le régicide, sans se soucier des sentiments de ses loyaux serviteurs.

Une fermeté et une intelligence que ni ses amis ni ses ennemis n'attendaient d'elle expliquent en partie ce revirement. L'explique aussi le fait que sa loyauté d'Espagnole pâlissait devant son sentiment de responsabilité envers ses fils. Il faut ajouter ce que Cousin appelle l'« instinct de la royauté » : dans son cas, il se traduisit par le refus d'être liée par la reconnaissance ou la fidélité. Ce n'est pas un hasard si en 1700, son fils, Louis XIV, donnera comme conseil au duc d'Anjou, sur le point de ceindre la couronne d'Espagne : « N'ayez jamais d'attachement pour personne. » Il tenait de sa mère. La reine avait assez de bon sens pour avoir conscience de l'avidité, de l'ingratitude, du manque de constance et d'intelligence politique de tous les grands seigneurs qui l'entouraient. Beaufort, qu'elle aimait pourtant beaucoup, était incapable de la moindre réflexion suivie. D'un courage bruyant, d'une galanterie souvent grossière, il était l'idole de la populace – on l'avait surnommé le roi des Halles –, mais il n'avait décidément pas l'étoffe d'un conseiller aulique. Elle ne pouvait avoir aucune confiance en son fourbe de beau-frère Gaston, paresseux et couard. Que Mme de Chevreuse fût ambitieuse, emportée et n'eût pas que les intérêts de la couronne en tête, elle ne le savait que trop. Certes, elle respectait l'évêque de Beauvais, mais elle avait peu d'admiration pour celui dont Retz disait qu'il était « une bête mitrée, le plus idiot des idiots ». En revanche, elle s'était fort bien trouvée des conseils de Mazarin.

Il lui avait déjà, on l'a vu, suggéré d'accepter les conditions de la régence imposées par Louis XIII sans discussion, quitte à les faire annuler le moment venu. La prudente duplicité de l'avis lui avait plu. Ce fut pendant la longue agonie du roi qu'elle en vint à la conviction qu'elle ne pouvait pas se passer d'un homme aussi rompu aux affaires, un homme qui, d'ailleurs, lui avait toujours témoigné le plus grand respect. Mais elle savait bien qu'annoncer à l'avance sa décision ne pouvait qu'être nuisible. La seule personne qu'elle mit franchement dans sa confidence fut donc Brienne à qui elle expliqua ses raisons : Mazarin lui semblait le meilleur choix comme Premier ministre non seulement en raison de son expérience et de son caractère mais aussi parce qu'il ne s'était pas fait d'ennemis. Choisir un adversaire de Richelieu, c'était se condamner à expulser toute l'ancienne équipe, à désobliger les Condés au moment même où le duc d'Enghien s'apprêtait à jeter ses troupes dans une bataille essentielle et la priver de l'appui du prince de Condé, seule personne à pouvoir opposer au duc d'Orléans. Le raisonnement était impeccable et Brienne se chargea fort volontiers d'une mission secrète auprès de Mazarin dès la mort du roi. La reine le prévenait de son intention de dissoudre le conseil de régence, tel qu'il avait été organisé par Louis XIII, mais lui demandait de s'engager à la servir dès qu'elle ferait appel à lui. Quatre jours après, c'était chose faite.

Anne d'Autriche se distingua de Marie de Médicis sur toute la ligne. D'abord, la présence de Mazarin assurait la continuité entre les deux règnes, notamment en politique étrangère. Le fait que Louis XIII l'eût choisi comme parrain du dauphin contribuait à créer un rapport entre le ministre et l'enfant qui ne passait pas nécessairement par la reine : si tant est que le petit prince eût gardé quelque respect pour le souvenir de son père, ce respect se transférait tout naturellement sur Mazarin. Puis, l'affection naturelle et aisée de la reine pour ses fils leur épargna le deuil douloureux qui avait tant marqué le fils d'Henri IV. De plus, Louis XIII n'avait jamais été qu'une présence à la fois faible et effrayante pour ses enfants : le pauvre malade toujours grondant, toujours grognon, errant dans les couloirs du Louvre coiffé d'un bonnet de nuit, n'avait rien à voir avec le père gai, énergique, animé et admiré qu'avait été Henri IV. Le sentiment de perte était moins violent chez Louis XIV, quoique, on l'a vu, la maladie et la mort n'avaient pas été sans impressionner l'enfant. La douceur attentive de sa mère, très présente malgré ses occupations de régente, constituait le meilleur antidote à un relent de tristesse. L'enfant roi et son frère passaient leur temps dans l'appartement de la reine et ne le quittaient que pour la sieste, les repas et le coucher. Seul signe de faiblesse de ce règne nouveau, Anne distribua l'argent à pleines mains et sans discernement à tous les grands nobles, déçus de la tournure des événements, jaloux de l'influence de Mazarin, et dont l'activité brouillonne allait leur valoir le sobriquet d'Importants.

Mme de Motteville remarquait à regret, à propos de la reine, que « comme elle n'était pas accoutumée à régner, elle ne savait refuser les importuns, ni donner à ceux qui étaient sages et modérés[4] ». Mazarin freina ses élans en montrant la nécessité de faire preuve de sa compréhension de l'état des finances. Il seyait donc de remettre ses générosités au moment où la paix serait signée. Il lui expliqua aussi que, pour se faire respecter et pour que ses grâces fussent appréciées, il fallait établir qu'elle savait aussi refuser. Ainsi, il l'engagea à ne pas rendre la principauté de Sedan au duc de Bouillon – qui l'avait perdue après la conspiration manquée de Cinq-Mars contre Richelieu – parce que ce serait encourager les grands à la révolte. Les notes de ses carnets privés, rédigées dans un italien fort vigoureux, sont très révélatrices : « Si la reine consentait, elle serait ruinée de réputation et elle commettrait une folie qui pousserait les princes et même Monsieur à mettre tout le royaume sens dessus dessous[5]. » Il lui répétait sans arrêt : « Les Français doivent être obligés de compter avec leur gouvernement, sans quoi ils le méprisent. » Et dès avant la Fronde, il ne se lassait pas de la mettre en garde contre les grands, contre le Parlement et même les couvents où elle se rendait à tout propos. Méfiez-vous, lui dit-il franchement, ce faste de piété, à la façon de l'Espagne, n'est pas de mise en France. En la voyant sans cesse aller dans les églises et dans les monastères, entourée de prêtres, de moines et de religieuses, on la comparait à Henri III éternellement abîmé dans ses dévotions, ce qui ne l'empêcha pas d'être chassé de Paris. L'autorité royale, soulignait-il, ne peut qu'être indépendante et impartiale, faute de quoi elle disparaît. Il en allait de son devoir et de sa gloire de régente d'en user avec circonspection.

C'est là un langage que la reine de France comprenait. Il faut également revenir sur un fait que Mme de Motteville met en évidence : Anne ne voulait pas avoir les mains liées par ses vieux amis et complices. Toutes ces années de conspirations ne lui avaient apporté que des ennuis et des humiliations ; elle n'avait trouvé personne qui parlât à la fois à sa sensibilité et à son intellect : les uns ou les autres l'avaient amusée ou consolée, mais elle discernait clairement dans sa nouvelle situation que leurs intérêts politiques divergeaient. Mazarin était différent. Il s'exprimait avec douceur et clarté, avec d'autant plus de respect que lui-même dépendait d'elle ; sa prodigieuse faculté de travail la déchargeait et la rassurait ; il avait des vues politiques logiques et, surtout, il avait comme elle la passion d'assurer la gloire du petit Louis XIV. Là résidait le lien le plus solide entre eux. Et les décisions prises au sujet de l'éducation du petit roi allaient le prouver.

« Toute la troupe des dévots », pour reprendre l'expression de Mazarin, s'efforça de circonvenir la reine mais l'unité n'y régnait pas, et les candidats aux postes de précepteur et de gouverneur se multipliaient. Mazarin et la reine, selon leur habitude, prêtèrent l'oreille, ne découragèrent personne et, une fois encore, jouèrent la carte de la surprise. Mazarin fut nommé surintendant de l'éducation du roi, « choix, précisa la reine dans une communication officielle, qui était comme une liaison et suite nécessaire de l'honneur que le feu roi, notre très honoré seigneur, lui avait fait de vouloir qu'il fût son parrain[6] ». Il choisit comme précepteur l'abbé de Beaumont, Hardouin de Péréfixe, un homme instruit, modéré, ni jésuite ni janséniste. La charge de gouverneur fut donnée au marquis de Villeroy, un courtisan si plat qu'il répondait : « Oui, sire », avant même que l'enfant eût terminé sa requête. Il y eut peu de tirailleries dans l'entourage immédiat de Louis XIV. Nous sommes loin des rapports compliqués entre Henri IV, Marie de Médicis et Héroard, des luttes d'influence entre Diane de Poitiers et Catherine de Médicis. Anne et Mazarin parlaient d'une voix. Villeroy et Péréfixe suivaient. Seule exception : le portemanteau La Porte qui avait tant sacrifié au service de la reine. Passé au service du roi, il ne cachait pas à celui-ci qu'il n'aimait pas le cardinal, mais Louis ne vacilla jamais dans sa loyauté envers son parrain-ministre.

Anne avait longuement réfléchi à l'éducation de son fils et voulait lui éviter les épreuves qui avaient tant marqué Louis XIII. Elle avait dans sa bibliothèque un manuscrit relié de maroquin rouge intitulé *Maximes d'éducation et direction puérile*, texte qu'elle avait commandé à un de ses conseillers, proche du janséniste Arnauld d'Andilly. L'auteur, resté anonyme, évidemment familier de la cour, témoignait de sa connaissance de l'enfance malheureuse de Louis XIII. C'est ce qui donne un intérêt particulier à son texte. Il préconisait une éducation pragmatique, suggérait de toujours donner des exemples concrets pour illustrer l'enseignement religieux ; il recommandait de présenter les premières études – on considérait que le dauphin devait savoir lire avant ses cinq ans – comme un jeu pour éviter que l'élève ne s'ennuyât. L'inactivité lui semblait un danger à éviter à tout prix : l'enfant ne devait pas rester seul à rêvasser et, plus significatif encore, il conseillait de n'administrer le fouet qu'en toute dernière extrémité, et surtout de ne jamais le faire qu'en l'absence de témoins car « la honte des enfants est le plus fort aiguillon qu'ils aient au bien, et il faut la leur conserver, car, s'ils la perdent une fois, tout est perdu[7] ».

Le conseil fut suivi et la plus grande punition infligée à Louis XIV, coupable d'avoir répété des jurons, fut d'être consigné. Il n'eut pas le droit de sortir de sa chambre de deux jours. Mais cette sévérité était exceptionnelle et les relations entre la mère et le fils semblent avoir été particulièrement faciles : « Sa mère en faisant appel à sa raison et à son obéissance le conduisait toujours à ce qu'elle voulait de lui[8]. » La Porte observait qu'il « avait beaucoup d'affection pour sa mère, et beaucoup plus même que les enfants de cette condition ont accoutumé d'en avoir [...]. Il demeurait chez lui le moins qu'il pouvait et [...] était toujours chez la reine » et La Porte ajoute, avec peut-être un grain de raison, que chez sa mère tout le monde l'applaudissait et ne l'aurait jamais contredit[9]. Quand le petit garçon apprenait que la reine s'apprêtait à prendre son bain, il se précipitait dans son appartement, se faisait déshabiller à toute allure pour la rejoindre. La plus grande pudeur régnait sur la salle de bains de la reine, une pièce ravissante, tout azur et or, constituée par deux voûtes soutenues par plusieurs colonnes de marbre et décorée de portraits de Vélasquez représentant différents parents espagnols d'Anne. La baignoire proprement dite était une grande vasque de marbre aux bords couverts de draps de bain en batiste et au fond garni d'oreillers. L'eau qui s'écoulait de robinets provenait de réservoirs situés dans une pièce masquée par le faux plafond. Une petite chaudière à bois procurait l'eau chaude. Mère et fils se baignaient vêtus de longues robes et au sortir de la cuve s'allongeaient sur un lit de repos[10].

Enfin, Anne avait dû réfléchir aux mauvais rapports entre Louis XIII et son frère, à leur continuelle et inutile rivalité, attisée par la préférence marquée de leur mère pour le puîné. Peut-être était-elle également consciente des véritables guerres qui avaient dressé les fils de Catherine de Médicis l'un contre l'autre. Là encore, la mère avait favorisé le cadet. Erreur qu'Anne ne reproduirait pas. Elle donnait toujours raison à l'aîné dans les querelles enfantines qui opposaient les deux garçons. « Elle avait une tendresse infinie pour le roi, plus grande que pour son second fils, qu'elle aimait néanmoins beaucoup. Le premier lui avait été donné de Dieu après mille désirs inutiles, et quand elle n'osait plus en espérer. Il l'avait tirée du misérable état où les persécutions du cardinal de Richelieu l'avait enveloppée. Il l'avait faite régente, et enfin le premier il avait occupé toutes ses affections : si bien qu'elle n'avait plus à donner à Monsieur que ce que la nature a fortement gravé dans le cœur d'une bonne mère [11]. » Elle lui accordait aisément la préférence parce qu'elle l'adorait et parce qu'il était roi. Mme de Motteville ajoute encore : « La reine voulait toujours qu'il fût obéi et il semblait qu'elle aurait désiré le pouvoir respecter autant qu'elle l'aimait. » Il faut d'ailleurs préciser que si les jeux des deux frères se terminaient souvent par des bagarres – La Porte décrit une scène où les petits princes commencent par sauter sur leurs lits respectifs, puis se mettent à cracher l'un sur l'autre et finissent par pisser sur leurs matelas – ils n'étaient jamais marqués de l'élément de jalousie morbide qui avait caractérisé les contacts entre Louis XIII et ses frères. Dans les moments de danger de la Fronde, l'entourage remarqua que « le petit Monsieur [c'est-à-dire le duc d'Anjou] était saisi de frayeur. Le roi le rassurait de son mieux [...] flattant ce jeune frère et lui disant les plus jolies choses du monde [...] le ramena lui-même dans sa chambre pour le faire coucher [12] ». Cette politique eut l'heureux résultat que l'union entre les deux hommes demeura forte et paisible pendant tout le règne. Il faut souligner que la reine avait pris soin, notamment en refusant la moindre éducation politique à Monsieur, d'ôter de son esprit toute idée de remplacement possible. Philippe ne donna jamais la moindre inquiétude à ce sujet. Lors d'une très grave maladie du roi en 1659, il ne montra que tristesse et compassion.

L'éducation de Louis XIV a été très critiquée, notamment par lui-même. À propos de son ignorance, il avoua un jour : « On ressent un cuisant chagrin d'ignorer les choses que savent tous les autres. » Il était si irrité par son peu de connaissance du latin qu'il se remit à l'étude, bien des années plus tard, parce qu'il voulait être capable de lire lui-même les dépêches pontificales. Mais, surtout, il prit un soin extrême de l'éducation de son fils et de son petit-fils. Que Bossuet et Fénelon eussent été choisis comme précepteurs suffit à indiquer le sérieux du roi en cette matière. Quant à lui, il est évident que son instruction classique souffrit de la médiocrité de ses maîtres et des circonstances : les émeutes, les fuites, les batailles de la Fronde n'étaient guère propices à l'étude. Le calme rétabli, il eut du mal à se remettre à ses livres, malgré les objurgations de Mazarin qui continua très tard à le pousser « à donner quelque temps à l'écriture et à [se] faire entretenir de choses sérieuses[13] » et qui se plaignait de ce que le roi ne répondît pas régulièrement à ses lettres. Mais il faut reconnaître que le sérieux avec lequel il remplit son métier de roi – car « il comprenait que l'oisiveté est l'ennemie de la gloire[14] » – et le rayonnement qu'il sut donner à sa cour, essentiels éléments de sa grandeur, s'expliquent pas la formation qu'il a reçue.

Exercer le métier de roi, c'est comprendre les conséquences de ses décisions et en assumer la responsabilité. L'apprentissage commença tôt. À cinq ans, on le fait assister à la réception des ambassadeurs étrangers venus le féliciter de son avènement. L'enfant n'écoute pas lorsqu'on s'adresse à sa mère mais se fait tout attentif dès que les envoyés se tournent vers lui. Et il demande à ce qu'on lui répète ensuite ce qu'ils ont dit. Deux ans plus tard, il tient un lit de justice et se fait remarquer par son assurance.

C'est que, dès cette époque, Mazarin le fait assister au conseil, soit un conseil court où l'on traite d'une affaire unique, soit une fraction précise d'un conseil plus long. Plus important encore, Mazarin lui expose les différentes solutions à un problème concret et lui explique le pourquoi de la décision prise. Bien des années plus tard, Louis XIV soulignera, lors de la mise au point de l'éducation de son fils, que rien ne vaut les leçons pragmatiques, appuyées sur les faits et données à leur occasion. Un prince doit comprendre les relations de cause à effet.

Il avait dix ans lorsque son précepteur à l'occasion de la signature des traités de Westphalie, qui mettaient fin à la guerre de Trente Ans, lui fit un cours d'histoire sur le Saint Empire germanique et les pays du Rhin. Mazarin était si content de l'intérêt que prenait le petit roi aux problèmes précis que, quand le précepteur vint se plaindre de ce que son élève ne s'appliquait pas et qu'il craignait qu'il ne fît de même plus tard pour les grandes affaires, le cardinal lui répondit : « Ne vous mettez pas en peine, reposez-vous-en sur moi ; il n'en saura que trop car, quand il vient au conseil, il me fait cent questions sur la chose dont il s'agit [15]. » Mazarin était trop fin pédagogue pour ne pas alterner leçons et plaisirs. Comme il savait que le roi, en vrai Bourbon, aimait chasser avec ardeur, il eut soin de peupler le bois de Vincennes de cerfs, de biches, de sangliers et de « toutes sortes d'animaux qui peuvent servir [...] au divertissement du roi [16] », mais surtout il cultiva sa passion pour l'art militaire.

L'été 1647, à neuf ans, Louis accompagna sa mère aux frontières pour encourager les troupes. Un peu plus tard, Mazarin l'emmena en campagne pour lui faire comprendre l'organisation et l'approvisionnement des armées aussi bien que la manière dont on prend les décisions sur le champ de bataille. Les leçons furent efficaces : Louis XIV montra très tôt un grand enthousiasme et un grand sérieux pour les choses de l'armée et apprit à parler aux généraux comme aux hommes. Tout jeune, il perçut les dures conditions de la vie de ses soldats et leur laissa deviner sa sympathie. Sa curiosité, son incroyable résistance, sa détermination de coucher sous la tente avec ses officiers lui valurent une popularité réelle. Grâce à cette familiarité, il acquit une assurance et une aisance, accompagnées d'une courtoisie envers tous, qui adoucit plus tard son indiscutable autorité. C'est dans ses jeunes années, dit Saint-Simon, qu'il « prit cet air de politesse et de galanterie qu'il a toujours su conserver toute sa vie et qu'il a su si bien allier avec la décence et la majesté [17] ». Enfin, la signification des remous politiques lui apparaissait : en 1648, quand il se rendit au Parlement, il comprit fort bien, malgré ses dix ans, la teneur des propos du président Talon dont l'indépendance annonçait la Fronde. Son apprentissage de roi se fit donc plus tôt et plus facilement que celui de son père. L'idée que sa mère, qui se levait toujours en sa présence et ne l'appelait que « le roi, mon fils », le poussât hors de la salle de conseil était proprement inimaginable.

Dans le domaine des arts, qui sera si important au cours du Grand Siècle, Mazarin prit également soin d'initier l'enfant, lui donnant le goût du divertissement royal, de la fête, du somptueux et de l'innovation. En 1647, il fit monter le premier véritable opéra jamais vu en France, l'*Orfeo* de Rossi, agrémenté d'un prologue qui évoquait les Français remportant une bataille. On voyait une Victoire descendre du ciel et chanter les armes du roi et la sagesse de la reine. Puis venaient les interludes comiques et les ballets d'animaux – singes, ours et autruches, au-dessus desquels voletaient des perroquets – que Louis XIV appréciait particulièrement. Les changements de décors et les machineries merveilleuses tenaient de la magie et plurent tellement au roi que celui-ci les fit transporter à Fontainebleau et ne se lassait pas de les faire démonter pour ses visiteurs. La notion d'une cour, centre rayonnant des arts, complètement abandonnée sous Louis XIII, se reconstituait. Le goût de Louis XIV, qui se distinguera de celui de Mazarin, commence cependant à se former sous son égide. Il semble que ce dernier ait trouvé l'équilibre juste dans la manière de traiter un enfant qui est aussi un monarque : il l'emmena au siège d'Étampes en 1652 où les volées de canon ne passèrent pas loin de lui, mais il fit aussi construire un petit fort au bord de l'eau à Melun pour le divertir. Dans une lettre plus tardive, Mazarin insistait sur l'avantage d'une éducation équilibrée : « Ce que vous ferez avec facilité et toujours de bien en mieux, acquérant, par l'application que vous voulez donner aux affaires, la connaissance et l'expérience qui vous est nécessaire, et il ne faut pas que cela vous empêche de prendre vos divertissements ; car employant fort peu de temps à résoudre de qu'il y aura à faire sur les choses dont on vous informera, vous serez après libre pour tout ce qui vous plaira[18]. » À neuf ans, l'enfant tomba très gravement malade. Pour fêter sa guérison, Mazarin lui donna un ravissant petit cheval anglais qu'on fit entrer dans le palais et monter jusqu'à la chambre du convalescent pour qu'il pût le caresser. L'affection aisée et naturelle qui liait les trois personnages principaux, Louis, Anne et Mazarin, ne fera que se renforcer à l'épreuve de la Fronde.

La reine et le cardinal croyaient très fortement à l'avantage d'une éducation concrète. La guerre civile allait leur donner plus d'occasions qu'ils n'en auraient voulu de mettre le jeune prince en contact avec la réalité. Aussi important que ce frottement au réel pour sa formation politique fut la révélation de son rôle symbolique. Anne avait travaillé à ce que son fils, dès sa plus tendre enfance, donnât l'image d'un roi et lui avait inculqué la nécessité absolue de faire preuve de majesté. Pour elle, un souverain se devait d'être impassible et imposant comme ses aïeux espagnols. À lui de veiller à la noble ordonnance de sa cour, à lui de protéger les arts. Le modèle qu'elle avait en tête n'était ni Henri IV, trop impulsif pour inspirer un respect déférent, ni Louis XIII, trop emprunté, si triste et si compassé qu'il projetait davantage l'ennui que la dignité, mais plutôt Philippe II ou Charles Quint. Elle réussit au-delà de ses espérances. Que ce fût lors des réceptions d'ambassadeurs, des lits de justice devant le Parlement ou des séjours aux armées, le roi savait se comporter et s'adapter à la situation. Pour signifier sa colère au Parlement qui prétendait remettre en question des édits enregistrés en sa présence, il se présenta *en tenue familière*, c'est-à-dire en habit de chasse, la cravache à la main. Les parlementaires furent choqués mais cédèrent. La superbe du roi l'avait emporté. Il devait, cependant, prendre sur lui pour agir de la sorte car il avouait lui-même une certaine timidité qui lui donnait « la peur de mal faire ou de mal dire ». Il n'hésitait pas à apprendre par cœur ce qu'il avait à déclarer et envisageait toujours les hypothèses les plus défavorables pour se préparer à toute éventualité : « En tout ce qui est douteux, le seul moyen d'agir avec assurance est de faire son compte sur le pis[19]. » Et malgré ses doutes, il devint le type même du roi. C'est qu'il avait toujours tenu le premier rôle.

À sa première parution en roi, au Parlement, quelques jours après la mort de Louis XIII, la reine mit un siège vide entre son fauteuil et celui de l'enfant pour souligner la distance qui existait entre eux. Même dans l'intimité, elle lui prodiguait les marques de déférence et s'adressait toujours à lui avec un respect qui n'excluait pas la tendresse. Peu surprenant que la majesté de l'apparence du prince fût naturelle et douce car chacun remarquait autant sa gravité que sa politesse. Mais encore fallait-il frapper l'imagination de son entourage direct, courtisans et ambassadeurs, puis grâce aux gravures celle de son peuple plus lointain. Dès 1643, date de son avènement, Louis XIV fut représenté soit en armure, soit assis sur un trône, arborant le collier du Saint-Esprit. Une gravure effectuée après le triomphe de Rocroi le montra sur son trône félicitant son général victorieux. Dans les doubles portraits de la mère et du fils, Louis tenait les emblèmes de la royauté alors qu'en retrait, Anne, en grand deuil, symbolisait la veuve et la mère, non la souveraine. Marie de Médicis s'était fait peindre en gloire, en mère de l'État, se plaçant hardiment au-dessus de son fils ; Anne ne voulait être perçue que soumise à l'autorité de l'enfant roi.

En ce temps de troubles, de retournements continuels, de trahisons, de dangers intérieurs et extérieurs, la direction politique du royaume était assumée entièrement par la reine et son ministre, mais ils donnèrent une place sans cesse accrue à Louis XIV. On pouvait insulter la régente, salir le ministre, mais le roi était protégé à la fois par son âge et par sa couronne, donc on le mettait en avant pour toutes les fonctions de représentation. Par degrés, il joua un rôle de plus en plus actif. Certes, on lui soufflait la conduite à tenir, mais encore fallait-il qu'il sût se conduire au Parlement, se présenter aux armées et s'affirmer devant ses nobles révoltés. L'enfant prit alors conscience de la portée de sa présence et du poids de son crédit. Il était rare de résister au roi en personne. C'est pendant ces années qu'il saisit l'avantage du secret et de la surprise. On s'étonne parfois qu'il n'eût pas voulu établir plus tôt un pouvoir personnel, mais c'est oublier qu'il ne s'est jamais senti écarté du pouvoir et qu'on lui a toujours fait sentir que dans la triple association – régente, roi et ministre – il constituait l'élément essentiel. Il évoquera Mazarin – « ce ministre qui m'aimait et que j'aimais [20] » – pour son fils, avec reconnaissance. Contrairement à son père et à ses oncles Valois, jamais Louis XIV n'eut le sentiment qu'il aurait à lutter pour arracher les rênes à sa mère ou à son ministre. Il savait que l'autorité suprême serait à lui dès qu'il serait en mesure de l'assumer.

Il est de tradition d'affirmer que la Fronde est trop compliquée, trop riche en péripéties pour être racontée. Et cela est en partie vrai. Les partis en question menaient des politiques si personnelles et si peu logiques que l'exposition des faits s'embrouille vite et que les résumer, autrement que très schématiquement, est un exercice décourageant. Cependant, on peut tenter de revivre les événements du point de vue du petit roi. Il a dix ans au moment au moment où la Fronde parlementaire éclate, tout juste quatorze au moment de son retour triomphal à Paris, le 21 octobre 1652. Le 3 février 1653, Mazarin à son tour revient à Paris et Louis XIV reprend ses études. Mais l'essentiel de son éducation est achevée : il aura fait l'expérience de la royauté.

1648 n'est pas une bonne année pour les rois. En Angleterre, Charles Ier est traduit en justice par son Parlement et sera exécuté l'année suivante. Louis XIV est forcé de quitter le Louvre en cachette et de se réfugier à Saint-Germain. Dans ses *Mémoires,* il évoquera ainsi cette époque d'« agitations terribles » : « Un prince de mon sang et d'un très grand nom à la tête des ennemis [...] dans ma cour, très peu de fidélité sans intérêt, et par là mes sujets en apparence les plus soumis, autant à charge et autant à redouter pour moi que les plus rebelles[21]. » Les paroles du vieil homme tirent leur source des souvenirs de l'enfant.

La Fronde avait été déclenchée par les parlementaires, mais très vite les princes de l'Église et les grands seigneurs s'étaient mis de la partie, et c'est évidemment ce qui avait dû frapper le plus l'enfant roi. Son oncle, le frère de son père, en principe son protecteur le plus proche, conspire contre lui ; le prince de Condé, le Grand Condé, premier prince du sang, vainqueur de Rocroi, la victoire qui avait ouvert son règne, passera dans le camp de ses ennemis, tout comme son frère cadet, le prince de Conti, puis le duc de Longueville, le duc de Bouillon et le vieil ami de sa mère, le duc de Beaufort, son cousin de la main gauche. À ce groupe, il faut ajouter les femmes, la duchesse de Longueville et la duchesse de Chevreuse, l'une et l'autre anciennes amies de la reine, et bien entendu, le coadjuteur au siège épiscopal de Paris, Jean-François de Gondi, le futur cardinal de Retz. À qui se fier ? À personne, se dira non sans justesse Louis XIV.

Deuxième point : le roi était assez mûr pour percevoir la contradiction entre le succès diplomatique des traités de Westphalie, qu'on a pris peine de lui expliquer, et la révolte des magistrats et des grands contre sa mère et contre Mazarin sous prétexte de défendre ses intérêts et ceux du royaume. Il savait bien que s'attaquer à sa mère – elle qui ne pensait qu'à lui et à sa gloire – c'était s'attaquer à lui. Le jour même où un Te Deum fut célébré à Notre-

Dame en honneur de la victoire de Lens, remportée par
Condé sur les Impériaux, Anne d'Autriche fit arrêter les
meneurs de la révolte du Parlement, et Paris se hérissa de
barricades. Spectacle violent qui ne fut pas sans impressionner l'enfant. C'est alors, dit-il, qu'il sentit pour la première fois « les épines de la royauté ». L'atmosphère
devenant de plus en plus pénible, car « un complot [s'our-
dit] pour s'assurer de la personne du roi, après quoi il ne
fallait pas espérer de toute la minorité de pouvoir disputer
l'autorité du Parlement », Anne décida alors de quitter
Paris pour Saint-Germain. Départ quelque peu dramatique
puisque les enfants furent réveillés en pleine nuit, gagnèrent la cour par un escalier dérobé et s'enfuirent plus
qu'ils ne sortirent de leur palais. Suivit une explosion dirigée contre Mazarin, déclaré « perturbateur du bien
public » par le Parlement. Au début de l'année 1649, le
seul fidèle était le Grand Condé qui fit pression sur Paris.
Dans la capitale, des calomnies ordurières sur les rapports
de la reine et du cardinal – les mazarinades – circulaient.
Le roi ne les lisait sûrement pas, mais ce genre de noirceur
est souvent perçue néanmoins par allusion. Trop de gens
étaient au courant dans son entourage pour qu'il ne soup-
çonnât pas la teneur des pamphlets, mais jamais l'union
entre mère, fils et ministre ne fut plus étroite. Cependant,
le premier président, Mathieu Molé, jugea le temps venu
d'opérer un rapprochement avec la cour. Il calma ses
confrères, réussit à apaiser les Parisiens et, le 18 août,
Louis XIV fit une entrée ou plutôt une rentrée officielle à
Paris sous les acclamations et les applaudissements du peuple. À onze ans est-on trop jeune pour mesurer l'incons-
tance et la versatilité des foules ? Je ne le pense pas.
Si la Fronde parlementaire était maîtrisée, la Fronde
nobiliaire allait reprendre avec une vigueur accrue.
Condé, déçu de ne pas se voir confier le pouvoir, trahit et
se joignit aux rebelles. Anne, Mazarin et Louis XIV passèrent la plus grande partie de l'année à parcourir la France,
allant de la Normandie à la Bourgogne, puis en Picardie
et en Guyenne pour tâcher de ramener au calme – et au

roi – les provinces. Nous sommes en 1650 : le roi a douze ans, ni tout à fait un enfant, ni encore un adolescent. Encore qu'à l'époque, on a l'impression que l'adolescence est un âge qui n'existe pas et que l'on passe directement de l'état d'enfant à celui d'homme. Le passage sera brutal pour Louis XIV : son héros guerrier, Condé, se retournant contre lui, son mentor, Mazarin, guide qui le dirigeait par la tendresse et l'expérience, contraint à l'exil. Lui-même se sentait physiquement prisonnier : après le départ du cardinal, la foule grondait autour du Palais-Royal, persuadée que le roi avait été envoyé à l'abri. La reine fit ouvrir les portes de son propre gré, avant d'être obligée de le faire, et permit l'entrée dans la chambre où dormait, ou faisait semblant de dormir, Louis XIV. La dissimulation au propre et au figuré est une nécessité.

La seule politique possible pour la reine consistait à gagner du temps. Il lui fallait tenir jusqu'à la majorité du roi. Les prétentions de Gaston d'Orléans et du prince de Condé à supplanter l'autorité de la régente seraient annihilées par le fait même que le règne personnel de Louis XIV serait proclamé. En attendant, de loin, en usant d'une correspondance codée et ultra-secrète, Mazarin avisait la reine ; celle-ci s'efforçait de brouiller ses adversaires entre eux. Toute cette activité se nourrissait de mystères, de trahisons, de retournements. L'enfant n'était pas mis au courant de tout mais il vivait trop proche de la reine pour ne pas saisir la différence entre ce qu'elle pensait et ce qu'elle disait, entre ses intentions secrètes et ses déclarations officielles. S'il évoqua plus tard la « vigueur » avec laquelle elle défendit son royaume pendant ces années difficiles, c'est qu'il avait bien observé combien elle avait été infatigable dans ses tractations. Oui, il apprit la dissimulation pendant ce temps d'épreuves, mais aussi les vertus de la discrétion, du laconisme et de l'énergie.

La proclamation de sa majorité le 7 septembre 1651, où il fit preuve au Parlement de son aisance habituelle et où il marqua sa reconnaissance à sa mère en quittant sa place pour l'embrasser avant qu'elle n'eût le temps de se lever et de s'incliner devant lui, ne marqua pas immédiatement la fin de la guerre civile. Les princes – Condé à leur tête – négociaient avec l'Espagne mais ils avaient perdu le contact avec le pays. Si la rébellion avait pu gagner tant de régions, c'est que la population écrasée par les impôts et les ravages de la guerre avait mis ses espoirs dans un changement de régime. Après tant de mois de combats inutiles, en province et même à Paris, l'opinion basculait en faveur du roi. Un roi qui s'était montré partout, non pas à la manière de Charles IX, dont le tour de France avait été paisible, mais comme jeune chef de guerre à la tête de ses troupes, un chef « dont la bonté et la facilité d'humeur, jointe à la grâce de son corps et la douceur de ses regards [enchaînait] les cœurs[22] ». Son courage, sa jeunesse, son intérêt pour les choses et les gens, son aspect que chacun s'accordait à juger royal lui valaient un triomphe, partout où il paraissait. « On disait que, si la reine voulait conquérir tous les royaumes de l'univers, elle n'aurait qu'à en faire faire le tour au roi, juste assez de temps pour le montrer[23]. » Il fallut cependant encore un an pour pacifier entièrement le royaume.

Enfin, le 21 octobre 1652, Louis XIV fit dans sa capitale une entrée de triomphateur avec sa mère. Mazarin fut obligé d'attendre encore quelques mois avant de retrouver sa place pour donner aux esprits le temps de se calmer. Cet éloignement temporaire eut l'avantage de laisser le premier rôle à Louis XIV, un rôle de justicier : il imposa l'exil à son oncle, qui céda, se soumit et fit amende honorable ; il signa une nouvelle déclaration contre les derniers rebelles et fit arrêter le cardinal de Retz. La manière dont il mena ce coup annonçait son style.

Rappelons que le roi avait quatorze ans et le cardinal, vieux renard de la politique, aurait pu être son père. Retz, le plus dangereux des rebelles parce que le plus politique et le plus intelligent, inquiétait la cour. Les ministres poussaient le roi à l'arrêter malgré l'amnistie accordée aux frondeurs, mais ils hésitaient eux-mêmes à s'attaquer à un prince de l'Église qui, dans sa prudence, ne quittait guère le cloître de Notre-Dame. Il se rendit cependant au Louvre le 19 décembre au matin. L'occasion ne se reproduirait peut-être plus. On prévint Louis XIV. « Allons, il faut faire le roi », dit-il seulement avec le plus grand calme. Il alla au-devant du cardinal avec un grand sourire et l'entretint fort aimablement. Sa conversation fut légère et il parla avec enthousiasme d'une comédie qui se montait, allant, avec le plus grand naturel, de l'un à l'autre. Il dit un mot à l'oreille de son capitaine des gardes et sortit en lançant une phrase qui était un signal : « Surtout qu'il n'y ait personne sur le théâtre. » Le cardinal fut arrêté quelques minutes plus tard et on l'expédia à la forteresse de Vincennes. Le sang-froid, la duplicité et l'esprit de décision de leur jeune souverain rassurèrent ses partisans et surprirent son confesseur qui s'exclama avec admiration : « Le roi croît en sagesse et en dissimulation [24] ! » Restait à faire rentrer Mazarin, ce qui fut fait en février 1653, et à retourner à ses études et à ses plaisirs.

La paix revenue, le rôle politique d'Anne d'Autriche allait s'estomper peu à peu. Les années 1653-1661 seront les années Mazarin. Le cardinal exercera un pouvoir que l'on dit supérieur à celui de Richelieu. Il avait l'avantage sur celui-ci d'être assuré de l'appui du roi et à plus forte raison de celui de la reine. Mais il faut ajouter qu'il passait beaucoup de temps à former son élève, lequel était associé à toutes les décisions. Tous les matins, rapporte son valet Dubois, le roi montait chez le cardinal « qui logeait au-dessus de sa chambre, et se mettait en particulier, où il faisait chaque jour entrer un secrétaire d'État qui faisait ses rapports et sur lesquels et sur d'autres affaires plus secrètes le roi s'instruisait de ses affaires le temps d'une heure ou une heure et demie ». Puis il allait déjeuner avec sa mère et consacrait la plupart de ses après-midi aux audiences des ambassadeurs étrangers. Là, il écoutait toujours avec la plus grande attention et les entretenait d'autant plus « fort familièrement » de leur souverain, de leur pays et des amitiés qu'il y avait eues, qu'il avait été bien préparé par son ministre. C'est Mazarin qui a réellement fait l'éducation politique de Louis XIV, a démonté pour lui les rouages de la politique européenne, montré l'importance de savoir acheter une voix d'Électeur du Saint Empire ou une voix de cardinal à Rome ; c'est Mazarin encore qui a convaincu le roi de savoir sacrifier quand il le fallait à la raison d'État et a obtenu de lui une alliance contre nature avec Cromwell le régicide. Et Louis XIV lui en a su gré et se souviendra, plus tard, avec émotion de ces années où il s'éprouvait en secret : « raisonnant seul sur tous les événements qui se présentaient, plein d'espérance et de joie quand je découvrais quelquefois que mes premières pensées étaient celles où s'arrêtaient à la fin les gens habiles et consommés[25] ». La reine, en revanche, ne participait pas à ces séances, et le jeune homme lui fut reconnaissant de cette preuve de confiance. Elle se cantonna dans un rôle de mère plus traditionnel, plus centré sur la conduite personnelle de son fils, tout en n'abandonnant pas ses prérogatives. L'épisode Marie Mancini et les péripéties du mariage espagnol allaient mettre en lumière la forte autorité qu'elle conservait sur lui.

# De régente à reine mère

## 1653-1666

En 1653, Louis XIV a donc quinze ans ; il en aura vingt-trois à la mort de Mazarin, au moment où il deviendra seul responsable de son royaume. Ces années seront la saison de sa jeunesse, un temps d'équilibre, comme ni Louis XIII ni Charles IX n'en auront connu, entre l'acquisition de l'expérience, la découverte de l'amour et la conscience des limites imposées à sa liberté ou, pour utiliser le langage du siècle, de ce qu'il devait à sa gloire. 1654, c'est l'année de son sacre, le sacre qui, bien davantage que la déclaration de majorité en 1651, marquait le début de l'âge adulte à seize ans ; 1660, l'année de son mariage ; 1661, celle de sa prise de pouvoir effective et personnelle, à la disparition de Mazarin. Ces huit ans seront pour sa mère une période où elle abandonnera progressivement tout rôle politique. La reine s'était montrée capable de manœuvrer avec autant de vigueur que d'habileté pour s'assurer du pouvoir à la mort de Louis XIII et pour le conserver durant la Fronde, mais soit sagesse, soit fatigue, sinon paresse, dès qu'elle vit Louis indubitablement maître du jeu, sous la direction de Mazarin, elle sut s'écarter. Sa confiance en Mazarin était telle que jamais elle ne chercha à s'immiscer dans leurs entretiens quotidiens. Elle se retirera d'abord des affaires militaires et cela dès que le roi à quinze ans fut d'âge à les comprendre. Chaque fois que Mazarin s'absentait, il écrivait des lettres communes à la mère et au fils sauf en ce qui concernait les armées. Dans ce domaine, les rapports étaient adressés à Louis XIV seul, « parce qu'il s'y entend fort bien », précisait Mazarin à la reine [1]. Si, pendant cette période, Anne demeurait encore techniquement maîtresse des mouvements de son fils, le plus souvent elle lui cédait lorsqu'il voulait demeurer au front. « J'aime mieux ce qui est de sa gloire et de son service que mon contentement particulier », répondit-elle à Mazarin qui, d'accord avec le roi, refusait de le laisser quitter son poste quelques jours « parce que ce petit voyage ferait un mauvais effet à l'égard de notre armée [2] ». Malgré ce repli relatif, la période se terminera pour elle par une sorte d'apothéose.

Le mariage de son fils avec sa nièce, l'infante d'Espagne, fut la réalisation de ses espoirs les plus chers. À force de patience et de diplomatie, elle a imposé cette alliance ; grâce à sa fermeté et à sa tendresse, elle a obtenu que Louis sacrifiât son amour pour Marie Mancini, la nièce de Mazarin, et se conduisît en roi, sans que cette rupture affectât leurs rapports. La crise Mancini, comme toutes les histoires d'amour contrariées – surtout lorsqu'il s'agit de princes ou de princesses –, a enflammé les imaginations depuis des siècles. L'intéressant dans toute l'affaire est qu'elle permet de mesurer fort exactement les limites de la liberté du jeune Louis XIV. Il a vingt ans, il est le roi et pourtant...

L'influence de la reine mère s'explique d'abord par la réelle affection que son fils avait pour elle et l'évidence de son désintéressement total. « La nature avait formé les premiers nœuds qui m'attachaient à ma mère. Mais les liaisons qui se font dans le cœur par le rapport des qualités de l'âme se rompent bien plus malaisément que celles qui ne sont produites que par le seul commerce du sang. La vigueur avec laquelle cette princesse avait soutenu ma couronne dans les temps où je ne pouvais encore agir m'était une marque de son affection et de sa vertu. Et les respects que je lui rendais de ma part n'étaient point de simples devoirs de bienséance. Cette habitude que j'avais formée

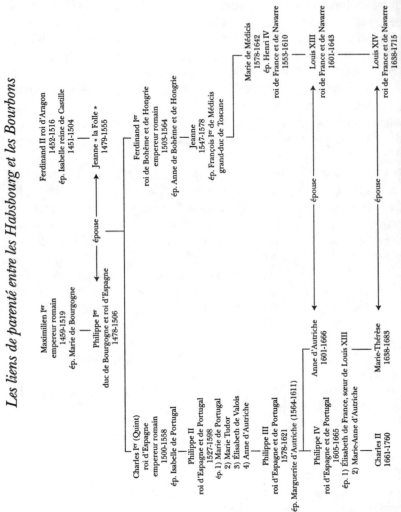

*Les liens de parenté entre les Habsbourg et les Bourbons*

Maximilien I<sup>er</sup>
empereur romain
1459-1519
ép. Marie de Bourgogne

Ferdinand II roi d'Aragon
1452-1516
ép. Isabelle reine de Castille
1451-1504

Philippe I<sup>er</sup> ——— épouse ———→ Jeanne « la Folle »
duc de Bourgogne et roi d'Espagne                1479-1555
1478-1506

Ferdinand I<sup>er</sup>
roi de Bohême et de Hongrie
empereur romain
1503-1564
ép. Anne de Bohême et de Hongrie

Charles I<sup>er</sup> (Quint)
roi d'Espagne
empereur romain
1500-1558
ép. Isabelle de Portugal

Jeanne
1547-1578
ép. François I<sup>er</sup> de Médicis
grand-duc de Toscane

Philippe II
roi d'Espagne et de Portugal
1527-1598
ép. 1) Marie de Portugal
    2) Marie Tudor
    3) Élisabeth de Valois
    4) Anne d'Autriche

Marie de Médicis
1578-1642
ép. Henri IV
roi de France et de Navarre
1553-1610

Philippe III
roi d'Espagne et de Portugal
1578-1621
ép. Marguerite d'Autriche (1564-1611)

Anne d'Autriche
1601-1666

——— épouse ———

Louis XIII
roi de France et de Navarre
1601-1643

Philippe IV
roi d'Espagne et de Portugal
1605-1665
ép. 1) Élisabeth de France, sœur de Louis XIII
    2) Marie-Anne d'Autriche

Marie-Thérèse
1638-1683

——— épouse ———

Louis XIV
roi de France et de Navarre
1638-1715

Charles II
1661-1760

à ne faire qu'un seul logis et qu'une même table avec elle, cette assiduité avec laquelle je la voyais plusieurs fois par jour malgré l'empressement de mes affaires n'était pas une loi que je me fusse imposée par raison d'État, mais une marque du plaisir que je prenais en sa compagnie. Car enfin l'abandonnement qu'elle avait fait si pleinement de l'autorité souveraine m'avait assez fait connaître que je n'avais rien à craindre de son ambition pour ne me pas obliger à la retenir par des tendresses affectées[3]. » Donc, le sentiment qu'elle n'œuvrait que pour lui constituait le premier élément qui justifiait la soumission du fils aux désirs de la mère. Ensuite, elle lui en imposait par la dignité de sa manière. (C'est là qu'il faut souligner une fois de plus combien il est improbable que la reine et Mazarin aient eu des relations amoureuses, car dans ce cas jamais Louis XIV n'aurait accepté sans discussion leur autorité morale.) Il admettait que la reine avait la responsabilité de veiller à la bienséance de sa vie quotidienne.

À vrai dire, jusqu'à l'apparition des jeunes filles dans son existence, elle n'eut guère de critiques à lui adresser. D'ailleurs, comme elle ne l'aurait jamais repris en public, on ne peut pas savoir si et quand il lui avait jamais déplu. Une fois seulement, à un petit bal qu'elle donna dans son appartement pour distraire sa belle-sœur, Henriette, la reine d'Angleterre, réfugiée en France après l'exécution de Charles Ier, elle se fâcha contre le roi qui n'avait pas voulu danser avec sa cousine, sous prétexte « qu'il n'aimait pas les petites filles ». La princesse, toute maigrelette et maladroite, n'avait que onze ans et Louis XIV, à dix-sept ans, si l'on en croit la légende, avait déjà découvert le charme de fruits plus mûrs. La première femme de chambre de sa mère qui était « dans sa plus intime confidence[4] », Mme de Beauvais, avait initié le roi, disait-on, et l'extrême considération qu'il conserva pour elle – elle causait toujours en particulier avec lui lorsqu'elle venait à Versailles à la fin du siècle – semblait bien confirmer le fait. Toujours est-il que le jeune homme promettait de tenir davantage de son grand-père, Henri IV, que de son père et s'intéressait de plus en plus près aux jeunes beautés qui peuplaient la cour.

Un groupe d'étrangères surprenantes, brunes et maigres en un temps où la mode était à la blondeur épanouie, décidées à s'amuser, attiraient tous les regards dans les années qui suivirent la Fronde. Elles gagnèrent leur surnom de mazarinettes à leur origine. Fort de sa victoire, Mazarin décida, en effet, que le moment d'accélérer ses efforts pour sa famille était venu. Avec ses huit nièces, filles de ses sœurs Mmes Mancini et Martinozzi, il ne manquait pas d'hameçons à jeter dans les eaux d'une aristocratie vaincue et prête à toutes les souplesses pour s'attirer la bienveillance du tout-puissant cardinal. En 1656, il en avait déjà placé trois. Laure Mancini, venue la première, épousa le duc de Mercœur, le petit-fils de Henri IV et de Gabrielle d'Estrées, mais la jeune femme mourut en couches en 1657. La seconde, Anne-Marie Martinozzi, fit aussi un mariage éclatant en s'unissant au prince de Conti, le frère du Grand Condé, qui oublia dans la circonstance combien il détestait le cardinal. (Le produit de cette union se rapprocha plus encore de la famille royale en épousant la fille de Louis XIV et de Mlle de La Vallière.) Sa sœur, une autre Laure, devint duchesse souveraine de Modène. Jusque-là, l'invasion mazarine ne se soldait que par des succès glorieux, obtenus sans grand remous. Les cadettes allaient provoquer plus de fracas.

Anne d'Autriche accueillit avec chaleur les nièces de son ministre dans son cercle intérieur. Rappelons qu'à l'époque la reine et ses fils habitaient le Louvre et que Mazarin occupait un logement attenant aux appartements du roi. L'organisation intérieure avait donc un caractère familial et intime. Les jeunes filles étaient gaies, cultivées et divertissantes. Et Louis XIV se montra sensible immédiatement au charme de l'aînée, Olympe, qui n'avait qu'un an de moins que lui. Mme de Motteville la trouvait laide, bien qu'elle admît que les attentions du roi « donnèrent du brillant à cette médiocre beauté ». La reine ne s'inquiétait nullement de ce qui lui semblait une amourette sans conséquence. Et elle n'avait pas tort. Olympe ne se laissa pas tourner la tête. « Elle songeait à ses affaires et voulait devenir princesse comme ses sœurs. » Ce fut bien volontiers qu'elle accepta le mari choisi par le cardinal, Eugène de Savoie, qui prit le titre de comte de Soissons. Le roi n'en fut pas chagrin et « par cette indifférence, on connut visiblement que sa passion avait été médiocre ». L'amitié subsista néanmoins et le roi continua à venir souvent bavarder avec la comtesse.

Il devenait évident cependant qu'il n'allait pas se refuser longtemps quelques caprices. Une ravissante créature, Mlle de La Motte-d'Argencourt, fille d'honneur de la reine, accrocha son regard et les apartés se firent trop longs et trop fréquents au gré de cette dernière qui le lui fit savoir. « Le roi reçut avec bonté et respect la réprimande de la reine ; mais il lui dit tout bas qu'il la suppliait de ne lui pas montrer ce chagrin devant tout le monde, parce qu'elle faisait voir par là qu'elle désapprouvait ses actions. » La jeune personne fut écartée mais « la reine, qui était chèrement aimée du roi son fils, sut par lui-même l'état de son âme ; car la douceur et l'amour d'une si bonne mère l'obligea à une telle confiance envers elle qu'il ne put pas d'abord lui cacher ses sentiments ; et quoiqu'elle fût sa partie, elle ne laissa pas d'être sa confidente[5] ». Il lui avoua alors que la blonde Mlle de La Motte ne lui tenait pas à cœur. L'objet de son admiration était Marie Mancini.

Et l'on aborde la grande crise de 1659, une crise qui aurait pu rompre l'entente inébranlable entre Anne d'Autriche, Louis XIV et le cardinal Mazarin, crise d'autant plus grave qu'elle s'ouvrait au moment même où « toute l'Europe regardait de quel côté se tournerait [le roi] pour choisir une femme, et toutes les princesses qui pouvaient espérer à cet honneur étaient attentives à l'événement de cette élection ». Louis XIV aurait dû être marié depuis déjà quelques années. La fin de la Fronde avait coïncidé avec ses quinze ans, âge normal des noces des jeunes princes.

Mais la guerre avec l'Espagne continuait et mettait obstacle au désir de la reine de renforcer une fois de plus les liens entre sa famille espagnole et sa famille française. Résignée, elle patientait. En 1658, l'attente ne se justifiait plus. La guerre touchait à sa fin, et Mazarin avait fait savoir que la France souhaitait un mariage entre le roi et l'infante. Mais Philippe IV ne montrait aucun enthousiasme pour le projet. Il n'avait qu'un fils, Charles II, un enfant si faible qu'on doutait qu'il vécût assez longtemps pour régner. Or, en l'absence d'un héritier mâle, sa fille Marie-Thérèse hériterait de la couronne. L'envoyer en France créerait une situation inextricable.

Anne se résigna alors à une manœuvre inhabituelle, sous la pression de Mazarin, qui consistait à se rendre à Lyon pour « voir » une autre candidate, Marguerite de Savoie, fille d'une sœur de Louis XIII. Ce voyage du roi avait ceci d'inhabituel que la France ne s'engageait pas. Si Louis XIV était séduit, il faisait sa proposition. Il gardait toute sa liberté et la jeune fille assumait le risque d'être repoussée. Le cortège s'ébranla avec à sa tête le cardinal, la reine, le roi... et Marie Mancini. Le roi semblait d'excellente humeur et courtisait la jeune personne sans fard. La reine demeurait impassible. Ses proches devinaient sa mauvaise humeur et la raison profonde. Ce n'est pas Marie qui la tracasse mais l'éventualité de ce mariage savoyard auquel elle ne tient pas du tout. Et le cardinal, que pense-t-il de tout cela ? Il s'inquiète quelque peu des insolences de sa nièce qui à la vue de Marguerite de Savoie s'étonne qu'on veuille donner comme épouse au roi une personne aussi laide. Mazarin, qui n'avait jamais douté de l'esprit de sa nièce, commença alors à se méfier de son jugement[6].

Sa sœur, Mme Mancini, l'avait d'ailleurs mis en garde et, sur son lit de mort, l'avait supplié de mettre Marie au couvent : elle avait « toujours paru d'un mauvais naturel et feu son mari, qui avait été un grand astrologue, lui avait dit qu'elle serait cause de beaucoup de maux ». Il n'en avait rien fait, pensant probablement en tirer l'avantage d'une grande alliance supplémentaire quoiqu'elle ne promît rien : « Elle pouvait espérer d'être de belle taille, parce qu'elle était grande pour son âge et bien droite ; mais elle était si maigre, et ses bras et son col paraissaient si longs et décharnés, qu'il était impossible de la pouvoir louer sur cet article. Elle était brune et jaune ; ses yeux qui étaient grands et noirs, n'ayant point encore de feu, paraissaient rudes ; sa bouche était grande et plate ; et hormis les dents, qu'elle avait très belles, on la pouvait dire alors toute laide[7]. » Mais elle avait l'avantage d'être drôle, originale, instruite, médisante, et elle amusait le roi. Toute sa vie, il aima les femmes intelligentes et vives. Il fallait de l'esprit pour le tenir et de l'esprit Marie en avait à revendre. Elle avait aussi une énergie physique qui plaisait au roi. Elle chevauchait à ses côtés plutôt que de voyager dans son carrosse et ils bavardaient et riaient ensemble pendant les longues étapes. Il ne cacha pas le plaisir qu'il trouvait à sa compagnie : « Toutes les galanteries qu'il peut faire pour elle, il les fait. [...] Il lui prête ses plus beaux chevaux et lui fait faire deux équipages », note une dame de la cour dans une lettre à Fouquet.

Tant qu'il s'agit d'une éventuelle union avec Marguerite de Savoie, on le laisse faire, d'autant que, mis en présence de sa cousine, le prétendant malgré lui se montre parfaitement poli et galant à son égard. D'ailleurs Mazarin est tout entier pris par ses calculs assez tortueux avec l'Espagne et n'a pas l'esprit à se soucier des badinages de la jeunesse. Le bluff de l'alliance savoyarde réussit au-delà de ses espérances. Philippe IV, devant l'imminence de ces fiançailles, a un sursaut de dépit et il expédie à Lyon le marquis de Pimentel pour offrir la main de Marie-Thérèse au roi. Mazarin triomphe ; Anne d'Autriche défaille de joie. On imagine qu'en ce mois de décembre 1658 ni l'un ni l'autre ne pensent à Marie. Comment concevoir que Louis XIV, si sérieux, si consciencieux, si roi malgré son jeune âge, vacillerait un instant entre la fille aînée du roi d'Espagne et la fille cadette de l'astrologue Mancini ? Revenus à Paris en janvier 1659, avec tout l'entourage, pour laisser aux diplomates le temps de mettre au point le traité de paix et le contrat de mariage, les jeunes gens passèrent de plus en plus de temps ensemble dans une atmosphère romanesque où bals, fêtes et chasses se succédaient. On avait franchi le stade de l'amourette.

« La mode était à l'amour, écrivit Marie, et la galanterie accompagnait nos repas, nos promenades, nos divertissements. » Anne commença alors à s'inquiéter et d'autant plus qu'elle perçut chez Louis XIV, jusqu'à présent le plus docile et le plus affectueux des fils, une poussée d'insolence. Il prétendit danser un ballet avec Marie pendant le Carême. Sa mère s'insurgea contre cette impiété et déclara qu'elle se réfugierait plutôt au Val-de-Grâce pour ne pas en être témoin. Vous êtes libre, répliqua le roi. Il fallut toute l'influence et la diplomatie de Mazarin pour faire céder le roi, mais Anne avait eu la révélation que les jours de son autorité indiscutable étaient comptés. Elle avait eu l'habitude de le « conseiller en amie et de lui commander comme sa reine[8] ». Le pourrait-elle encore longtemps ? Coup d'autant plus pénible qu'elle douta un moment de la loyauté de Mazarin en l'occurrence. Résisterait-il à la tentation de mettre sa propre nièce sur le trône ? Le soupçon s'avéra injuste et Mazarin, en fin de compte, se montra plus rude envers le roi que la reine elle-même. Dans une série remarquable de lettres, le cardinal traça au roi son devoir sans le moindre faux-fuyant. On a vu Mazarin jouer le rôle de mentor ; en ces circonstances, il agit véritablement en père et en père sûr de son autorité. Attitude d'autant plus frappante que le premier mouvement de colère passé, Anne se montra sensible et presque indulgente au chagrin de son fils. Mazarin, lui, ne fléchit jamais.

En juin 1659, le cardinal, alarmé par cette passion grandissante, décida d'exiler ses nièces à Brouage, en Saintonge. Louis ne s'y opposa pas, mais fit une entrée désolante chez sa mère la veille du départ des jeunes personnes, et elle tenta de le consoler : « Elle le tira à part, et lui parla longtemps ; mais comme la sensibilité d'un cœur qui aime demande la solitude, la reine prit elle-même un flambeau qui était sur sa table ; et passant de sa chambre dans son cabinet des bains, elle pria le roi de la suivre. Après qu'ils eurent été environ une heure ensemble, le roi sortit avec quelque enflure aux yeux ; et la reine en sortit aussi touchée de l'état où il était, et où elle était obligée de le mettre, qu'il fut aisé de voir que la souffrance du roi lui en donnait beaucoup[9].» Le lendemain, il accompagnait Marie jusqu'à son carrosse en pleurant, exposant ainsi à la fois sa faiblesse et sa grandeur. «Vous êtes le roi, vous pleurez et je pars», lui dit-elle. Paroles qui ranimèrent peut-être un écho dans le cœur de Louis XIV, plus de dix ans plus tard, en assistant à la première de Bérénice :

> *Vous êtes empereur, Seigneur, et vous pleurez...*
> *Vous m'aimez, vous me le soutenez*
> *Et cependant je pars, et vous me l'ordonnez...*

Mais l'idylle n'était pas finie. Anne avait autorisé, contre l'avis de Mazarin, les jeunes gens à correspondre ; or les lettres se firent de plus en plus longues, de plus en plus passionnées, et alors même que les dernières conditions de son mariage avec l'infante se négociaient, et que la cour s'apprêtait à descendre vers l'Espagne, Louis évoquait la possibilité d'un mariage avec Marie. Anne d'Autriche, soit inconscience, soit manque d'expérience dans le domaine ou simplement par faiblesse, céda à Louis qui lui demanda à voir une dernière fois Marie. Sur la route qui le menait vers sa fiancée espagnole, Louis s'arrêta et eut une longue entrevue à Saint-Jean-d'Angély avec la jeune fille. Mazarin explosa dans des lettres furieuses à la reine. Toute l'aventure Mancini éclaire non seulement les rapports entre la reine mère, Mazarin et le roi, mais aussi la manière dont les premiers réussirent à imposer leur volonté au dernier, un jeune roi conscient de l'être et conscient de son pouvoir, et ce sans rupture comme sans violence.

On a vu comment Anne menait son fils par un mélange de douceur et de fermeté. Il faut redire que, jusqu'à l'épisode Mancini, il n'y avait pas eu de grand heurt entre eux. Il n'y en avait pas eu davantage avec Mazarin avant l'été

1659. La crise permet de mesurer la soumission du roi, « soumission sucée avec le lait, fit remarquer Mme de La Fayette, qui rendit le cardinal plus absolu sur l'esprit du roi qu'il ne l'avait été sur celui de la reine [10] », en contraste absolu avec la liberté de propos du ministre. Après la rencontre des amoureux, Mazarin prit les devants, probablement d'accord avec la reine, et écrivit une lettre surprenante de brutalité à Louis XIV. D'abord, il traça un portrait au vitriol de sa nièce, dotée selon lui d'« une ambition démesurée, un esprit de travers et emporté, un mépris pour tout le monde, nulle retenue dans sa conduite et prête à faire toute sorte d'extravagances, [...] plus folle qu'elle n'a jamais été depuis qu'elle a eu l'honneur de vous voir à Saint-Jean-d'Angély », puis il passa à une critique serrée de la conduite du roi : « Vous avez recommencé [...] à lui écrire tous les jours non pas des lettres mais des volumes entiers, lui donnant part des moindres choses qui se passent [...] tout votre temps est employé à lire ses lettres et à faire les vôtres ce qui est incompréhensible... » Il lui reprocha d'abord son indiscrétion et sa négligence. Ensuite, il souligna l'indifférence insultante du roi à son égard : « [...] à l'âge où je suis, accablé de tant et si importantes occupations [...] [pour] la réputation et l'avantage de votre État [...] ce qui m'afflige au dernier point, c'est de voir qu'au lieu de m'assister pour me délivrer de ce chagrin et d'une si juste inquiétude, vous y contribuez ». Et la violence de son ton montant, Mazarin fustigea littéralement son roi : « Vous prenez un chemin tout contraire à la bienséance et au bonheur auquel vous devez aspirer [...] vous préjudiciez au bien de vos affaires [par cette] aversion à ce mariage quoiqu'il soit le plus utile, le plus grand et le plus glorieux que vous puissiez faire, que vous vous attirez les reproches de tout le monde et que vous vous exposez à recevoir des marques de la colère de Dieu, si vous allez vous marier, haïssant la princesse que vous épouserez » et conclut en le plaçant devant ses responsabilités : « Je vous conjure de me faire l'honneur de vouloir lire et bien considérer cette lettre et de vouloir prendre la peine de me déclarer vos intentions sans aucune retenue, afin que je puisse prendre les résolutions que j'estimerai le plus propre pour votre service [11].»

Cette lettre forte, sévère et marquant une amère désillusion devant ce qui lui semble une trahison de son souverain évoque un Mazarin droit, autoritaire, ambitieux pour son roi et pour la France et somme toute proche de la dignité de Richelieu. Quelques jours plus tard, il écrit à Anne d'Autriche, qui lui avait donné son approbation entière, pour lui faire part de sa tristesse – le roi lui a répondu par « deux mots qu'il a pris la peine de m'écrire en un morceau de papier en réponse de mes trois lettres qu'il ne me mande même pas avoir reçues » – et se déclare incapable de se rendre auprès du roi dans ces circonstances. Mais le 8 septembre, coup de théâtre : Marie prit l'initiative de la rupture et écrivit à son oncle une lettre de « philosophe [...] comme aurait pu le faire Caton » pour l'assurer qu'elle avait pris cette résolution « nécessaire à son honneur » puisque le mariage du roi était irrévocablement décidé. Piquée de ce que son oncle jugeait sa conduite « libertine et extravagante », elle supplia Louis de ne lui plus écrire. Mazarin, « ravi d'une si bonne nouvelle », ne se sentit cependant pas à même d'écrire au roi et il demanda à la reine d'intervenir : « Vous pourriez témoigner que je vous l'ai mandé, et lui faire connaître, de ma part, à quel point il est important qu'il ait la bonté de n'apporter aucun changement à la résolution que ma nièce a prise, puisqu'elle sera le vrai remède et l'unique pour la guérison des deux [12].» Précaution superflue. Il n'avait pas besoin de s'inquiéter : le roi montra finalement un véritable enthousiasme à l'idée de se marier.

Reste à s'expliquer la docilité de ce roi qui ne manquait ni de caractère ni de capacité. À vingt ans, et ce sentiment est tout à son honneur, il manquait encore d'assurance alors qu'il ne mettait en doute ni la puissance intellectuelle de Mazarin ni la conviction que ce dernier n'œuvrait que pour l'établissement de sa grandeur. Dans ce cas particulier, le ministre avait le beau rôle : s'opposer à ce que sa propre nièce devînt reine de France donnait un poids supplémentaire à une autorité indiscutablement désintéressée. De plus, transparaissait sous les gronderies le souci très humain du ministre pour le bonheur de Louis lorsqu'il le mettait en garde contre un mariage contracté avec tant de réticence affective, recette assurée pour devenir « le plus malheureux de tous les hommes ». Que le roi ait cédé à la pression n'est que la preuve de la confiance totale qu'il faisait à ses aînés, ses protecteurs de toujours.

Le mariage eut donc lieu et l'on put mesurer la réussite de la politique du cardinal. Il avait réussi à étouffer tous les restes de cabale et de dissension : la noblesse comme le Parlement étaient désormais soumis ; la paix générale avait été enfin signée. Il n'eut cependant pas le bonheur de voir longtemps les effets de son succès : il mourut peu de temps après le retour du voyage où le mariage et la paix avaient été conclus. C'est à sa mort que l'on prit conscience de son dernier triomphe. Le roi son élève allait donner sa mesure en ajoutant aux fonctions d'un souverain celles de premier ministre.

La première personne, non pas à souffrir de cette autorité nouvellement fondée, mais à en sentir indubitablement le poids, fut la reine mère. De toutes les régentes de France, Anne fut la seule à connaître des années de retraite : Blanche de Castille continua à gouverner de concert avec Saint Louis et mourut à la tâche ; Catherine abandonna, malgré elle, le pouvoir quelques mois avant sa mort et ses derniers jours furent désespérés par la violence des luttes autour d'Henri III. Marie de Médicis, on l'a vu, fut tout simplement chassée du royaume. Anne, elle, vieillit en jouissant de la considération et du respect de son fils. Elle eut l'immense satisfaction de le voir exercer son pouvoir pleinement sans les entraves que les révoltes parlementaires et nobiliaires avaient fait craindre, mais le jeune homme docile, soumis, qui versait des larmes lorsqu'elle le reprenait, s'était transformé en jeune despote, déterminé à mener sa vie et ses plaisirs à sa guise. Il n'y eut jamais la moindre divergence politique entre eux ; en

revanche, les écarts de conduite manifestes du roi provoquèrent des réactions d'autant plus fortes que la reine
considérait de son devoir de veiller sur la vertu de son fils
et sur le bonheur de sa bru.

Le sérieux que le roi mettait à présider son conseil et à
maîtriser des problèmes avec lesquels il n'était pas familier, notamment les finances, ne l'empêchait pas d'imaginer et d'organiser fêtes et divertissements continuels.
C'était une cour jeune et gaie qui entourait le roi en ce
début de règne personnel. Le curieux est qu'il lui manquait une reine qui aurait participé allègrement aux distractions. « La jeune reine était une personne de vingt-
deux ans, bien faite de sa personne, et qu'on pouvait appeler belle, bien qu'elle ne fût pas agréable [...] on la voyait
tout occupée d'une violente passion pour le roi, attachée
dans tout le reste de ses actions à la reine sa belle-mère,
sans distinction de personnes ni de divertissements, et
sujette à beaucoup de chagrin, à cause de l'extrême jalousie qu'elle avait du roi [13]. » La reine Anne s'abandonnait
aux plaisirs austères des visites de couvent et des messes
chantées. La reine Marie-Thérèse, enceinte, alourdie,
malade, la larme à l'œil, suivait sa tante et belle-mère et,
au lieu d'apprendre le français, priait Dieu en espagnol de
lui rendre l'attention de son mari ; Madame, la femme du
frère du roi, combla le vide. La petite princesse maigrelette
que Louis XIV refusait de faire danser s'était muée en une
jeune femme qui « possédait au souverain degré le don de
plaire et ce qu'on appelle grâces [14] ». De plus, son frère
avait retrouvé son trône en Angleterre, ce qui bien
entendu renforçait singulièrement sa situation.

Son mariage avec Monsieur, voulu et organisé par Anne
d'Autriche, en fit la véritable reine de la cour où, dit-on,
elle porta la joie et les plaisirs. Le roi succomba enfin à
son charme et « lui témoigna une complaisance extrême.
Elle disposait de toutes les parties de divertissement ; elles
se faisaient toutes pour elle, et il paraissait que le roi n'y
avait de plaisir que par celui qu'elle en recevait. C'était
dans le milieu de l'été : Madame s'allait baigner tous les

jours ; elle partait en carrosse, à cause de la chaleur, et revenait à cheval, suivie de toutes les dames, habillées galamment, avec mille plumes sur leur tête, accompagnées du roi et de la jeunesse de la cour ; après souper on montait dans des calèches, et au bruit des violons, on s'allait promener une partie de la nuit autour du canal[15] ».

C'est alors que la reine mère commença de s'inquiéter : le roi, quoique toujours fort respectueux à son égard, passait la voir rapidement et s'éternisait auprès de sa belle-sœur ; Madame, ravie de se dédommager enfin d'une jeunesse triste et vertueuse auprès de sa mère détrônée, s'enchantait de tous les plaisirs que lui offrait la cour, ornait toutes les fêtes et ne montrait pas la moindre intention de se plier à l'autorité de sa belle-mère. Celle-ci mit alors Monsieur, le mari, en garde ; d'un naturel jaloux, il fit des remarques désagréables à son épouse. On plonge dans le drame bourgeois. Mme de La Fayette dit avec son élégance habituelle « que tout cela faisait un cercle de redites et de démêlés qui ne donnait pas un moment de repos ni aux uns ni aux autres[16] ». La reine mère convoqua alors son fils, lui parla « fortement » et lui fit voir, ce dont il convint, que la situation devenait intolérable. Il en parla à Madame et les deux jeunes gens décidèrent alors d'étouffer les rumeurs. La meilleure manière, convinrent-ils, serait de faire croire que Louis était tombé amoureux de quelque autre créature. Ils jetèrent les yeux autour d'eux, distinguèrent trois jeunes filles, Mlle de Pons, Mlle de Chémerault et Mlle de La Vallière. Le roi papillonna consciencieusement autour des trois beautés, mais s'attacha réellement à Louise de La Vallière, jolie, douce, naïve et d'une rare discrétion. Quoi qu'il fît « beaucoup de progrès auprès d'elle, ils gardaient beaucoup de mesure [...] à la promenade du soir, il sortait de la calèche de Madame et s'allait mettre près de celle de La Vallière, dont la portière était abattue et, comme c'était dans l'obscurité de la nuit, il lui parlait avec beaucoup de commodité[17] ».

La situation ne plaisait guère à la reine mère, mais elle se disait que les couches de la jeune reine approchaient et que Louis XIV devenu père retrouverait tout ensemble le chemin du lit conjugal et toute sa dignité. Il avait d'ailleurs admis qu'il lui fallait faire preuve de la plus grande discrétion « de peur que la douleur [de la reine] n'eût de trop mauvais effets contre la vie de l'enfant qu'elle portait[18] ». Quand, le 1er novembre, Marie-Thérèse mit au monde un fils, Louis XIV se montra d'une sollicitude merveilleuse, ne quitta pas sa femme de tout l'accouchement, s'extasia devant le beau bébé. Anne, dans sa naïveté, crut l'orage passé et fut d'autant plus rassérénée que Madame attendait aussi un enfant, et elle confia à Mme de Motteville que Dieu l'avait comblée et « qu'elle n'avait plus rien à désirer que son salut[19] ». Cependant, le moment de se retirer au Val-de-Grâce n'était pas encore venu.

Le jeune père reprit ses activités extraconjugales avec une telle énergie que la duchesse de Navailles, responsable des filles d'honneur et de leur vertu, fit condamner par un maçon la porte dérobée par laquelle le roi pénétrait dans les appartements des demoiselles. Quoique Louis ne souffrît guère de cet obstacle – il se concentrait avec une passion grandissante sur Louise de La Vallière et cherchait à donner le change en badinant avec d'autres –, il ne pardonna jamais à la vieille duchesse et, profitant de quelques calomnies qui circulaient, il la bannit avec son mari de la cour.

Anne ressentit cette disgrâce comme une attaque personnelle. La duchesse avait agi avec son assentiment et personne n'ignorait que les deux femmes étaient liées d'amitié. Cette fois, elle se fâcha contre son fils et celui-ci se raidit dans son opposition. Ses visites quotidiennes cessèrent ; plus de conversation entre eux, sinon quelques paroles échangées en public. Sa femme de chambre espagnole la trouva un soir en larmes dans son oratoire : « *Ah, Molina, estos hijos, estos hijos...* », fit la reine, se plaignant peut-être pour la première fois de son fils bien-aimé et admettant que le cadet s'avilissait par légèreté. La situation devenait si pénible – la reine mère n'assistait plus au souper qui réunissait la famille – que son confesseur lui suggéra de faire les premiers pas en vue d'une réconciliation. Elle n'eut pas à les faire : le roi se fit annoncer et se jeta à ses pieds. Ne niant plus ses amours avec Louise de La Vallière, « il lui demanda pardon à genoux, il pleura de douleur de lui avoir manqué et lui avoua qu'il n'avait point dormi de toute la nuit, par l'inquiétude qu'il avait eue de voir qu'il lui avait déplu ». Je ne peux pas vivre content sans elle, avoua-t-il à Le Tellier, son ministre. Mais il refusait de lutter contre ses passions bien qu'il fût honteux de ses péchés. Sa mère l'entreprit sur l'injustice du traitement de la duchesse de Navailles. Là encore, il lui déclara qu'il ne pouvait pas surmonter son désir de se venger. Bref, il était incapable de supporter la brouille avec sa mère mais également incapable de se plier aux exigences d'une vie réglée. Elle dut se contenter de ce compromis. La certitude de n'avoir perdu ni l'affection ni la confiance de son fils la consola quelque peu. Il lui restait la charge de soutenir sa belle-fille, de tenter de lui expliquer que le roi l'aimait – jamais il ne passait la nuit sans la rejoindre –, de la convaincre de ne prêter aucune attention aux propos indiscrets qui circulaient autour d'elle et d'apprendre à « souffrir avec plus de patience les divertissements du roi [car] il devait être maître de ses actions[20] ». Elle l'avait élevé précisément dans l'espoir qu'il serait *maître*. Elle avait réussi à lui donner le sentiment irrécusable de sa souveraineté. Le corollaire de ce succès voulait que ses propres désirs – comme ceux de la reine régnante, de Monsieur et de tout l'entourage – passassent en second. Anne avait assez de bon sens pour accepter les conséquences d'une situation qu'elle avait créée, mais elle était trop maternelle pour ne pas se désoler de ne plus lui être nécessaire. « Le roi, qui lui avait toujours été si cher, était si capable, si heureux, si content et si grand, qu'elle se croyait tout à fait inutile à son égard[21]. »

Le pacte conclu entre mère et fils tint bon. Elle s'abstint désormais de le contrer, allant jusqu'à recevoir Mlle de La

Vallière et, pour lui marquer sa reconnaissance, il multiplia les marques de tendresse à son égard. Plus significatif encore, il songea, alors qu'atteint de la rougeole on désespéra un instant de sa vie, à lui confier la régence au cas où il mourrait. Mais elle-même tomba si gravement malade à la même époque que l'idée fut abandonnée. À cette occasion, ses deux fils lui témoignèrent alors la profondeur de leur attachement. Monsieur ne la quitta pratiquement pas pendant les trois mois qu'elle fut alitée et le roi venait la veiller la nuit, couchant tout habillé sur un matelas au pied de son lit. Elle se remit enfin mais l'année suivante, en mai 1664, un nodule au sein devint douloureux et les médecins, bien entendu incapables de le traiter, diagnostiquèrent fort justement un cancer dont l'issue était fatale.

Malgré les saignées, les lavements, les purges, les onguents à base d'arsenic, de chaux ou de poudre de vipère, Anne d'Autriche survécut jusqu'en janvier 1666. Elle avait toujours vécu en public, elle allait souffrir et mourir également en public. Seule la nuit lui apportait le réconfort du silence. Non seulement, malgré ses souffrances, était-elle toujours en représentation, toujours souriante, ne se plaignant jamais, écoutant patiemment les banalités débitées par ses visiteurs, mais encore suivait-elle la cour car le roi refusait de la laisser derrière lui. Ainsi, passa-t-elle un été fort pénible à Saint-Germain : ses fils si prévenants, si affectueux dans les premiers temps de sa maladie commençaient insensiblement à se lasser de leurs longues visites et s'échappaient de plus en plus souvent. Même la jeune reine, dans son insondable stupidité, montrait quelque signe d'impatience à être la *seule reine* sans se douter que la disparition de sa belle-mère amènerait le véritable règne des maîtresses du roi. À la fin de l'été, la reine fut transportée au Val-de-Grâce, ce couvent qu'elle avait toujours aimé, où les religieuses respectaient son repos. Elle y trouva quelque répit. Mais le roi et les médecins, incommodés par la distance, demandèrent qu'elle revînt au Louvre. De retour au palais, elle se coucha pour ne plus se relever.

Dans son beau lit de velours bleu, aux draps de batiste, aux rideaux de soie brodée d'or retenus à quatre piliers ornés de pommes et de bouquets de plumes aurore et bleu et d'aigrettes blanches, séparé du reste de la chambre, dont le mobilier venait d'être renouvelé à la demande du roi, par une balustre d'argent, Anne vécut encore trois mois sans jamais se départir de son calme, de sa dignité et de sa soumission aux médecins. Matin et soir, la famille s'assemblait tandis qu'on changeait ses pansements, opération abominable en raison de l'odeur qui s'échappait de ses plaies et que les sachets de senteur que ses femmes accumulaient autour d'elle ne suffisaient pas à affaiblir. « On voyait son mal empirer, écrivit sa nièce, la Grande Mademoiselle. C'était une telle puanteur qu'on ne pouvait quasi souper, quand l'on s'en retournait après l'avoir vu panser. Elle tenait toujours un éventail en peau d'Espagne à son nez[22]. » Ce pourrissement était d'autant plus affreux que toute sa vie elle avait été d'une propreté et d'une délicatesse rares dans ce siècle. Ses chemises, son linge et ses draps, tous de l'étoffe la plus fine, devaient être lavés à plusieurs eaux pour atteindre une douceur incomparable. Mazarin la taquinait en lui disant que le pire supplice qu'elle souffrirait en enfer serait d'avoir des draps en toile de Hollande. Et mesurant la vanité des choses à l'approche de la mort, elle dit à une de ses dames espagnoles : « *Ah, condessa, savanas de batista, savanas de batista...* »

Elle se confessait tous les jours mais le souci de son salut ne l'obsédait pas assez pour qu'elle abandonnât l'effort de s'assurer que Louis XIV retrouverait le chemin qu'elle avait espéré le voir suivre. Deux choses la tourmentaient : son goût des femmes et son refus de plus en plus accentué d'admettre le moindre obstacle à sa volonté. Littéralement jusqu'à son dernier jour, Anne s'épuisa à le convaincre de se plier aux enseignements de sa religion et de respecter les droits de ses sujets. N'acceptant pas qu'il pût être coupable d'une injustice, elle n'eut de cesse qu'il ne réparât l'arbitraire disgrâce de la duchesse de Navailles.

Cependant, le roi ne mesurait pas l'imminence de sa

mort et personne n'osait le prévenir quand sa cousine, la Grande Mademoiselle, plus consciente du danger, lui conseilla d'ordonner aux médecins de lui dire la vérité. Ils déclarèrent alors que la reine mère pouvait mourir d'un instant à l'autre. Appelant à lui son grand aumônier et M. de Montagu, il leur dit sa résolution de lui annoncer que le moment de se préparer à la mort était venu. M. de Montagu, qui méritait le nom d'ami de la reine pour le dévouement dont il avait témoigné lors des péripéties Buckingham et pour la lucidité avec laquelle il lui avait conseillé de faire confiance à Mazarin, s'écria dans un mouvement de tendresse irrationnelle : « Ah, sire, vous la ferez mourir ! » Mais Louis XIV, bien placé pour savoir la ferveur religieuse de sa mère, opta pour la franchise : « Quoi, on la flatterait et on la laisserait mourir sans les sacrements après une maladie de six mois... Il n'est plus temps d'avoir de la complaisance [23]. » D'après la Grande Mademoiselle, tout le monde lui donna raison et on se prépara à la fin.

La reine, à la nouvelle, eut un moment de faiblesse et de crainte, « la voix lui changea », mais elle se reprit rapidement. Le lendemain, avant de communier pour ce qu'elle savait être la dernière fois, elle voulut parler à chacun de ses fils en particulier, puis se tourna vers son grand aumônier qui lui présentait le saint sacrement porté de Saint-Germain-l'Auxerrois. Dans son exaltation, son visage s'éclaira, son regard se fit brillant et un instant ses traits retrouvèrent l'éclat de sa jeunesse. « Regardez la reine, dit le roi à Mme de Motteville, je ne l'ai jamais vue si belle », et il se mit à pleurer. Sa mère le fixa et l'adjura une dernière fois : « Faites ce que je vous ai dit, je vous le redis encore, le saint sacrement sur les lèvres. » Quelques heures plus tard, ne sentant plus son pouls, elle demanda l'extrême-onction. Sa nièce, agenouillée devant le lit, remarqua stupéfaite que dans cet ultime moment « son aversion du malpropre » demeura si forte qu'elle fit relever ses coiffes de nuit pour qu'elles ne fussent pas tachées par les saintes huiles. Épuisée, Anne laissa alors tomber sa tête de côté. Louis XIV s'évanouit. Il fallut le transporter dans le cabinet de bains, déboutonner son habit, lui jeter de l'eau sur le visage. On l'empêcha, lorsqu'il revint à lui, de rentrer dans la chambre assister à l'interminable agonie.

Le spectacle y était inconvenant. La foule incroyable. « Il y avait un monde infini. Tout y entrait ; de toutes sortes de gens qui l'allaient regarder au nez. "Cela me faisait la plus grande peine du monde", ajouta Mademoiselle. La reine fit fermer les rideaux de son lit, nota Mme de Motteville, comme pour penser à ce qui allait lui arriver [...]. Monsieur s'avisa d'aller [les] ouvrir et de lui dire : "Madame, vous m'avez tant aimé ici-bas, aimez-moi encore quand vous serez là-haut dans le ciel, et priez Dieu pour moi." La reine se contenta de lui dire froidement : "Mon fils, je vous prie, laissez-moi en repos[24]." » On dit des messes toute la nuit dans son oratoire. Toujours consciente, elle suivait l'office par la porte ouverte. À six heures, Monsieur jeta un grand cri que le roi entendit de la pièce attenante. Le médecin y entra. « Est-elle morte ? – Oui, sire. »

Anne d'Autriche, tout le monde s'en accorde, eut une grande mort, une mort chrétienne, une mort royale. Ce qui frappe davantage est qu'elle est morte en mère, non pas en mère sentimentale, s'attendrissant sur le bonheur que lui avaient donné ses enfants, mais en mère romaine, forte, déterminée jusqu'au dernier moment à amender son fils, ce fils sur lequel sa concentration ne se relâcha jamais. Que resta-t-il de son empreinte ? Louis lui survécut longtemps, près de cinquante ans, et si les premières années de son deuil furent marquées par une liberté de mœurs qui aurait fait frémir sa mère, bien des aspects de l'ensemble de son règne reflétèrent son influence.

Le roi pleura fort devant la dépouille de la reine mais sut se reprendre. Il donna les ordres nécessaires pour l'enterrement et l'ouverture du testament et partit pour Saint-Germain. (La famille royale ne demeurait jamais dans un château où gisait un cadavre.) Là il se détendit, comme l'atteste la naissance neuf mois plus tard de la fille de Mlle de La Vallière, fille qu'il légitima.

Il ne s'arrêta pas là et, jusqu'en 1683, mena une vie amoureuse fort active attestée par six enfants naturels dont la vivacité contrastait avec la lourdeur de son seul enfant légitime, le Grand Dauphin. Le roi s'en expliqua dans ses *Mémoires*. Tout en reconnaissant que « ce type d'amour n'est pas bon à suivre », il se justifiait par le fait que jamais « ses égarements [...] n'avaient été pris au préjudice de [ses] affaires » et qu'il avait toujours fait le nécessaire pour que « la beauté qui fait nos plaisirs n'ait jamais la liberté de nous parler de nos affaires ni des gens qui nous y servent ». Mazarin aurait applaudi, mais je ne pense pas qu'Anne d'Autriche se fût laissé attendrir. Manifestement, comme elle le redoutait, elle n'avait pas réussi à lui inculquer l'horreur de l'infidélité. Il fallut attendre la mort de la reine Marie-Thérèse et le mariage morganatique avec Mme de Maintenon pour qu'il rentrât dans l'ordre. En 1689, « hors de la piété, point de salut à la cour [25] », Anne était vengée.

Il ne fallut pas attendre aussi longtemps pour déceler son influence sur d'autres aspects de la cour de Louis XIV. Il avait hérité de sa mère, qui se plaignait tant du désordre de la cour de Louis XIII qu'elle renonçait souvent à recevoir officiellement des étrangers de marque, le goût de l'organisation précise de la vie quotidienne et de la majesté des réceptions comme le souci de l'étiquette. Il évoquait souvent la grâce et l'aisance avec laquelle elle tenait son cercle. Ayant abandonné tout espoir de voir la reine Marie-Thérèse présider à une réunion de ce genre, il espéra, à la fin de sa vie, que sa petite-fille, la duchesse de Bourgogne, ferait revivre la tradition. De la reine mère aussi venaient sa politesse et son impassibilité qui donnaient à son maintien une dignité incomparable. Il y avait de l'Espagnol chez Louis XIV dont le comportement rappelait si peu ses aïeux Bourbons. Ce fut aussi l'exemple de sa mère qui le poussa à maintenir son frère cadet dans une stricte sujétion. Elle avait assez souffert des agissements de Gaston d'Orléans pour ne pas avoir décidé très tôt, comme on l'a vu, de soumettre son cadet, Philippe, à son frère. Quoiqu'il ne donnât jamais de signe inquiétant d'indépendance, Monsieur fut sa vie durant la victime d'une méfiance quasi de principe de la part du roi.

Ce sentiment s'enracina si profondément chez Louis XIV qu'il s'en fit une règle : « Tout ce qui servirait à élever mon frère au-dessus de mes autres sujets, je le ferai toujours avec joie, mais je ne croyais pas pouvoir lui accorder ce qui semblerait l'approcher de moi. » Il précisait cette attitude dans ses *Mémoires* destinés à son fils et soulignait que la reine sa mère lui « avait assez fait voir par ses actions combien chèrement ceux de [leur] rang doivent en conserver la dignité[26] ». Plus révélateur encore fut sa décision de faire élever le fils de Monsieur, le futur régent, avec le dauphin. Il le proposa de telle manière que son frère ne put douter qu'elle ne fût dictée « par un pur mouvement d'amitié », mais dans un aveu surprenant de cynisme, le roi ajouta qu'il prenait ainsi « pour sûreté de sa conduite le plus précieux gage qu'il [lui] en pût donner[27] ». Cette politique d'avilissement envers les puînés dura pendant tout le règne.

L'on sait que Monseigneur, le fils de Louis XIV, mourut avant son père, laissant trois fils dont l'aîné, le duc de Bourgogne, devint donc le dauphin en 1711. Ses frères cadets furent élevés « dans une dépendance, une soumission nécessaires à bien établir, pour éviter les troubles et assurer la tranquillité de la famille royale[28] ». L'ironie dans ce cas fut que le second fils, le duc d'Anjou, devint roi d'Espagne, mais que « son esprit et tout ce qui en dépend [avait été si] raccourci et rabattu » qu'il en perdit la faculté de juger et de discerner par lui-même.

Enfin, si la dernière chose qu'un père ou une mère puisse apprendre à ses enfants est de mourir avec dignité, Anne donna une leçon magistrale à son fils. Le moment venu, accablé de malheurs, ayant vu mourir son fils et son petit-fils, le roi eut une mort aussi grande, aussi belle, aussi émouvante que la sienne. Comme elle, il mourut en public, comme elle, son dernier souci fut pour celui qu'il laissait derrière lui. L'ultime image de Louis XIV est celle d'un vieil homme délabré, aux chairs fondues, la voix forte et la tête claire, s'adressant à un bel enfant de cinq ans qu'on avait posé sur son lit : « Mon enfant, vous allez être un grand roi. Ne m'imitez pas dans le goût que j'ai eu pour les bâtiments, ni dans celui que j'ai eu pour la guerre ; tâchez au contraire d'avoir la paix avec vos voisins[29]. » Puis il l'embrassa, le redemanda et l'embrassa de nouveau. Il récita les prières des agonisants avec tant de fermeté qu'il se faisait entendre au-dessus du grand nombre de spectateurs et, alors seulement, perdit connaissance.

Une nouvelle régence commençait, mais cette fois-ci l'enfant roi n'avait pas de mère.

# Conclusion

En 1715, l'impossibilité d'éviter la régence de Philippe d'Orléans, le grand-oncle du roi, crée un véritable malaise. Et cette inquiétude ne s'explique pas seulement par la personnalité singulière d'un homme trop original pour s'être adapté à la vie de cour, pas seulement par la crainte des risques de détournement du pouvoir mais aussi parce que la supériorité des régences maternelles fait maintenant partie de la conscience collective. De plus, comme nous l'avons vu, le souvenir glorieux d'Anne d'Autriche avait été entretenu par Louis XIV. La compétence avec laquelle, parvenu à l'âge adulte, il assuma ses fonctions, la facile transmission d'un pouvoir royal entier malgré les secousses de la Fronde confirmaient l'avantage de confier la puissance intérimaire à la mère du roi. En 1715, les régentes avaient bonne presse. Si Blanche de Castille brillait glorieusement dans le lointain, les reines Médicis, à l'influence plus contestable, ne suscitaient plus guère de passions. Le rôle de Marie pâlissait en regard de celui de Richelieu et on souscrivait au jugement d'Henri IV qui répondait lorsque l'on critiquait Catherine devant lui : « Que vouliez-vous donc qu'elle fît ? » Les historiens contemporains distribuaient assez équitablement blâmes et éloges à l'égard des reines du passé. Ils s'accordaient tous sur un point indéniable : elles avaient toutes transmis un royaume intact à leurs fils. Le reste tenait de l'anecdote. Au début du XVIII^e siècle, l'amour maternel constituait donc un atout politique puissant, mais qui demeura inutilisé du fait des circonstances puisque les hasards de l'existence firent qu'il n'y eut plus de reines mères jusqu'à la Révolution.

Et pourtant, les régences féminines ont perduré, bien que les femmes, depuis la Révolution, aient été privées de tout droit civil. Paradoxalement, en cas de panique, puisqu'une régence est toujours établie lors d'une crise, le sentiment fait irruption dans la vie politique. L'amour maternel l'emporte sur toute autre considération. Même un misogyne aussi énergique que Napoléon décida de confier la régence à Marie-Louise en 1813, quand il partit à la tête de ses troupes. Dans la débâcle de 1870, c'est encore vers la mère de son enfant que se tourna Napoléon III. Mais l'exemple des Bonaparte, surtout celui de Napoléon I$^{er}$, permet de faire ressortir une autre justification du choix des régences maternelles. Sa dynastie, sapée par une opposition puissante, était d'une fragilité extrême. Il avait de mauvais rapports avec ses frères Lucien et Louis. Jérôme luttait pour se maintenir sur le trône de Westphalie. Si Napoléon désigna comme régente la toute jeune impératrice, arrivée en France trois ans auparavant à l'âge de dix-neuf ans, sans la moindre expérience ou intelligence politique, mère d'un enfant de deux ans, c'est qu'il mettait tout son espoir dans la puissance du symbole dynastique qu'elle représentait, double symbole puisque par son mariage elle était une Bonaparte et une Habsbourg par sa naissance. Rien ne pouvait sauver les Bonaparte dès que le territoire national fut envahi, mais il est intéressant pour notre propos que, jusqu'en 1870, la sauvegarde de la couronne d'un enfant héritier revenait à sa mère.

L'institution de la régence, favorisée par une grande souplesse d'application, dura donc plus que la royauté. L'irrévocable avantage de la maternité, joint à la particularité de constituer un maillon indispensable dans la chaîne de succession, puisque le lien qui rattachait un règne à l'autre passait par elles et uniquement par elles, donnait aux régentes une assise d'une fermeté dont elles surent toutes se servir à leur manière.

# Notes

## CATHERINE DE MÉDICIS

### Un patient apprentissage

1. Lorenzo Contarini, ambassadeur de Venise à la cour, cité par Armand Baschet, *La Diplomatie vénitienne*, Plon, 1862, p. 474.
2. Lettre à Isabelle d'Espagne, citée par Ivan Cloulas, *Catherine de Médicis*, Fayard, 1979, 1982.
3. Lettre à Marguerite de Navarre du 25 avril 1584, citée par Cloulas, *ibid.*
4. Voir la très belle évocation de l'incident par Jean-Michel Delacomptée, *Le roi miniature*, Gallimard, 2000.

### Prise de pouvoir

1. Giovanni Michieli, ambassadeur de Venise, cité par Baschet, *op. cit.*, p. 510.
2. *Relations des ambassadeurs vénitiens*, éd. Niccolo Tommasco, Paris, 1838, I, p. 439.
3. Fanny Cosandey, *La reine de France*, Gallimard, 2000, p. 314.
4. *Ibid.*
5. Katherine B. Crawford, *Regency Government in Early Modern France : Gender Substitution and the Construction of Monarchical Authority*, université de Chicago, 1997, thèse non publiée.
6. Baschet, *op. cit.*, p. 508.
7. *Dispatches of Michele Suriano and Marc' Antonio Barbaro, Venetian*

Notes

*Ambassadors at the Court of France, 1560-1563*, éd. sir Henry Layard, Lymington, Huguenot Society of London, 1891, p. 96.

8. Baschet, *op. cit.*, p. 490.

9. Michel Simonin, *Charles IX*, Fayard, 1995, p. 42. Albert de Gondi épousa Claude-Catherine de Clermont qui lui apporta en dot la terre de Retz dont il prit le nom. Il fut alors connu sous le nom de maréchal de Retz.

10. Marguerite de Valois, *Mémoires*, Mercure de France, 1971, p. 46.

11. Cité par Jean-Pierre Babelon, *Henri IV*, Fayard, 1982, p. 93.

12. Michel de L'Hospital, cité par Arlette Jouanna, *La France du XVIᵉ siècle, 1483-1598*, PUF, 1996, p. 391.

13. *Ibid.*

## Le grand voyage

1. Jean Boutier, Alain Dewerpe, Daniel Nordman, *Un tour de France royal, le voyage de Charles IX (1564-1566)*, Aubier, 1984, p. 111.

2. *Ibid.*, p. 121.

3. *Ibid.*, p. 112.

4. Machiavel, *Portrait de la France*, in *Œuvres*, éd. Vollard, Paris, 1793, VI, p. 185, cité in *Un tour royal, op. cit.*, p. 135.

5. *Ibid.*, p. 190, cité in *Un tour royal, op. cit.*, p. 137.

6. *Un tour royal, op. cit.*, p. 131.

7. Brantôme, *Œuvres complètes*, Lalanne, 1864-1882, VII, p. 374.

8. Lettre de Catherine au roi citée in *Un tour royal, op. cit.*, p. 215. Cette lettre, qui prévoit un emploi du temps très strict pour le roi, anticipe les journées du souverain à Versailles, et sera d'ailleurs donnée à Louis XIV par Mme de Lansac. Voir R.G. Lacour-Gayet, *L'éducation politique de Louis XIV*, Hachette, 1898, p. 263-264.

9. Simonin, *op. cit.*, p. 111.

10. Prophétie lue lors d'un tournoi, reprise in *Recueil des choses mémorables advenues en France*, Paris, 1595.

11. Cité par Pierre Chevallier, *Henri III*, Fayard, 1985, p. 110.

## Un fleuve teint de sang

1. Agrippa d'Aubigné, *Les Tragiques*, Bibliothèque de la Pléiade, II, p. 72.

2. Brantôme, cité par Frances Yates, *The Valois Tapestries*, Londres, 1959, p. 68.

3. Giovanni Michieli, *in* Baschet, *op. cit.*, p. 538.
4. Pierre de L'Estoile, *Mémoires-Journaux*, 12 vol., Paris, 1982, XI, p. 377, cité par Liliane Crété, *Coligny*, Fayard, 1985.
5. Gaspard de Saulx, seigneur de Tavannes, *Mémoires*, in *Collection des mémoires pour servir à l'histoire de France*, éd. Petitot, Paris, 1822, série I, XXV, p. 291.
6. Baschet, *op. cit.*, p. 560.
7. *Ibid.*, p. 544.
8. Giovanni Michieli, *Relation du massacre adressée au Sénat de Venise, ibid.*, p. 550.
9. *Ibid.*, p. 552.
10. Catherine de Médicis, *Lettres*, in *Collection des documents inédits de l'histoire de France*, Paris, Imprimerie nationale, 1891, V, p. LXXXII.
11. *Mémoires de Marguerite de Valois*, Lalanne, p. 31.
12. Hector de La Ferrière, *Le XVIᵉ siècle et les Valois*, Paris, 1879, p. 321.
13. Lettre écrite par le père Joachim Opser, S.J., datée du 26 août 1572, *in* t. VIII du *Bulletin de la Société de l'Histoire du protestantisme français*, citée par Philippe Erlanger, *Le massacre de la Saint-Barthélemy*, Gallimard, 1960, p. 261.
14. Voir Emmanuel Le Roy Ladurie, *L'état royal, 1460-1610*, Hachette, 1987, p. 313.
15. *Ibid.*, p. 313.
16. Baschet, *op. cit.*, p. 557.
17. *Ibid.*, p. 556.
18. Simone Bertière, *Les reines de France au temps des Valois*, Fallois, 1994, II, p. 220.
19. D'Elbène, envoyé du duc de Savoie, cité par La Ferrière, introduction des *Lettres* de Catherine de Médicis. *op. cit.*, V, p. XCIV.
20. Agrippa d'Aubigné, *op. cit.*, V, p. 175.
21. Catherine de Médicis, *op. cit.*, IV, p. CCVIII.

## La fin des Valois

1. Chevallier, *op. cit.*, p. 233.
2. *Venise*, imprimé aux dépens du comte d'Oxford, 1886, p. 35, cité in Catherine de Médicis, *op. cit.*, V, p. XIX.
3. *Ibid.*, V, p. XXVII.
4. Baschet, *op. cit.*, p. 569.
5. *Dépêche du nonce Salviati, ibid.*, p. 583.
6. Pierre de L'Estoile, *Journal pour le règne d'Henri III*, Genève, 1992, I, p. 155.

# Notes

7. Agrippa d'Aubigné, *op. cit.*, II, p. 72.

8. Henri IV, *Lettres missives*, éd. B. de Xivrey, 9 vol., Paris, 1843-1876, I, p. 81-82.

9. *Calendar of State Papers and Manuscripts Relating to English Affairs in the Archives and Collections of Venice*, cité par Irene Mahoney, *Royal Cousin*, New York, 1970, p. 85.

10. Baschet, *op. cit.*, p. 251.

11. *Ibid.*, p. 595.

12. Henri IV, *op. cit.*, II, p. 251-252.

13. Morosini, *in* Baschet, *op. cit.*, p. 571.

14. Pierre de L'Estoile, *op. cit.*, I, p. 125.

15. Agrippa d'Aubigné, *op. cit.*, p. 72.

16. Henri IV, *op. cit.* II, p. 227.

17. Cité par Chevallier, *op. cit.*, p. 642.

18. Lettre d'Henri III, *ibid.*, p. 648.

19. Lettre de Catherine, *ibid.*

20. Cavriana, *ibid.*, p. 664.

21. Cavriana, *ibid.*, p. 672.

22. Catherine de Médicis, *op. cit.*, IX, p. 494.

## MARIE DE MÉDICIS

*Une mère peu caressante*

1. Ernest Lavisse, *Louis XIV, Histoire d'un grand règne*, Robert Laffont, coll. Bouquins, 1989, p. 307.

2. Sully, *Mémoires*, présentés et annotés par Louis Raymond Lefèvre, Gallimard, 1942, p. 218.

3. Saint-Simon, *Parallèle des trois premiers rois Bourbons*, Bonnot, 1967, p. 130-131.

4. *Ibid.*, p. 6.

5. Richelieu, cité par Louis Battifol, *Vie intime d'une reine de France au XVII^e^ siècle, Marie de Médicis*, Calmann-Lévy, 1931, p. 47.

6. Richelieu, *Mémoires, in* Mémoires pour servir à l'histoire de France, éd. Michaud, Paris, 1851, VII, p. 167.

7. Jules Michelet, *Histoire de France*, Paris, 1830-1867, XIII, p. 62.

8. Je suis ici l'exposé de Michel Carmona, *Marie de Médicis*, Fayard, 1981, p. 78 *sq.*

9. Richelieu, cité par Madeleine Foisil, *L'enfant Louis XIII. L'éducation d'un roi, 1601-1617*, Perrin, 1996, p. 216.

# Notes

10. Pierre Chevallier, *Louis XIII*, Fayard, 1979, citant Vauquelin des Yveteaux, précepteur du dauphin, p. 51.
11. Richelieu, *op. cit.*, VII, p. 11.
12. *Journal de Jean Héroard*, publié sous la direction de Madeleine Foisil, Fayard, 1989, I, p. 727.
13. *Ibid.*, I, p. 1436.
14. *Ibid.*, I, p. 1129.
15. *Ibid.*, I, p. 1107.
16. *Ibid.*, I, p. 1245.
17. *Ibid.*, I, p. 1472.
18. *Ibid.*, I, p. 1482.
19. *Ibid.*, I, p. 1084.
20. *Ibid.*, II, p. 1831.
21. *Ibid.*
22. *Ibid.*, II, p. 1738.
23. *Ibid.*, II, p. 1767.

## Un roi tenu en lisière

1. Héroard, *op. cit.* I, p. 1061.
2. L'Estoile, *op. cit.* I, p. 504.
3. Tallemant des Réaux, *Le cardinal de Richelieu, sa famille, son favori Bois-Robert*, éditions Complexe, 1990, p. 46.
4. Héroard, *op. cit.*, II, p. 1769-1770.
5. *Ibid.*
6. *Ibid.*, p. 1837.
7. *Mémoires* de P. Phélypeaux de Pontchartrain, in *Collection de mémoires relatifs à l'histoire de France*, éd. M. Petitot, Paris, Foucault, 1822, XVI, p. 426.
8. Héroard, *op. cit.*, II, p. 1941.
9. *Ibid.*, p. 1971.
10. Carmona, *op. cit.*, p. 221.
11. Ammirato, *ibid.*, p. 222.
12. Héroard, *op. cit.*, I, p. 424.
13. Tallemant de Réaux, *op. cit.*, p. 46.
14. Ambassadeur de Venise, dépêche du 16 mai 1616, citée par Hélène Duccini, *Concini : grandeur et misère du favori de Marie de Médicis*, Albin Michel, 1991, p. 220.
15. Pontchartrain, *op. cit.*, XVII, p. 208.
16. Nicolas Pasquier, *Lettres*, cité par Foisil, *op. cit.*, p. 231.
17. Chevallier, *Louis XIII*, *op. cit.*, p. 105.
18. Héroard, cité par Foisil, *op. cit.*, p. 231.

281

19. Pontchartrain, *op. cit.*, XVII, p. 208.
20. Héroard, *op. cit.*, II, p. 2410.
21. Pontchartrain, *op. cit.*, XVII, p. 49.
22. Rapport du résident florentin Bartolini, 25 juillet 1616, cité par Michel Carmona, *Richelieu*, Fayard 1983, p. 244.
23. Relations de l'ambassadeur de Venise de 1614 et 1615, *ibid.*, p. 246.
24. Tallemant des Réaux, *op. cit.*, p. 46.
25. Pontchartrain, *op. cit.*, XVII, p. 208.
26. Héroard, cité par Foisil, *op. cit.*, p. 227.
27. Pontchartrain, *op. cit.*, XVII, p. 208 et 211.
28. Lettre de Monsieur le duc de Nevers, citée par Carmona, *Marie de Médicis, op. cit.*, p. 327.
29. *Remontrance présentée au roi par les princes, ducs, pairs, anciens officiers de la couronne, ibid.*, p. 327.
30. N. Pasquier, *Lettres*, 1623, p. 558, *ibid.*, p. 328.

*Un roi presque roi*

1. Richelieu, *Mémoires, op. cit.*, I, p. 156.
2. Chevallier, *Louis XIII, op. cit.*, p. 169.
3. Rapport du résident florentin Bartolini, *ibid.*, p. 149.
4. *Mercure français*, cité par Richelieu, *Mémoires, op. cit.*, II, p. 209.
5. Mémoires de Brienne, I, p. 329, *ibid.*
6. Pour toute cette scène, voir *Relation exacte de tout ce qui s'est passé à la mort du maréchal d'Ancre*, in *Collection des mémoires relatifs à l'histoire de France*, éd. Michaud et Poujolat, 2ᵉ série, IV.
7. Richelieu, *Mémoires, op. cit.*, II, p. 211.
8. Les trois citations précédentes sont tirées de Chevallier, *Louis XIII, op. cit.*, p. 180.
9. Richelieu, *Mémoires, op. cit.*, III, p. 188.
10. Cardinal de Retz, *Mémoires*, Gallimard, 1939, p. 36.
11. F. de Bassompierre, *Journal de ma vie*, Paris, 1870-1877, II, p. 174.
12. Lettre du roi, citée par Richelieu, *Mémoires, op. cit.*, II, p. 332-333.
13. Cosandey, *op. cit.*, p. 110.
14. Bentivoglio à Monteleone, ancien ambassadeur d'Espagne en France, 28 juin 1620, *Letters*, Londres, 1753, p. 193.
15. Rapport du Vénitien Contarini, cité par Chevallier, *Louis XIII, op. cit.*, p. 256.

16. Lettre de 1619 de Louis XIII à Marie de Médicis, citée par Roland Mousnier, *L'homme rouge*, Robert Laffont, 1992, p. 143.
17. Richelieu, *Mémoires, op. cit.*, III, p. 44.
18. *Ibid.*, III, p. 81.
19. *Ibid.*, III, p. 84.
20. *Ibid.*, III, p. 81.
21. *Ibid.*, III, p. 132.
22. Lettre de Marillac à Richelieu, citée par Carmona, *Marie de Médicis, op. cit.*, p. 393.
23. Contarini, *ibid.*, p. 392.
24. Richelieu, *Mémoires, op. cit.*, III, p. 136.
25. Chevallier, *Louis XIII, op. cit.*, p. 225.
26. Rapport de l'ambassadeur vénitien, *ibid.*, p. 226.
27. Dépêche de Corsini, citée par Carmona, *Marie de Médicis, op. cit.*, p. 392.
28. Dépêche de l'ambassadeur de Venise, citée par Chevallier, *Louis XIII op. cit.*, p. 228.
29. Priuli, *ibid.*, p. 230.
30. Rapport du Vénitien Pesaro, *ibid.*, p. 265.
31. Corsini, *ibid.*, p. 270.
32. Richelieu, *Mémoires, op. cit.*, I, p. 259.
33. Corsini, cité par Chevallier, *Louis XIII, op. cit.*, p. 264.
34. Richelieu, *ibid.*, p. 264.
35. Pesaro, *ibid.*, p. 274.
36. *Ibid.*, p. 275.

*Triomphes, duperies et déroutes*

1. Voir Carmona, *Marie de Médicis, op. cit.*, p. 424.
2. Rapport de Zorzi (c'est moi qui souligne), cité par Chevallier, *Louis XIII, op. cit.*, p. 286.
3. Gabriel Hanotaux, *Histoire du cardinal de Richelieu*, Plon, 1932, 6 vol., V, p. 346.
4. Crawford, *op. cit.*
5. Carmona, *Marie de Médicis, op. cit.*, p. 423.
6. Contarini, cité par Chevallier, *Louis XIII, op. cit.*, p. 443.
7. Mousnier, *op. cit.*, p. 363.
8. Carmona, *Marie de Médicis, op. cit.*, p. 454.
9. L'essentiel de cette conversation est connu par le récit de deux confidents de Richelieu, Guron et Sirmond. Cf. Chevallier, *Louis XIII, op. cit.*, p. 394.
10. Rapport de Contarini, *ibid.*, p. 402.

*Notes*

## ANNE D'AUTRICHE

« *Défiante, incertaine et variable* »

1. Retz, *op. cit.*, p. 152.
2. Saint-Simon, *Mémoires*, Bibliothèque de la Pléiade, 1953, I, p. 522.
3. *Ibid.*, IV, p. 940.
4. *Ibid.*, IV, p. 950.
5. Victor Cousin, « Des carnets autographes... neuvième article », in *Journal des Savants*, avril 1855, p. 228-229 (c'est moi qui souligne).
6. Mme de Motteville, *Mémoires*, Paris, Charpentier, 1886, 4 vol., I, p. 11.
7. Hanotaux, *op. cit.*, V, p. 36.
8. Retz, *op. cit.*, p. 157.
9. *Ibid.*, p. 152.
10. Lettre de Louis XIII à Richelieu, citée par Ruth Kleinman, *Anne d'Autriche*, Fayard, 1993, p. 172.
11. Cousin, *op. cit.*, mars 1855, p. 177 *sq.*
12. Hanotaux, *op. cit.*, V, p. 36.
13. *Vie manuscrite de Mme de Hautefort, in* Victor Cousin, *Madame de Hautefort*, Didier, 1868, p. 167.
14. Mathieu Molé, *Mémoires*, Paris, 1886, II, p. 425.

*La mère*

1. Mlle Andrieu, citée par Cousin, *Madame de Hautefort, op. cit.*, p. 348.
2. Contarini, cité par Chevallier, *Louis XIII, op. cit.*, p. 558.
3. Lettre de Brassac à Chavigny du 10 septembre 1640, citée par Avenel, *Lettres, instructions diplomatiques et papiers d'État du cardinal de Richelieu*, Paris, *Collections des documents inédits de l'histoire de France 1853-1877*, Paris, VI, p. 728.
4. Tallemant des Réaux, cité par Chevallier, *Louis XIII, op. cit.*, p. 446.
5. Mme de Motteville, *op. cit.*, I, p. XXXIII.

6. Lettre de Brassac à Richelieu, citée par Kleinman, *op. cit.*, p. 208.

7. Lettre de Louis XIII à Richelieu, citée par Carmona, *Richelieu, op. cit.*, p. 670.

8. Lettre de Le Gras à Chavigny du 13 septembre 1640, citée par Avenel, *op. cit.*, VI, p. 729.

9. Mémoire de Richelieu sur les démêlés de Louis XIII et de M. le Grand, cité par Chevallier, *Louis XIII, op. cit.*, p. 451.

10. Le Gras à Richelieu, cité par Kleinman, *op. cit.*, p. 232.

11. Nicolas Goulas, *Mémoires*, Paris, 1879, I, p. 399.

12. *Ibid.*, p. 400.

13. Hanotaux, *op. cit.*, V, p. 34.

14. Giustiniani, cité par Chevallier, *Louis XIII, op. cit.*, p. 626.

15. *Ibid.*, p. 621.

16. *Ibid.*, p. 626.

17. Goulas, *op. cit.*, I, p. 412.

18. Giustiniani, cité par Chevallier, *Louis XIII, op. cit.*, p. 631.

19. *Ibid.*, p. 633.

20. La Rochefoucauld, *Mémoires*, coll. Petitot, t. LI, p. 369.

21. Cousin, « Des carnets autographes... », *op. cit.*, septembre 1854, p. 527-530.

22. Goulas, *op. cit.*, I, p. 438.

23. Giustiniani, cité par Chevallier, *Louis XIII, op. cit.*, 643.

24. *Ibid.*, p. 640.

25. *Ibid.*, p. 643.


*« Le roi, mon fils »*

1. Cousin, « Des carnets autographes... », *op. cit.*, septembre 1854, p. 525.

2. *Ibid.*, p. 535.

3. *Ibid.*

4. Mme de Motteville, *op. cit.*, I, p. 122.

5. Cousin, « Des carnets autographes... », *op. cit.*, septembre 1854, p. 545.

6. *Ibid.*, janvier 1855, p. 35.

7. *Maximes d'éducation*, cité par Kleinman, *op. cit.*, p. 222.

8. *Mémoires* de Mme de Motteville, cité par Henri Carré, *L'enfance et la première jeunesse de Louis XIV*, Albin Michel, 1944, p. 114.

9. La Porte, *Mémoires*, in *Collection des mémoires relatifs à l'histoire de France*, série 3, LIX, p. 419.

10. Françoise de Bonneville, *Le livre du bain*, Flammarion, 1997, p. 83.

11. Mme de Motteville, *op. cit.*, I, p. 394.

12. Carré, *op. cit.*, p. 63.

13. *Lettres de Mazarin pendant son ministère*, publiées par Chéruel et G. d'Avenal, 9 vol., Paris, 1872-1906, IX, p. 28, lettre du 23 août 1658.

14. Saint-Simon, *Mémoires, op. cit.*, IV, p. 941.

15. La Porte, *op. cit.*, p. 419.

16. Gui Patin, *Lettres à Spon*, II, p. 49, cité par Chéruel, *Histoire de France sous le ministère de Mazarin*, 1882, II, p. 98.

17. Saint-Simon, *Mémoires, op. cit.*, IV, p. 942.

18. Mazarin à Louis XIV, 29 juin 1659, cité par Chéruel, *op. cit.*, II, p. 99.

19. Lavisse, *op. cit.*, p. 114.

20. Louis XIV, *Mémoires*, présentés et annotés par Jean Longnon, Tallandier, 1978, p. 33.

21. *Ibid.*, p. 35.

22. Père Paulin, confesseur de Louis XIV, cité par François Bluche, *Louis XIV*, Fayard, 1986, p. 90.

23. Lavisse, *op. cit.*, p. 123.

24. *Ibid.*, p. 118.

25. Louis XIV, *op. cit.*, p. 34.

*De régente à reine mère*

1. Mazarin, *op. cit.*, IX, p. 3, lettre du 16 août 1657.

2. *Ibid.*, VII, p. 36, lettre du 11 août 1655.

3. Louis XIV, *Mémoires, op. cit.*, p. 37.

4. Saint-Simon, *Mémoires, op. cit.*, I, p. 109.

5. Mme de Motteville, *Mémoires op. cit.*, IV, p. 84.

6. Mazarin, *op. cit.*, IX p. 82, lettre à Mme de Venel du 8 septembre 1659.

7. Mme de Motteville, *op. cit.*, IV, p. 83.

8. *Ibid.*, IV, p. 112.

9. *Ibid.*, IV, p. 155.

10. Mme de La Fayette, *Histoire d'Henriette d'Angleterre*, suivie de *Mémoires de la Cour de France*, Mercure de France, 1965, p. 23.

11. Toutes les citations viennent de la lettre de Mazarin du 28 août 1659, *op. cit.*, IX, p. 252.

12. *Ibid.*, IX, p. 285, lettre du 8 septembre 1659.

13. Mme de la Fayette, *op. cit.*, p. 25.

14. *Ibid.*, p. 35.
15. *Ibid.*, p. 39.
16. *Ibid.*, p. 41.
17. *Ibid.*, p. 43.
18. Mme de Motteville, *op. cit.*, IV, p. 280.
19. Cité par Kleinman, *op. cit.*, p. 495.
20. Mme de Motteville, *op. cit.*, IV, p. 272.
21. *Ibid.*, IV, p. 311.
22. Mlle de Montpensier, *Mémoires*, Paris, 1858-1859, 4 vol., IV
p. 22.
23. *Ibid.*, IV, p. 24.
24. Mme de Motteville, *op. cit.*, IV, p. 435.
25. Mme de La Fayette, *op. cit.*, p. 150.
26. Louis XIV, *Mémoires*, *op. cit.*, p. 164.
27. *Ibid.*
28. Saint-Simon, *Mémoires*, *op. cit.*, II, p. 232.
29. *Ibid.*, IV, p. 932.

# Bibliographie

*1. Ouvrages anciens*

Tous les mémorialistes du XVI<sup>e</sup> et du XVII<sup>e</sup> siècle qu'on peut lire soit dans la collection Petitot, soit dans la collection Michaud et Poujoulat. Parmi les plus importants, citons Sully, Richelieu, Bassompierre, La Porte, Dubois, Mme de Montglat, Mlle de Montpensier, Mme de Motteville, Pontchartrain, La Rochefoucauld, Gaspard de Saulx.

Aubigné (Agrippa d'), *Les Tragiques*, 1616, Bibliothèque de la Pléiade, Paris.

Baschet (Armand), *La diplomatie vénitienne. Les princes de l'Europe au XVI<sup>e</sup> siècle, François I<sup>er</sup>, Philippe II, Catherine de Médicis, les papes, les sultans, etc., d'après les rapports des ambassadeurs vénitiens*, Paris, 1862.

Brantôme (Pierre de Bourdeille, seigneur de), *Les dames galantes*, publié par Henri Longnon, 1928.

Catherine de Médicis, *Lettres*, in *Collection des documents inédits de l'histoire de France*, Paris, 1891.

*Dispatches of Michele Suriano and Marc Antonio Barbaro, Venetian Ambassadors at the Court of France, 1560-1563*, éd. sir Henry Layard, Lymington, Huguenot Society of London, 1891.

Goulas (Nicolas), *Mémoires*, 3 vol., Paris, 1879-1882.

Henri IV, *Lettres missives*, publiées par J. Berger de Xivrey, 9 vol., Paris, 1843-1876.

Héroard (Jean), *Journal de Jean Héroard sur l'enfance et la jeunesse de Louis XIII*, 2 vol., publié sous la direction de Madeleine Foisil, Paris, 1989.

# Bibliographie

La Fayette (Mme de), *Histoire de Madame Henriette d'Angleterre*, suivie de *Mémoires de la Cour de France pour les années 1688 et 1689*, Mercure de France, 1965.

La Ferrière-Percy (Hector), *Le xvie siècle et les Valois, d'après les documents inédits du British Museum et du Record Office*, Paris, 1879.

L'Estoile (Pierre de), *Journal pour le règne d'Henri III*, Genève, 1992.

L'Estoile (Pierre de), *Journal pour le règne d'Henri IV*, Paris, 1948-1958.

Louis XIII, *Lettres de la main de Louis XIII*, 2 vol., Paris, 1914.

Louis XIV, *Lettres*, publiées par Pierre Gaxotte, Paris, 1930.

Louis XIV, *Mémoires*, éd. Longnon, Tallandier, 1978.

Marguerite de Valois, *Mémoires*, Mercure de France, 1971.

Mazarin (cardinal de), *Lettres du cardinal Mazarin pendant son ministère*, publiées par Chéruel et G. d'Avenel, 9 vol., Paris, 1872-1906.

Molé (Mathieu), *Mémoires*, 4 vol., Paris, 1886.

Motteville (Mme de), *Mémoires*, 4 vol., Paris, 1886.

Retz (cardinal de), *Mémoires*, 2 vol., publié par Simone Bertière, Paris, 1987.

Richelieu (cardinal de), *Lettres, instructions diplomatiques et papiers d'État du cardinal de Richelieu*, publiés par Louis Avenel, Paris, 1853-1877.

Saint-Simon, *Mémoires*, Bibliothèque de la Pléiade, 1953-1961.

Saint-Simon, *Parallèle des trois premiers rois Bourbons*, Paris, 1967.

Tallemant des Réaux, *Historiettes*, 2 vol., Bibliothèque de la Pléiade, 1960-1961.

Tallemant des Réaux, *Le cardinal de Richelieu, sa famille, son favori Bois-Robert*, Paris, 1990.

Tommaseo (Niccolo), *Relations des ambassadeurs vénitiens sur les affaires de France au xvie siècle*, Paris, 1838.


## 2. Ouvrages modernes

Babelon (Jean-Pierre), *Henri IV*, Fayard, 1982.

Batiffol (Louis), *Vie intime d'une reine de France au xviie siècle, Marie de Médicis*, Calmann-Lévy, 1931.

Bertière (Simone), *Les reines de France au temps des Valois*, 2 vol., Fallois, 1994.

Bertière (Simone), *Les reines de France au temps des Bourbons*, « *Les deux régentes* », Fallois, 1996.

Bluche (François), *Louis XIV*, Fayard, 1986.

Boutier (Jean), Dewerpe (Alain), Nordman (Daniel), *Un tour de France royal, le voyage de Charles IX (1564-1566)*, Aubier, 1984.

# Bibliographie

Carmona (Michel), *Marie de Médicis*, Fayard, 1981.

Carmona (Michel), *Richelieu*, Fayard, 1983.

Carré (Henri), *L'enfance et la première jeunesse de Louis XIV, 1638-1661*, Albin Michel, 1944.

Champion (Pierre), *Catherine de Médicis présente à Charles IX son royaume, 1564-1566*, Grasset, 1937.

Chaussinaud-Nogaret (Guy), *La vie quotidienne des femmes du roi d'Agnès Sorel à Marie-Antoinette*, Paris, 1990.

Chevallier (Pierre), *Louis XIII*, Fayard, 1979.

Chevallier (Pierre), *Henri III*, Fayard, 1985.

Cloulas (Ivan), *Catherine de Médicis*, Fayard, 1979.

Cosandey (Fanny), *La reine de France*, Gallimard, 2000.

Cousin (Victor), « Des carnets autographes... neuvième article », in *Journal des Savants*, 1855.

Cousin (Victor), *Madame de Hautefort*, Didier, 1868.

Crawford (Katherine B.), *Regency Government in Early Modern France : Gender Substitution and the Construction of Monarchical Authority*, université de Chicago, 1997, thèse non publiée.

Crété (Liliane), *Coligny*, Paris, 1985.

Crouzet (Denis), *La nuit de la Saint-Barthélemy, Un rêve perdu de la Renaissance*, Fayard, 1994.

Delorme (Philippe), *Anne d'Autriche : épouse de Louis XIII, mère de Louis XIV*, Pygmalion, 1999.

Dethan (Georges), *La vie de Gaston d'Orléans*, Fallois, 1992.

Duccini (Hélène), *Concini : Grandeur et misère du favori de Marie de Médicis*, Albin Michel, 1991.

Dulong (Claude), *Mazarin*, Perrin, 1999.

Dulong (Claude), *Anne d'Autriche*, Perrin, 2000.

Erlanger (Philippe), *Le massacre de la Saint-Barthélemy*, Gallimard, 1960.

Foisil (Madeleine), *L'enfant Louis XIII. L'éducation d'un roi, 1601-1617*, Perrin, 1996.

Goubert (Pierre), *Mazarin*, Fayard, 1990.

Hanotaux (Gabriel), *Histoire du cardinal de Richelieu*, Plon, 1932.

Héritier (Jean), *Catherine de Médicis*, Fayard, 1959.

Jouanna (Arlette), *La France du xvi$^e$ siècle, 1483-1598*, PUF, 1996.

Kermina (Françoise), *Marie de Médicis : reine, régente et rebelle*, Perrin, 1979.

Kleinman (Ruth), *Anne of Austria*. Colombus, 1985 : trad. fr. : *Anne d'Autriche*, Fayard, 1993.

Lacour-Gayet (Georges), *L'éducation politique de Louis XIV*, Hachette, 1889.

## Bibliographie

Lavisse (Ernest), *Louis XIV, Histoire d'un grand règne*, Robert Laffont, coll. Bouquins, 1989, p. 307.

Le Roy Ladurie (Emmanuel), *L'état royal, 1460-1610*, Hachette, 1987.

Mahoney (Irene), *Madame Catherine*, New York, 1975.

Mahoney (Irene), *Royal Cousin ; the Life of Henri IV of France*, New York, 1970.

Mariéjol (Jean), *Catherine de Médicis : 1519-1589*, Taillandier, 1979.

Marvick (Elizabeth Wirth), *The History of Childhood*, New York, 1974.

Mousnier (Roland), *L'Homme rouge ou la vie du cardinal de Richelieu, 1585-1642*, Robert Laffont, 1992.

Olivier-Martin (Félix), *Les régences et la majorité des rois sous les Capétiens directs et les premiers Valois (1060-1375)*, thèse de droit, Paris, 1931.

Orieux (Jean), *Catherine de Médicis ou la reine noire*, Flammarion, 1998.

Simonin (Michel), *Charles IX*, Fayard, 1995.

Wolf (John B.), *Louis XIV and the Craft of Kingship*, Ohio State University Press, 1969.

# Index

*Index*

# Index

# Index

# Table

Cet ouvrage composé
par Nord Compo
a été achevé d'imprimer sur Roto-Page
par l'Imprimerie Floch à Mayenne,
pour les Éditions Albin Michel
en septembre 2001.

N° d'édition : 19986.
N° d'impression : 52323.
Dépôt légal : octobre 2001.
Imprimé en France.

Ville de Montréal

**Feuillet
de circulation**

À rendre le

| | |
|---|---|
| AVR ❁ '02 | |
| 0 7 MAI 2002  1 MAR. 2005 | |
| 0 8 MAI 2002 | |
| 0 8 JUIN 2002 | |
| 0 3 JUIL. 20 | |
| 2 6 JUIL. 2002 | |
| 1 5 AOUT 2002 | |
| 0 3 SEP. 2002 | |
| 1 8 SEP 2002 | |
| 0 2 NOV. 2002 | |

06.03.375-8 (05-93) ✺